GONGORA
ALEIS - GALATEA - POLIFEM
↓
RIO

HISTORIA DE LA LITERATURA ESPAÑOLA

SIGLO DE ORO: PROSA Y POESÍA
(Siglos XVI y XVII)

Instrumenta, 2

LETRAS E IDEAS

Dirige la colección
FRANCISCO RICO

HISTORIA DE LA LITERATURA ESPAÑOLA
Dirigida por R. O. JONES

R. O. Jones

HISTORIA
DE LA LITERATURA
ESPAÑOLA

SIGLO DE ORO:
PROSA Y POESÍA
(Siglos XVI y XVII)

EDITORIAL ARIEL
Barcelona - Caracas - México

Título original:
A LITERARY HISTORY OF SPAIN
The Golden Age: Prose and Poetry
The Sixteenth and Seventeenth Centuries
Ernest Benn Limited, Londres

Traducción de
Eduardo Vázquez

Edición al cuidado de José-Carlos Mainer

Primera edición: mayo de 1974
Segunda edición: noviembre de 1974
Tercera edición: enero de 1978
Cuarta edición: enero de 1979
Quinta edición: noviembre de 1979
Sexta edición: febrero de 1981
Séptima edición: octubre de 1982

Depósito legal: B. 24.322 - 1982
ISBN: 84 344 8326 2 (obra completa)
       84 344 8307 6 (tomo 2)

Impreso en España

1982. — I. G. Seix y Barral Hnos., S. A.
Carretera de Cornellà, 134, Esplugues de Llobregat (Barcelona)

A Laura, Sarah y Deborah

ADVERTENCIA PRELIMINAR

Toda historia es un compromiso entre propósitos difíciles y aun imposibles de conciliar. La presente no constituye una excepción. Hemos tratado principalmente de la literatura de creación e imaginación, procurando relacionarla con la sociedad en la que fue escrita y a la que iba destinada, pero sin subordinar la crítica a una sociología de amateur. *Por supuesto, no es posible prestar la misma atención a todos los textos; y, así, nos hemos centrado en los autores y en las obras de mayor enjundia artística y superior relevancia para el lector de hoy. La consecuencia inevitable es que muchos escritores de interés, mas no de primer rango, se ven reducidos a un mero registro de nombres y fechas; los menores con frecuencia no se mencionan siquiera. Hemos aspirado a ofrecer una obra de consulta y referencia en forma manejable; pero nuestro primer empeño ha sido proporcionar una guía para la comprensión y apreciación directa de los frutos más valiosos de la literatura española.*

Salvo en lo estrictamente necesario, no nos hemos impuesto unos criterios uniformes: nuestra historia presenta la misma variedad de enfoques y opiniones que cabe esperar de un buen departamento universitario de literatura, y confiamos en que esa variedad sea un estímulo para el lector. Todas y cada una de las secciones dedicadas a los diversos períodos toman en cuenta y se hacen cargo de los resultados de la investigación más reciente sobre la materia. Con todo, ello no significa que nos limitemos a dejar constancia de un gris panorama de idées reçues. *Por el contrario, cada colaborador ha elaborado su propia interpretación de las distintas cuestiones, en la medida en que podía apoyarla con buenos argumentos y sólida erudición.*

R. O. JONES

[handwritten notes:]

¿ ensayos de / + prosa

{
- Novela Sentimental
- Novela Pastoril
- 2ª Realista - El Lazarillo (1554)
- Novela epistolar: Cuestión, Villalón
- la Bizantina (se redescubre el gro)
- la novelita italiana (Bocaccio
- ... morisce: El abencerraje y la h. Jarifa
}

Novela pastoril: Tema: la verdadera naturaleza del ~~amor~~ amor
las infinitas complicaciones p. los enamorados pueden
crear o sufrir.

El Lazarillo . 1554.

ÍNDICE

Libros caballerías
pastoril (actitud.
la naturaleza incluso neoplatonismo
Amor cósmico y humano.

Fr. Luis de León
ASCÉtica y Mística
Fr. ... de Granada

imitativa de la clásica. Petrarca. Idealista (Arios-
Fotele) tg. particular o local

2ª parte Guzmán de Alfarache = 1ª pícaro 1599
Picaresco despierta el honor, ama su L.

Petrarca
... con su influencia
Boscán y Garcilaso
Reacción poesía
anterior.

ABREVIATURAS

Actas II	*Actas del Segundo Congreso Internacional de Hispanistas* (Nijmegen, 1967)
BAC	Biblioteca de Autores Cristianos
BAE	Biblioteca de Autores Españoles
BBMP	*Boletín de la Biblioteca Menéndez Pelayo*
BH	*Bulletin Hispanique*
BHS	*Bulletin of Hispanic Studies*
BRAE	*Boletín de la Real Academia Española*
BSS	*Bulletin of Spanish Studies*
BUG	*Boletín de la Universidad de Granada*
CC	Clásicos Castellanos
CCa	Clásicos Castalia
FMLS	*Forum for Modern Language Studies*
HR	*Hispanic Review*
MLN	*Modern Language Notes*
MLR	*Modern Language Review*
NRFH	*Nueva Revista de Filología Hispánica*
RABM	*Revista de Archivos, Bibliotecas y Museos*
REJ	*Revue des Études Juives*
RFE	*Revista de Filología Española*
RFH	*Revista de Filología Hispánica*
RH	*Revue Hispanique*
RLC	*Revue de Littérature Comparée*
RLM	*Revista de Literaturas Modernas*
RN	*Romance Notes*
SPh	*Studies in Philology*
Sym	*Symposium*
ZRPh	*Zeitschrift für Romanische Philologie*

ABREVIATURAS

PREFACIO

En general en este volumen la grafía ha sido modernizada, excepto en lo que se refiere a ciertos rasgos fonéticos que se ha juzgado preferible conservar.

Este volumen ha de leerse teniendo en cuenta, a modo de complemento, el tercer volumen de esta historia: *Siglo de Oro: teatro,* que trata de otros aspectos del mismo período.

R. O. J.

King's College, Londres, marzo de 1971.

Capítulo 1

EL RENACIMIENTO EN ESPAÑA:
IDEAS Y ACTITUDES

Tanto en literatura como en las demás artes, los siglos XVI y XVII son acertadamente conocidos como los Siglos de Oro españoles. ¿Cómo era la España, cabría preguntarse, que produjo aquellos siglos de tan extraordinario esplendor artístico?

A comienzos del siglo XVI, España acababa de ser, por fin, unificada: unificada políticamente por el matrimonio de Isabel I de Castilla con Fernando V de Aragón y también por la conquista de Granada, el último reino islámico de España, en 1492; unificada en la religión, por la opción de conversión o exilio impuesta a los judíos en 1492 y a los musulmanes en 1502, con una Inquisición que vigilaba los casos de apostasía y otras manifestaciones de heterodoxia. Fernando e Isabel, los Reyes Católicos (título concedido por el papa Alejandro VI en 1494), habían traído el orden a España después de un largo período de rebeliones y guerras civiles. Y no sólo eso: la unión de sus reinos creó lo que sin duda constituía la mayor potencia de Europa, ahora en condiciones de ejercer su influencia, y aumentar y extender su cultura. Como Antonio de Nebrija escribió en 1492: "no queda ya otra cosa sino que florezcan las artes de la paz".

Con la muerte de Isabel en 1504, subió al trono su nija Juana, casada con el archiduque Felipe el Hermoso, heredero del emperador Maximiliano. Juana, que ya había dado muestras de insania, enloqueció a la muerte de Felipe en 1506, y la sucesión pasó a su hijo Carlos que contaba entonces seis años de edad y que, después de la muerte de Fernando (que había gobernado como regente), se convirtió en Carlos I de los reinos de España. En 1519 había de ser elegido Emperador del Sacro Imperio con el nombre de Carlos V. Con su advenimiento al trono y posterior elección, España se vio irrevocablemente inmersa en un compromiso con Europa de importantes consecuencias para aquélla en los dos siglos siguientes.

Granada se rindió ante los ejércitos de Fernando e Isabel en 1492 y, en octubre de aquel mismo año, Colón llegaba por primera vez a América. Para él las tierras encontradas eran las Indias y el nombre sobrevivió a la certeza de su error. El descubrimiento del Nuevo Mundo fue el suceso más importante de todo el período renacentista ("el hito más importante desde la Creación del mundo", diría el historiador español Francisco López de Gómara en 1552), pero el efecto de éste en España no fue inmediato. Por lo que podemos deducir de los testimonios literarios, la imaginación no se despertó enseguida al conjuro de las nuevas tierras, y al principio parece ser que se puso más interés en el oro que trajo Colón a su regreso. No puede negarse que la sed del precioso metal fue una de las principales fuerzas que animaron a los conquistadores. Los primeros viajes fueron sobre todo de exploración y la conquista propiamente dicha no empezó hasta 1519 con el derrocamiento del imperio azteca de México por Cortés. Las energías y aspiraciones nacidas en siete siglos de reconquista de España se dirigían ahora a un nuevo continente, y, a pesar de las demasiado frecuentes crueldades de los españoles y de la destrucción de las culturas que encontraron, es difícil no sentir cierta admiración al menos por el heroísmo y entusiasmo de aquellos hombres; si bien es cierto que los españoles hicieron atrocidades, no puede por menos que respetarse la vasta empresa de España en la legislación y administración de su nuevo imperio. Se cometieron crímenes y errores, pero también hubo intentos de proteger a los pueblos recién descubiertos de la explotación y la injusticia. La figura más sobresaliente de esta campaña en favor de la justicia fue el dominico fray Bartolomé de las Casas (1474-1566) que luchó incansablemente por los derechos de los indios, instando a que se renunciase a la violencia, la esclavitud y la conversión forzosa al cristianismo. A pesar de los intentos nacionalistas de denigrarlo, su obra ha quedado como monumento al aspecto más noble de la colonización española. Los principios del padre Las Casas tomaron cuerpo en las famosas conferencias *De indis* que Vitoria pronunció en Salamanca en 1539, de las cuales nació la concepción moderna del derecho internacional. No obstante, Las Casas encontró un decidido oponente en el erudito clásico Juan Ginés de Sepúlveda (¿1490?-1573) quien invocó la autoridad de Aristóteles para apoyar su tesis de que se había de considerar a los indios como esclavos naturales y, por tanto, podían ser legítimamente conquistados y sometidos por los españoles, miembros de una civilización superior. En 1549, el Consejo de las Indias recomendó al rey que se expusiera el caso ante un tribunal de teólogos y juristas y, a raíz de ello, se convocó un concilio en Valladolid en 1550 para oír el debate entre Las Casas y Sepúlveda. Más aún, el Emperador ordenó que cesaran todas las conquistas en el Nuevo Mundo hasta que se decidiera cuál era el modo más justo de llevarlas a cabo. "Probablemente nunca, ni antes ni después, un poderoso emperador —y en 1550 Carlos V, Emperador del Sacro Imperio, era el gobernante más poderoso de Europa y poseía además un grandioso imperio en ultramar— ordenó que sus conquistas cesaran hasta que se decidiera si eran justas" [1]. Desgraciadamente el concilio se disolvió sin llegar a ninguna decisión y la controversia continuó. La legislación futura, no obstante, había de encaminarse en la dirección de los principios mantenidos por Las Casas. La conquista no estuvo interrumpida mucho tiempo.

España influyó decisivamente en la vida de sus dominios americanos. América, por su parte, iba a tener un inmenso efecto en el destino de España. En primer lugar, España pudo mantener guerras casi continuas en el siglo XVI gracias a la ascendente

1. L. Hanke, *Aristotle and the American Indians*, Londres, 1959, pág. 57.

marea de importaciones de plata americana, aunque estas mismas importaciones, debido a la inflación que acarrearon, contribuyeran a la inestabilidad económica de España. Las importaciones eran de todos modos cada vez más inadecuadas para financiar la política exterior de España (el tesoro real hizo bancarrota tres veces durante el reinado de Felipe II: en 1557, 1575 y 1597) y hasta comenzaron a disminuir desde comienzos del siglo XVII. La inflación y los altos impuestos no constituían un clima muy propicio para el comercio, por lo que el comercio español, incluido el cada vez más importante que se hacía con América, fue pasando progresivamente a manos extranjeras. La industria española, activa y emprendedora en la primera mitad del siglo XVI, quedó con el tiempo frenada por los altos precios interiores y su comercio de exportación completamente debilitado. La agricultura no sufrió menos; en parte porque, debido a las presiones de la Mesta (la todopoderosa corporación de ganaderos), la legislación favorecía al ganado en perjuicio de los sembrados y, en parte, porque las pesadas cargas de los impuestos empujaron a muchos campesinos a abandonar sus tierras para ir en busca de una vida mejor en otra parte. La despoblación del campo fue uno de los más graves problemas del siglo XVI.

No es necesario decir que España era un país profundamente religioso, pero algunas de las formas en que la religión informó la vida española deben por lo menos ser mencionadas. Las alternativas de conversión o expulsión con que se enfrentaban judíos y musulmanes indujeron a emigrar a millares de personas útiles por sus conocimientos o su capacidad laboral, pero también dejaron a España con una considerable población de conversos nominales, muchos de ellos indiferentes, algunos hostiles, a la Iglesia cristiana. La Inquisición vigilaba celosamente y muchos cristianos nuevos (o "conversos") sufrieron la muerte, dolores o vejaciones a sus manos; muchos más debieron sufrir silenciosas agonías por miedo a levantar sospechas. La presencia de estos cristianos nuevos tuvo un efecto subterráneo pero cuantioso en el conjunto de la sociedad. A los conversos les estaban vedados ciertos honores, cargos y profesiones, y, de cualquier modo, el ser conocido como tal era, en sí mismo, algo vergonzoso. Muchos, por tanto, escondían su origen, y así se daba el caso de que muchas familias, aparentemente de cristianos viejos, trataban de ocultar su pasado. La cuestión de la "limpieza de sangre" se convirtió en estas circunstancias en una fuente de secreta ansiedad que llegó a adquirir dimensiones de neurosis nacional, que sólo algunas mentes privilegiadas fueron capaces de superar. La obsesión nacional del honor —el afán y la susceptibilidad agresiva en lo concerniente a la estima social— lo atribuye Américo Castro a esta inseguridad colectiva, aunque sus tesis deben ser consideradas teniendo presente que los españoles no eran tan sustancialmente diferentes de otros europeos que no padecían esta ansiedad por la "limpieza de sangre" [2].

La sociedad española de comienzos del siglo XVI estaba dominada por la aristocracia y así permaneció por todo el espacio de esta época. Aunque Fernando e Isabel sometieron la levantisca independencia de los nobles revoltosos de sus días, y aunque bajo Carlos V y Felipe II los influyentes administradores y secretarios de la Corona eran plebeyos, la nobleza continuó siendo la clase dominante. La aristocracia era inmensamente rica (en cuanto terrateniente, se puede decir que era la dueña de España) y su poder económico no se veía seriamente amenazado por la burguesía, cuyo poder se encontraba minado en el siglo XVI y luego fue ahogado por el desastre económico general en el siglo XVII. El dominio de la aristocracia dejó su impronta en las formas e ideales del conjunto de la sociedad. Se consideraba que la nobleza era incompatible con el trabajo o el comercio, y el desprecio por estas actividades (asistido por el miedo a que se pusiera en duda la limpieza de sangre de los que las practicaran) desempeñaron un desafortunado e incalculable papel en la España de los Siglos de Oro. La aspiración a ser noble o ser considerado como tal se convirtió en una manía nacional, y el fenómeno fue especialmente agudo en Castilla, donde el espíritu

2. Américo Castro, *De la edad conflictiva*, 2.ª ed., Madrid, 1963. Véase una crítica de la tesis de Castro por A. A. Parker en *Renaissance Quarterly*, 1968.

mercantil encontró terreno menos propicio para desarrollarse. Era una España nutrida de ideales aristocráticos la que se entregó entusiasmada a la política guerrera de Carlos V y Felipe II. Los españoles no fueron a América a trabajar en la tierra o en las minas —eso quedaba para los indios—: fueron a vivir como hidalgos en la tierra que pudieran conseguir. La literatura profana reflejaba en su mayor parte los ideales y la conducta aristocráticos. Los protagonistas ejemplares de la novela y del teatro eran normalmente hidalgos (excepto cuando se presentaban labradores idealizados —como en el teatro del siglo XVII— como ejemplo de una humildad modesta aunque independiente). Cuando los que ocupan el papel principal son miembros de otras clases, distan mucho de ser ejemplares, como ocurre en la novela picaresca. Los lectores humildes evidentemente se contentaban con disfrutar en un ser de ficción la vida de una aristocracia idealizada, y seguramente se identificaban con ella. El carácter aristocrático de España fue especialmente notorio en el siglo XVII cuando la nobleza de sangre, que ha servido lealmente a la Corona durante el siglo XVI, alcanzó puestos de poder gubernamental gracias a que el débil Felipe III y sus sucesores, más débiles todavía, pusieron el gobierno en manos de sus validos.

Tal como ocurría desde tiempo inmemorial, los extremos de la fortuna y la pobreza eran inmensamente distantes: en este sentido los Siglos de Oro fueron una época de esplendor y de miseria. La lucha de clases no estaba ausente: tuvo un papel importante en la revuelta de los Comuneros (1520-1521) y, más abiertamente, en la revuelta simultánea de las Germanías valencianas; pero, desde entonces y hasta que las crisis económicas del siglo XVII (como las sufridas hacia 1648 en Inglaterra —Cromwell—, Francia —Frondas— y Rusia, que en España tuvieron como escenario Portugal, Cataluña, Andalucía, Aragón y la posesión de Nápoles) exacerbaran las antiguas fricciones, España, en comparación con otros países europeos, disfrutó de una notable cohesión. No cabe duda de que la religión desempeñó un importante papel en este fenómeno: bajo la vigilancia de la Inquisición, España no conoció, sino moderadamente, la disensión

religiosa (y, lo que es quizás igualmente importante, la discordia
social no pudo llevar el disfraz de la disensión religiosa). La española era una sociedad cuyos miembros eran capaces de realizar
asombrosas hazañas de sacrificio y tesón en la guerra, las exploraciones y la defensa de su fe, pero se preocupaban por la honra
con un empeño que los extranjeros, e incluso algunos españoles,
encontraban perverso. Como el resto de Europa, era una sociedad
en que la mayoría de sus componentes estaban familiarizados
con las privaciones. El hambre era frecuente, más de lo que
dicen los libros de historia. En un poema malo, pero estreme-
cedor, Juan del Encina describió cómo el hambre de Andalucía
en 1521 llevó a algunos al canibalismo:

> Y en Niebla con hambre pura
> otra madre a un hijo muerto
> también sacó la asadura
> y en sí la dio sepultura,
> que diz que la comió cierto.
> ¡O cosa de gran mancilla,
> horrible de gran mancilla,
> de gran compasión y duelo,
> que se me eneriza el pelo
> en contalla y en oílla![3]

El hambre diezmaba a los pobres, pero ni siquiera los ricos eran
inmunes a las pestes que periódicamente asolaban el país. La violencia incrementaba los peligros de la vida cotidiana. Eran frecuentes las venganzas y peleas sangrientas por cuestiones de
honor: los hidalgos no llevaban la espada como adorno. En el
mar los corsarios se sumaban a los peligros de la naturaleza y
sus ataques amenazaban constantemente la vida de los que vivían en las poblaciones costeras. Probablemente la precariedad
de la vida forjó temperamentos compuestos de sentimentalidad
a flor de piel y resignación, y los españoles de los Siglos de Oro conocieron mayores extremos de euforia y abatimiento que la mayoría de los lectores modernos de su literatura.

3. Cf. R. O. Jones, «An Encina Manuscript», *BHS*, 1961, págs. 229-237.

El Renacimiento no se puede definir en rigor de modo que permita trazar una frontera precisa entre éste y la Edad Media. Este hecho es especialmente cierto en lo referente a España, cuyo Renacimiento, aunque recibía su impulso de Italia, adquirió un carácter propio en el que se mezclaban elementos nuevos y medievales. En vez de intentar una inútil definición, parece más acertado describir las innovaciones e impulsos cambiantes de los Siglos de Oro y dejar que el renacimiento se defina a sí mismo como la suma de esos cambios. También rehuiremos una división claramente diferenciada entre "Renacimiento" y "Barroco", segmentos ambos de un arco que une lo que conocemos como la Edad Media y el mundo moderno.

Aunque haya algunos rasgos imprecisos en su caracterización, el Renacimiento europeo era esencialmente una revitalización general del interés por la civilización clásica. El humanismo, el estudio de los autores clásicos, no fue, empero, un movimiento antagónico al cristianismo (aunque hubiera algunas excepciones). El ideal que animaba generalmente a la Europa renacentista era un deseo de sintetizar lo mejor del pensamiento clásico con el cristianismo.

En realidad puede decirse que el Renacimiento fue en algunos aspectos un renacimiento cristiano. Del mismo modo que en la literatura profana los humanistas pretendían saltar por encima de la barrera de los siglos para volver a fuentes más puras de saber e inspiración, en el siglo xv aparecieron movimientos religiosos e innovadores paralelos. Muchos cristianos, cada vez menos satisfechos con el cristianismo institucionalizado de la Iglesia oficial, sintieron la nostalgia del credo de doctrina más simple y más sinceramente sentido de los primeros cristianos. De ahí nació no sólo la reforma sino también un movimiento más generalizado aunque menos radical (como fue el caso de España) de renovación y reforma religiosas.

En el siglo xv España había disfrutado en algunos aspectos de una relación bastante íntima con Italia. Alfonso V de Aragón había conquistado Nápoles en 1443 y decidió vivir en su nuevo reino. Aunque la dinastía se dividió a la muerte de Alfonso y una rama de ésta se quedó con el reino de Aragón y la otra con el de Nápoles, el contacto se mantuvo. En cualquier caso, el comercio entre Cataluña e Italia establecía y mantenía las relaciones de ambas. Algo de la influencia cultural italiana entró en la península Ibérica por esta ruta (aunque menos de lo que se supone comúnmente[4]). Los castellanos también iban descubriendo por sí mismos la cultura italiana, aunque, claro está, el descubrimiento estaba reservado a unos pocos. Las más importantes influencias culturales continuaron llegando a España de Francia, Borgoña y Flandes. Había fuerzas económicas que aseguraban el predominio del norte; por ejemplo, el comercio de la lana constituía un lazo entre Castilla y los Países Bajos. Para la recepción total del Renacimiento en España tenemos que esperar a la generación de Garcilaso de la Vega, ya en el siglo XVI. Es quizá significativo el que precisamente en vida de Garcilaso, Fernán Pérez de Oliva (h. 1494-1531) escribiera su *Diálogo de la dignidad del hombre* (publicado por primera vez en Alcalá en 1546) que, aunque no contiene nada esencialmente nuevo y que no esté ya en Pico della Mirandola, ofrece una refrescante y optimista visión del hombre, que subraya sus posibilidades más que sus limitaciones, como si el autor hubiera intuido vagamente la visión más atractiva recogida por Pico en su *Oración sobre la dignidad del hombre.*

Bajo la influencia de Italia el humanismo empezó a echar hondas raíces en la España del siglo XV. La protección que Isabel la Católica dispensaba a las letras atrajo a algunos eruditos italianos a España, entre ellos a Pedro Mártir de Anglería y Lucio Marineo Sículo, que enseñaron latín en la Corte (Marineo después de doce años, de 1484 a 1496, como profesor de la universidad de Salamanca). También hubo españoles que fueron a estudiar a Italia. Uno de ellos fue Elio Antonio de Nebrija, o Lebrixa (1444-1522), que estudió doce años en Italia y volvió a enseñar a Salamanca, donde fue profesor de 1476 a 1513 (con

4. Cf. Peter Russell, «Arms versus Letters: Towards a Definition of Spanish Fifteenth-Century Humanism», en *Aspects of the Renaissance. A Symposium,* ed. A. R. Lewis, Austin y Londres, 1967, págs. 47-58.

un largo intervalo de cerca de veinte años), para pasar luego a la cátedra de Retórica de Alcalá. Nebrija se dedicó infatigablemente a la propagación del latín ("desarraigar la barbarie de los ombres de nuestra nación", como dice en el prólogo de su diccionario español-latín). A su gramática latina (*Introductiones latinae;* Salamanca, 1481) siguió el *Dictionarium latino-hipanicum* (Salamanca, 1492) que superaba con mucho al monumental *Universal vocabulario* de Alfonso de Palencia, aparecido sólo dos años antes. Nebrija no se dedicó únicamente al latín: después de la *Gramática sobre la lengua castellana* (Salamanca, 1492) escribió el diccionario español-latín, *Interpretación de las palabras castellanas en latín* (Salamanca, h. 1495). En la dedicatoria a la reina Isabel, Nebrija habla de la doble oportunidad de su gramática española (la primera de los idiomas europeos modernos): porque los nuevos súbditos de España querrán aprender la lengua de sus conquistadores, dado que el idioma sigue al poder ("siempre la lengua fue compañera del imperio"); y porque el castellano se hallaba en su cenit ("por estar ya nuestra lengua tanto en la cumbre, que más se puede temer el decendimiento della que esperar la subida"). No hay duda de que en estos párrafos se refleja el ambiente de confianza, rayana en la arrogancia, que imperaba en la Corte.

Nebrija no estaba solo en esta obra educativa. Había otros excelentes latinistas, y también cundía el interés por el estudio del griego, que fue iniciado en España por el portugués Arias Barbosa, profesor de Salamanca desde 1480 aproximadamente y primer profesor de griego en la península. En el futuro no habían de faltar eruditos clásicos que continuaran la obra de estos hombres.

El auge del fervor europeo por la reforma religiosa favoreció, gracias a la persona del cardenal Francisco Jiménez de Cisneros, la causa de las letras en España. Cisneros no era sólo un reformador de abusos, sino que se entregó también vigorosamente a la reforma del clero español e incluso de las órdenes monásticas, a las que intentó hacer volver a una vida más ascética (con el éxito suficiente como para inducir a cuatrocientos frailes andaluces a preferir el norte de África y la conversión al Islam antes que renunciar a sus concubinas). Pero el programa de Cisneros era positivo también. Comprendiendo muy bien que la reforma del clero llevaba pareja la reforma de la educación, fundó en 1498 una universidad en Alcalá de Henares (donde había existido un colegio desde el siglo XIII) destinada a ser un nuevo instrumento de la educación eclesiástica. La nueva universidad, que abrió sus puertas en 1508, no había sido creada para ser un centro humanístico, sino dedicado al estudio de la teología; pero las artes liberales, fuertemente representadas y necesarias como iniciación a los estudios teológicos y bíblicos, dieron un poderoso impulso al humanismo. Allá se crearon cátedras de griego y hebreo, y se invitó a destacados eruditos, entre los que se encontraba Nebrija, para que las ocuparan.

Los primeros frutos de la nueva universidad no tardaron en producirse. En 1517 se terminó la impresión de la gran Biblia Políglota (conocida como la Complutense, por el nombre latino de Alcalá), aunque su publicación no fue autorizada hasta 1520 y no estuvo en venta hasta 1522. Su inspirador era el mismo Cisneros, quien ya en 1502 había reunido un grupo de expertos estudiosos bíblicos en Alcalá con la intención de que la nueva Biblia, en hebreo, arameo, griego y latín, incorporara los últimos avances de la erudición y la crítica textual (aunque en algunos aspectos los criterios resultaran ser muy conservadores). El resultado constituye un monumento a la erudición española, a la nueva imprenta universitaria de Alcalá y a la energía y entusiasmo del propio Cisneros. La Biblia Complutense fue a su vez superada por otra empresa española, la Biblia Políglota de Amberes, publicada en 1569-1572 bajo la dirección de Benito Arias Montano (cuyos criterios textuales fueron entonces lo suficientemente radicales como para alarmar a las autoridades).

En 1517 Cisneros invitó a Erasmo a venir a España. Aunque Erasmo, reacio a hacer un largo viaje a un país que significaba poco para él, no fue nunca a España, estaba destinado a ejercer una profunda aunque corta influencia en ella, particularmente en y a través de la universidad de Alcalá. Erasmo, entonces en el cenit de su fama europea, representaba un movimiento de reforma y renovación espiritual en el seno de la Iglesia Católica. Sus doctrinas no eran del todo originales, pero su incansable actividad como erudito y propagandista lo convirtieron en objeto de un interés peculiar: odio o admiración según los ambientes. En esencia, lo que Erasmo pretendía era la secularización del cristianismo. No todos los cristianos se contentaban ahora con obedecer ciegamente y observar las formas y el ceremonial de una religión cuyas doctrinas podían ser discutidas y enseñadas sólo por una minoría de clérigos iniciados. Erasmo dedicó su vida a despertar el espíritu de Cristo en los hombres llevándolos a sus palabras; y no sólo de Cristo sino también de san Pablo, que era para él el gran exponente de la verdadera esencia del cristianismo.

Las doctrinas de Erasmo —su insistencia en predicar una piedad interna en lugar del ceremonial y ritual externos, una familiarización personal con las escrituras; en instar a los cristianos a que vivieran en paz como miembros del cuerpo místico de Cristo— ejercieron cierta influencia entre los flamencos que rodeaban a Carlos V antes de su llegada a España, y entraron en ella bajo sus auspicios. Las ideas erasmistas también atrajeron a muchos intelectuales españoles, sobre todo en la universidad de Alcalá, donde el erasmismo había de florecer en la década de 1520. Varias obras de Erasmo fueron reimpresas en la imprenta de la universidad a partir de 1525. Ya habían comenzado las traducciones al español: *Querela pacis* había aparecido con el título de *Querella de la paz* en 1520 (Sevilla). En 1526 se publicó en Alcalá una traducción del *Enchiridion* [5], y las traducciones de los *Colloquia* empezaron a ver la luz en la península en 1527.

El movimiento erasmista español había de encontrar su más fuerte bastión en Alcalá, pero la gran cantidad de traducciones (y reimpresiones) aparecidas es indicio de que el interés por Erasmo estaba más difundido. El erasmismo ejerció en realidad una sutil y extensa influencia en algunos aspectos de la vida religiosa

5.   Existe una edición moderna de Dámaso Alonso, Madrid, 1932.

española. Dio cierto impulso al movimiento iluminista o "alum-
brado", doctrina pietista nacida de la inquietud religiosa del siglo XV en Italia y Holanda, y una de las que ejercieron más significativa atracción sobre los conversos españoles, quienes sin duda
veían en la devoción interior una forma religiosa bastante más
adecuada que el ritual organizado de la Iglesia. A partir de 1523,
la influencia de Erasmo es perceptible en los miembros más cultos del movimiento. El iluminismo había sido condenado por la
Inquisición y su asociación con el erasmismo contribuyó a que
este último fuera atacado a su vez. Las órdenes religiosas no
dejaron pasar aquella ocasión, heridas como estaban por las sátiras antimonásticas de Erasmo, y, aunque el erasmismo tuvo muchos adeptos importantes en España (incluyendo al inquisidor
general), el antagonismo resultó inevitable y, a medida que au-
mentaban el miedo a la herejía y la consiguiente suspicacia respecto a las ideas extranjeras, las obras de Erasmo eran objeto
de ataques cada vez más duros. Durante los mismos años en que
Erasmo gozaba de más popularidad en la península, se iba formando en ésta un movimiento de reacción tradicionalista. A partir de 1529 algunos erasmistas empezaron a caer en las redes de
la Inquisición acusados no de erasmismo sino de iluminismo o
luteranismo. El erasmismo empezó a decaer como fuerza liberal
en una atmósfera cada vez menos propicia; más tarde las doctrinas
de Erasmo fueron condenadas y sus libros más importantes incluidos en el Índice de libros prohibidos por la Inquisición en
1559. A partir de este momento se hace ya muy difícil percibir la
influencia de Erasmo en el mundo cerrado de la España de la
Contrarreforma.

El pensamiento de uno de los más grandes humanistas españoles, Juan Luis Vives (1492-1540), acusa la influencia de Erasmo, pero Vives no contribuyó a la propagación de esta influencia
en España dado que él mismo pasó la mayor parte de su vida en
el extranjero. Su origen judío, recientemente descubierto, basta
para explicar este hecho [6]. Otro eramista español, Juan de Valdés

6.   M. de la Pinta Llorente y J. M. de Palacio, *Procesos inquisitoriales contra la familia judía de Juan Luis Vives,* Madrid, 1964.

(¿1490?-1541), una de las figuras más atrayentes de su generación, prefirió también vivir fuera de España. En 1529 publicó anónimamente su *Diálogo de doctrina cristiana,* en el que fray Pedro de Alba, arzobispo de Granada, enseña el verdadero espíritu del cristianismo —en términos erasmistas— a Antonio, un cura ignorante y supersticioso, y a Eusebio, un monje. La obra —escrita en el estilo coloquial y elegante que volveremos a encontrar en el *Diálogo de la lengua* de este autor— respira el espíritu de Erasmo. La insistencia en la experiencia personal del poder liberador del amor y la fe significa para Valdés, como para Erasmo, que las formas exteriores de culto son innecesarias, pero el autor no se opone a las prácticas de la Iglesia y predica frente a la disensión la conformidad, siguiendo con ello el ideal erasmista para la cristiandad: *pax et unanimitas.* El libro fue denunciado a la Inquisición y, aunque aquél era todavía un período de relativa tolerancia y no hay razón para suponer que el autor hubiera sido procesado, Valdés juzgó más prudente no correr ningún riesgo. Pasó el resto de su vida en Italia, la mayor parte en Nápoles, donde se rodeó de un grupo de cristianos radicales de ideas similares a las suyas. Continuó escribiendo, aunque no para españoles, y de sus últimas obras ha quedado muy poco. Después de su muerte en 1541 su influencia perduró aún durante algún tiempo, pero entre las ortodoxias cada vez más duras del siglo XVI no había ya lugar para la piedad humana y libre que él profesó.

Alfonso, el hermano gemelo de Juan (¿1490?-1532), se sirvió del erasmismo para fines distintos en dos diálogos escritos para justificar a Carlos V, en cuya cancillería sirvió como secretario de cartas latinas. Los diálogos sólo se comprenden plenamente teniendo en cuenta su contexto histórico. Valdés intervino activamente en la campaña imperial de pacificación de Europa bajo la autoridad de Carlos V, que en la década de 1520 era considerado (y no sólo en España) como un instrumento de Dios destinado a traer una nueva era de paz. Las aspiraciones políticas se fundieron con las religiosas en una confusa esperanza de restaurar la unidad cristiana, de efectuar una reforma general de la Iglesia y de establecer la paz bajo el dominio de Carlos V. Esta aspiración convenía muy bien al Emperador y la fomentó asiduamente su Cancillería, pero no era obra de la propaganda: procedía del fervor religioso de principios de siglo y probablemente tenía raíces profundas en las expectaciones milenaristas latentes que habían surgido periódicamente en la Europa medieval. Fue así que se depositó una esperanza casi mesiánica en Carlos V (una esperanza que, hay que decirlo, Erasmo no compartía).

La derrota y prisión de Francisco I en Pavía en 1525 significó para muchos un paso adelante hacia aquella añorada paz universal. El saqueo de Roma en mayo de 1527 por el ejército imperial reunido para enfrentarse al papa Clemente VII produjo, por lo tanto, consternación y desaliento. ¿Era Carlos V en realidad el portador de la paz?

La postura de la Cancillería imperial a este respecto fue el considerar aquel hecho como un castigo divino caído sobre el belicoso representante de una Iglesia urgentemente necesitada de reforma; cosa que sin duda era sinceramente creída por muchos. Alfonso de Valdés hizo de ello el núcleo del *Diálogo de las cosas ocurridas en Roma,* que se cree fue escrito en el verano de 1527 y circuló en manuscritos antes de ser impreso, probablemente en 1529. En él Valdés pone sus convicciones al servicio del Emperador.

Los interlocutores son Lactancio, un joven cortesano del séquito del Emperador, y un arcediano, viejo conocido suyo que acaba de llegar de Roma horrorizado por el saqueo de la ciudad, que él había presenciado. Lactancio se encarga de exonerar al Emperador y su razonamiento está repleto de ideas extraídas de varios libros de Erasmo. Tras acusar al Papa de haber lanzado a un país pacífico a los horrores de la guerra, Lactancio amplía su ataque denunciando a toda la Iglesia por su rapaz avidez de dinero —en el bautismo, en el matrimonio, en la confesión y hasta en la muerte— y ante la objeción del arcediano de que sin dinero no había Iglesia, Lactancio replica:

¿Como que no habría iglesias? Antes pienso yo que habría muchas más, pues habiendo muchos buenos cristianos, donde-

quiera que dos o tres estoviesen ayuntados en su nombre, sería
una iglesia. Y allende desto, aunque los ruines no edificasen
iglesias ni monesterios, ¿pensáis que faltarían buenos que
lo hiciesen? Y veamos: este mundo, ¿qué es sino una muy
hermosa iglesia, donde mora Dios? ¿Qué es el sol, sino una
hacha encendida que alumbra a los ministros de la Iglesia?
¿Qué es la luna, qué son las estrellas, sino candelas que
arden en esta iglesia de Dios? ¿Queréis otra iglesia? Vos mismo. ¿No dice el Apóstol: *Templum [enim] dei sanctum est,
quod estis vos?* ¿Queréis candelas para que alumbren esta
iglesia? Tenéis el spíritu, tenéis el entendimiento, tenéis la
razón. ¿No os parece que son éstas gentiles candelas?[7]

(pág. 102)

Éste es el centro de las doctrinas de Erasmo: que la religión
es cosa del espíritu. Lactancio hace hincapié en este punto: para
él la profanación de iglesias no es nada si se compara con la
profanación de los cuerpos humanos, templos del Espíritu Santo, en la guerra; y si se profanaron muchas reliquias, la mayoría
de ellas eran al fin y al cabo falsas. Cita a continuación una larga
lista de ejemplos risibles:

El prepucio de Nuestro Señor yo lo he visto en Roma y en
Burgos, y también en Nuestra Señora de Anversia, y la cabeza
de San Juan Bautista en Roma y en Amians de Francia [...]
Pues de palo de la cruz dígoos de verdad que si todo lo que
dicen que hay della en la cristiandad se juntase, bastaría para
cargar una carreta. Dientes que mudaba Nuestro Señor cuando
era niño pasan de quinientos los que hoy se muestran solamente en Francia. Pues leche de Nuestra Señora, cabellos de
la Madalena, muelas de San Cristóbal, no tienen cuento.

(pág. 122)

La verdadera devoción reside en amar a Cristo y vivir según sus
enseñanzas. Finalmente el arcediano, hombre razonable, se reconoce convencido por argumentos tan incontrastables.

7. Las mejores ediciones de los diálogos de Alfonso de Valdés son las de
J. F. Montesinos en Clásicos Castellanos, 89 y 96; mis citas corresponden a la
edición de 1946 de *Roma* y a la de 1947 de *Mercurio*.

No es sorprendente esto en cuanto ésta es una obra de inteligencia dialéctica poco usual, escrita con ingenio y soltura. Los argumentos se exponen con lucidez y lógica; su estilo es un modelo de claridad e incluso de elegancia: la elegancia del mejor castellano coloquial.

Después de que Inglaterra y Francia declararan la guerra a Carlos V, Valdés escribió en 1528-1529 un ataque de mayor envergadura contra los enemigos del Emperador en su *Diálogo de Mercurio y Carón,* de forma tomada de Luciano y Pontano pero original en lo más esencial. Carón se queja de que los tiempos son demasiado pacíficos para su gusto; Mercurio le tranquiliza: toda la Cristiandad está en armas, principalmente por culpa de los enemigos del Emperador. La descripción que hace Mercurio del estado en realidad tan poco cristiano de la Cristiandad se ve interrumpido periódicamente por la llegada de almas que han de ser transportadas por Carón. Con ello tiene Valdés ocasión de insistir en su sátira y en su punto de vista erasmista. La mayoría de las almas ignoran las verdaderas enseñanzas de Cristo; algunas se sorprenden al verse en camino de su condenación después de haber observado todo su vida los preceptos de la Iglesia. Sólo aparecen unas pocas almas verdaderamente cristianas: un ciudadano común, un rey, un obispo, una mujer casada, un fraile, etc., todos los cuales habían intentado vivir según las enseñanzas de Cristo, humildemente y con una piedad no ostentosa. La bondad razonable y no contenciosa que ensalza Valdés es precisamente el ideal descrito por su hermano Juan.

El segundo diálogo está escrito con la misma elegancia y soltura en el uso del lenguaje coloquial del primero. Erasmo ha sido bien estudiado: el estilo de Alfonso tiene la sencillez, sobriedad y claridad del de su maestro. *Mercurio y Carón* parece inspirar más admiración que el otro diálogo, pero éste, no obstante, tiene más viveza. Los razonamientos y el estilo polémico de Lactancio son más vívidos, y toda la obra en general muestra más claramente el calor de los sentimientos del autor.

Erasmo no escribió para entretener sino para instruir y, de hecho, parece ser que su interés por la literatura profana fue escaso; su espíritu un tanto puritano se advierte en la actitud hacia este tipo de literatura que mantenían sus seguidores. La postura más extrema a este respecto fue la de Vives, quien en varias obras —por ejemplo *De institutione feminae christianae*, *De disciplinis*, *De ratione dicendi*— ataca gran número de libros de temas profanos por su falsedad e inmoralidad, incluyendo (por mencionar sólo la literatura española) el *Amadís* y su secuela, *La Celestina*, la *Cárcel de amor* y la poesía amorosa profana. Otros autores adoptan una actitud algo menos extrema. Juan de Valdés hace más distinciones: en el *Diálogo de la lengua* (cf. más adelante, págs. 51-53) ataca también las novelas de caballería, aunque poniendo buen cuidado a lo largo de sus comentarios en distinguir entre buenas y malas. Su criterio es la verosimilitud o credibilidad: "los que escriben mentiras las deben escribir de suerte que se lleguen cuanto fuere posible a la verdad, de tal manera que puedan vender sus mentiras por verdades".

La vasta influencia literaria de Erasmo en la Europa del siglo XVI apuntaba a lo ejemplar, lo moralmente provechoso, lo verosímil (o al menos lo más ajustado posible a la realidad). Las tendencias de su tiempo iban encaminadas de todos modos en la misma dirección. La verosimilitud fue un concepto de creciente importancia durante todo el período, debido en gran parte al redescubrimiento de la *Poética* de Aristóteles en el siglo XV en Italia (se publicó una traducción latina en 1498) y a la extensa serie de comentarios de los teóricos literarios del XVI acerca de esta obra. Tampoco fue Erasmo quien suscitó el deseo de que la literatura fuera provechosa. El interés humanista por la literatura clásica comprendía también el provecho moral que podía extraerse de ella. Al igual que en materias doctrinales, Erasmo era el más lúcido exponente de un gran cuerpo de opinión ya existente: no inventó todo lo que expresaba.

No obstante, es innegable que Erasmo dió un fuerte aunque difícilmente calculable ímpetu al movimiento. En un terreno en particular —la compilación de proverbios, apotegmas y misceláneas de toda suerte—, la influencia y ejemplo de Erasmo habían de tener una innumerable progenie. En 1500 publicó su primera colección de proverbios, *Adagiorum Collectanea*, seguida luego de otra más extensa, *Adagiorum Chiliades* (primera edición en 1508) que tuvo muchas ediciones, cada una de ellas más amplia que la precedente. Cada adagio iba acompañado de un ensayo expositivo. Los adagios interesaban a Erasmo no sólo como modelos estilísticos sino también como compendios del saber acumulado del pasado. A estos libros se añadió en 1531 la colección de apotegmas de Erasmo (que compuso a imitación de Plutarco). Ambos tipos de libros alimentaron la insaciable sed de información diversa de toda clase de materias, entonces en auge en Europa, que las misceláneas enciclopédicas (también imitadas de los modelos clásicos, como las *Noches áticas* de Aulio Gelio y la colección de *memorabilia* de Valerio Máximo) trataban de saciar de un modo más directo. También España tuvo sus representantes en todos estos campos.

Aunque en España el interés por los proverbios había precedido a Erasmo (ya el marqués de Santillana los había recogido), su ejemplo estimuló aquel interés y durante el siglo XVI apareció un buen número de colecciones. La mayor y más conocida de ellas es *La filosofía vulgar* (Sevilla, 1568) del humanista Juan de Mal Lara (1524-1571), un discípulo de Hernán Núñez (¿1475?-1553), conocido como "el comendador griego" por su fama como estudioso de la lengua griega, del que se publicó una colección en 1555 (Salamanca). Erasmo había tomado sus adagios de los clásicos; sus imitadores españoles lo hicieron de la gente que los rodeaba. Mal Lara publicó un millar de ellos en su "Primera parte" (no llegaría a escribir ninguna otra), todos clasificados y con su nota introductoria, imitando a Erasmo, rica en anécdotas y preceptos. En el preámbulo habla del tema que le ocupa con una reverencia impresionante:

> Es grande maravilla, que se acaben los superbos edificios, las populosas ciudades, las bárbaras pirámides, los más poderosos reinos, y que la Filosofía vulgar [i.e., proverbios] siempre tenga su reino dividido en todas las provincias del mundo.

(pág. 90)

El valor, general en su tiempo, que Mal Lara concedía a estos
humildes dichos se advierte en estas palabras:

> Los refranes aprovechan para el ornato de nuestra lengua y
> escritura. Son como piedras preciosas salteadas por las ropas
> de gran precio, que arrebatan los ojos con sus lumbres, y la
> disposición da a los oyentes gran contento, y como son de no-
> tar, quédanse en la memoria. Entiéndense muchas cosas de la
> lección de los refranes, hay grande erudición en ellos, sabién-
> dolos sacar, y glosándose de la manera que yo tengo hecho,
> y así aprovecharán tanto, que el mismo provecho dará testimo-
> nio de mi trabajo para utilidad de todos.
>
> (pág. 92)

Cantidad de sentencias fueron recogidas por Melchor de Santa
Cruz en su *Floresta española de apothegmas o sentencias, sabia y
graciosamente dichas de algunos españoles* (Toledo, 1574) y por
Juan Rufo en *Las seiscientas apotegmas* (Toledo, 1596). Erasmo
recurría a la literatura clásica; las sentencias de estos libros son
modernas y españolas. Este tipo de temas han perdido gran parte
de su sabor original; algo del atractivo que tenían en el siglo XVI
puede apreciarse en el "Discurso" con que fray Basilio de León
introducía el libro de Juan Rufo:

> Llegó a mis manos, antes que se imprimiese, el libro de *Las
> Apotegmas* del Jurado Juan Rufo, con el cual verdaderamente
> me juzgué rico, pues lo que enriquece al entendimiento es del
> hombre riqueza verdadera [...] Allégase a esto la agudeza de
> los dichos, el sentido y la gravedad que tienen, la filosofía y
> el particular discurso que descubren.

España produjo también gran número de misceláneas, la primera de las cuales iba a convertirse en uno de los libros más
leídos de Europa, la *Silva de varia leción* (Sevilla, 1540), de Pero Mexía (o Pedro Mejía), una extensa obra que en ciento veintisiete capítulos (a los que Mejía añadió veintidós más en ediciones posteriores) trata de muy diversas materias: historia anti-

gua y moderna, orígenes y propiedades de las cosas, curiosidades de la naturaleza, invenciones, relatos de muertes famosas, disquisiciones sobre debates de la época (por qué los hombres vivían más antaño, la verdad sobre tritones, por qué la vista es el sentido más noble junto con una enumeración de ciegos famosos), así como cualquier otro tema que Mejía, recurriendo tanto a compilaciones previas como a fuentes originales, juzgaba de interés para sus contemporáneos. Y no andaba equivocado: se hicieron treinta y tres ediciones del libro en los siglos XVI y XVII. En 1552 apareció una traducción francesa, que también se reimprimió varias veces; en 1556 se publicó una traducción italiana; y en 1576, a partir de la edición francesa, se tradujo al inglés. El libro indudablemente respondía a la curiosidad y a la sed de saber de la Europa renacentista, y Mejía estaba seguro de que, manteniendo los capítulos cortos y evitando un orden sistemático ("[...] hame parecido escrebir este libro así por discursos y capítulos de diversos propósitos, sin perseverar ni guardar orden en ellos, y por esto le puse por nombre *Silva,* porque en las selvas y bosques están las plantas y árboles sin orden ni regla [...]"), atraería a la clase de lector inconstante que sólo quería picotear para distraerse y quedarse satisfecho con la ilusión de haberse alimentado. Otra miscelánea parecida es la de Antonio de Torquemada, *Jardín de flores curiosas* (Salamanca, 1570), compuesta en forma de diálogo y menos variada que el libro de Mejía. Esta obra también disfrutó de una amplia difusión en Europa.

El diálogo o coloquio tuvo asimismo gran aceptación en la Europa del siglo XVI, especialmente debido una vez más al ejemplo de Erasmo. Mejía publicó un volumen de *Diálogos* (Sevilla, 1547) que tocaban, bastante insípidamente, una miscelánea de temas naturales y sociales. Los *Coloquios matrimoniales* de Pedro de Luxán (o Luján) (Sevilla, 1550), que trataban del matrimonio, la maternidad y otros temas afines, son mucho más animados, como los *Coloquios satíricos* de Torquemada (publicados en Mondoñedo en 1553) sobre diversos abusos y vicios sociales. La tarea educativa de Erasmo tuvo dignos sucesores en Luján y

Torquemada, que como él tratan de temas serios, con gravedad o ligereza según los casos, pero siempre con amenidad.

El ingenuo espíritu humanista que la miscelánea representa lo hallaremos de nuevo en una de las figuras más celebradas de las letras españolas del siglo XVI, fray Antonio de Guevara (¿1480?-1545), cuyas abundantes obras resultan tan atractivas como irritantes.

Guevara era el hijo menor de una de las ramas de la antigua y noble familia de Guevara (él mismo en una de sus epístolas se precia de que "primero hubo condes en Guevara que no reyes en Castilla"; I, 10). Se educó en la Corte de los Reyes Católicos y sirvió como paje al príncipe don Juan hasta la muerte de éste en 1497. En 1504, quizá debido a la muerte de su protector, su tío don Ladrón de Guevara, el joven Guevara se retiró del mundo para ingresar en la orden franciscana. Volvió a la Corte en 1521 como predicador de la Corte; en 1526 ocupaba el cargo de cronista real; en 1528 fue nombrado obispo de Guadix, y en 1537 obispo de Mondoñedo (obispados ambos poco lucrativos). Parece ser que Guevara fue activo y consciente en sus obligaciones pastorales; a pesar de ser hombre de mundo, su piedad es incuestionable. Pero Guevara no era contemplativo por naturaleza. Era tan cortesano como fraile, y sin duda compartía el espíritu guerrero del momento cuando acompañó al Emperador en la expedición a Túnez en 1535. Tenía una cultura respetable: sus obras revelan una lectura extensa de los clásicos, y el tono arrogante de sus escritos indica que se enorgullecía de su reputación de erudito tanto como de la de hombre de letras.

Guevara era en muchos aspectos un excéntrico de las letras, pero llegó a adquirir, y aun a mantener durante largo tiempo, una fama no sólo nacional sino también europea. Su obra es muy variada y en ello reside buena parte del secreto de su popularidad. El conjunto de sus libros tiene en realidad el carácter de una vasta miscelánea, atiborrada de información curiosa (gran parte de ella inventada por el propio Guevara), embelleciendo narraciones y *sententiae* de los autores antiguos, consejos, preceptos y ejemplos que abarcan un amplio repertorio de experiencias humanas, todo ello en un estilo cuya afectada artificiosidad mantuvo a varias generaciones de lectores fascinados por los siempre ocurrentes discursos y homilías de Guevara.

La primera obra de Guevara fue el *Libro áureo de Marco Aurelio,* comenzado en 1518 y publicado por primera vez, anónimo y sin permiso del autor, en 1528 (Sevilla). Esta historia totalmente imaginaria de Marco Aurelio (que Guevara afirmaba en su prólogo no haber inventado, sino traducido de un manuscrito griego recientemente descubierto por él en la biblioteca florentina de Cosme de Médicis) fue luego agregada al harto extenso *Libro llamado reloj de príncipes, en el cual va encorporado el muy famoso libro de Marco Aurelio* (Valladolid, 1529). El *Libro áureo* es una miscelánea de anécdotas y dichos sentenciosos entretejidos entorno a la figura de Marco Aurelio. La obra tiene un marcado carácter didáctico, pero Guevara, llevado de su imaginación, llegó hasta el extremo de atribuir a Marco Aurelio unas nada edificantes cartas amatorias ("cartas de amor" parece un término demasiado íntimo para estos trabajos retóricos) dirigidas a diversas mujeres de Roma, ofreciendo así una imagen muy distinta del grave filósofo estoico reverenciado por la Europa renacentista. Guevara suprimió estas cartas en el *Reloj de príncipes,* aunque continuaron apareciendo en las ediciones independientes del *Libro áureo.* Las cartas debieron contribuir bastante a la popularidad de la obra, que a veces adquiere características de novela histórica.

El *Reloj de príncipes* es un libro que tiene como objeto la formación de los príncipes y de los hombres en general. Se divide en varias partes, entre las cuales se distribuye el contenido del *Libro áureo.* La obra alcanzó en seguida un inmenso éxito: habrían de aparecer por lo menos veinticinco ediciones del *Libro áureo* y dieciséis del *Reloj* en español, y cincuenta y ocho en francés, italiano, inglés, alemán y latín. De hecho, fue esta una de las obras más leídas de su siglo. No hace falta ir muy lejos para comprender la razón de semejante éxito: Guevara ofrecía una variada erudición unida a una audaz (para algunos, desvergonzada) y entretenida invención, todo ello presidido por un propósito moralizante. Si bien la sabiduría de Guevara no llega a superar el mero sentido común, su misma trivialidad refleja el espíritu de la época. El repetido elogio de la paz y su insistente apremio a los príncipes para que recuerden su deber cristiano de preservarla; el recuerdo del callado paso del tiempo; sus exhortaciones a renunciar a las tentaciones del mundo, etc., eran todos ellos temas que, aunque no llegaran a satisfacer las exigencias de las mentes más sutiles de su época, los espíritus menos refinados (que constituían la mayoría de los lectores) consideraban edificantes. En ocasiones el tópico reviste ropajes antiguos: "todos los tiranos mueren algún día" leemos, por ejemplo, y esta reflexión consoladora parece adquirir la dignidad de la perenne sabiduría cuando Marco Aurelio la lee en la casi desgastada inscripción de la tumba del tirano Periandro. La conquista es cruel, y la rapacidad, injusta; estas verdades (tan pertinentes, por otra parte, en el debate de la época sobre la conquista de América) debieron parecer más profundamente significativas al lector del siglo XVI cuando las exponía ante el Senado romano el Villano del Danubio, cuya entrada es descrita por Marco Aurelio como sigue:

> En el año primero que fui Cónsul, vino un pobre payés de las riberas del Danubio a pedir justicia al Senado contra un censor que hacía muchos desafueros en su pueblo. Él tenía la cara pequeña, los labios grandes, los ojos hundidos, el cabello erizado, la cabeza sin bonete, los zapatos de un cuero de un puerco espín, el sayo de pelos de cabra, la cinta de juncos marinos, y un acebuche en la mano. Fue cosa de ver su persona, y monstruosa de oír su plática. Por cierto, cuando le vi entrar en el Senado, pensé que era algún animal en figura de hombre, y de que le oí, le juzgué ser uno de los dioses, si dioses hay entre hombres [8].

(pág. 119)

El episodio en cuestión es uno de los más hábiles que inventó Guevara, y durante largo tiempo muchos estuvieron convencidos

---

8. *Libro áureo*, ed. Foulché-Delbosc, *RH*, 1929.

de que Guevara lo había extraído de algún texto clásico auténtico. La antigüedad descrita por Guevara en este libro también tiene mucho de invención, pero incluso una antigüedad inventada servía al propósito que el autor compartía con los humanistas serios de su tiempo: mostrar que, como la sabiduría es una sola, los clásicos no son incompatibles con la revelación cristiana y que estudiándolos se aprende un saber tanto más laudable cuanto que no había sido ayudado por la revelación. En el argumento Guevara escribía:

> La ignorancia de los antiguos no fue sino una guía para acertar nosotros; y porque ellos erraron entonces, hallamos el camino nosotros después. Y para más gloria suya y mayor infamia nuestra, digo que si los que somos agora fuéramos entonces, supiéramos menos que supieron; y si los que fueron entonces fueran agora, sabrían más que sabemos. Parece esto ser verdad: porque aquellos sabios, con su diligencia, de las veredas y sendas cerradas hicieron caminos, y nosotros, con pereza, de las carreras llanas y caminos abiertos hacemos prados.

(pág. 17)

Pasaron diez años antes de que Guevara volviera a publicar. La mayor parte de sus restantes obras aparecieron juntas en 1539 (Valladolid): *Una década de las vidas de los X Césares, Menosprecio de corte y alabanza de aldea, Aviso de privados y doctrina de cortesanos, Libro de los inventores del arte de marear y de muchos trabajos que se pasan en las galeras,* y las *Epístolas familiares* (de las que apareció una segunda serie en 1541). La *Década* está basada en material extraído de fuentes antiguas, pero muy retocado y adornado por Guevara. Una vez más inventó libremente. El libro se leyó mucho, aunque no disfrutó del mismo éxito que otras de sus obras y, desde luego, no tanto como sus *Epístolas,* cuya popularidad en toda Europa durante los siglos XVI y XVII compitió con la del *Libro áureo.*

Las *Epístolas familiares* (que suman ciento doce aunque no son verdaderas epístolas todas ellas) contaban con pocos precedentes en español; sólo las epístolas de Hernando del Pulgar se parecen a las de Guevara en algún aspecto importante. Las *Epístolas familiares* abarcan un amplio repertorio de temas: historia antigua, inscripciones, el amor, el matrimonio, la vejez, el gobierno, meretrices famosas, las Sagradas Escrituras, etc.; y constituyen en realidad una miscelánea más, que también contiene la mezcla de erudición y falsificación que caracteriza la obra de Guevara. Resulta ahora imposible decidir cuántas de las epístolas fueron enviadas como verdaderas cartas y cuántas compuestas como ejercicios literarios. Muchas de ellas parecen tener cierto aire de autenticidad (aunque éste es un criterio bastante falible); pero de todos modos, su valor para el estudioso de la literatura no reside en su autenticidad sino en el interés intrínseco, que nos las hace más vivas que ninguna otra obra de Guevara. El libro tiene sus momentos de tedio y las descaradas invenciones de Guevara cansan al lector más benévolo; pero a lo largo de toda la obra sobresale constantemente la personalidad del autor: orgulloso hasta rayar en la arrogancia, vano, gérrulo, siempre lleno de no pedidos consejos, muy leído aunque sin la conciencia de un verdadero erudito, e interesado en todo. Por su variedad e ilación las epístolas tienen un cierto carácter de ensayo: precisamente formaron parte de las lecturas de Montaigne, cuyos *Essais* proceden de las misceláneas del siglo XVI. Las epístolas de Guevara gozaron en Europa de la misma fama que sus demás obras, y se publicaron casi tan frecuentemente en traducción francesa, inglesa o italiana como en español.

Las epístolas que tratan de asuntos públicos, como las dirigidas al obispo de Zamora, Juan de Padilla, y a María de Padilla, jefes de los Comuneros (así como la arenga que Guevara dirigió a los comuneros en Villabráxima), tienen gran interés histórico, fueran o no escritas y enviadas en la forma en que Guevara las publica. Las epístolas que difunden su variada y a veces fraudulenta erudicción tienen a menudo el atractivo de lo excéntrico cuando su vanidoso autor se pavonea ante nosotros. No obstante, para la mayoría de los lectores modernos las epístolas más atrayentes son sin duda las más realistas, aquellas en las que Guevara describe y comenta la vida cotidiana. En una carta en la que reprende al gobernador Luis Bravo por enamorarse siendo ya viejo, Guevara escribe con severidad:

A tal edad como la vuestra, falso testimonio os levantáis en decir que padecéis dolor y morís de amores, porque a los semejantes viejos que vos no los llamamos requebrados, sino resquebrajados; no enamorados, sino malhadados; no servidores de damas, sino pobladores de sepulturas; no de los que regocijan al mundo, sino de los que ya pierden el seso [...]

En tal edad como la vuestra, no sois ya para pintar motes, tañer guitarras, escalar paredes, aguardar cantones, y ruar calles; como sea verdad que las mujeres vanas y mundanas no se contentan con ser solamente servidas y pagadas en secreto, sino que también quieren ser recuestadas y festejadas en lo público.

En tal edad como la vuestra, no se sufre traer zapatos picados de seda, media gorra toledana, sayo corto hasta la rodilla, polainas labradas a la muñeca, gorjal de aljófar a la garganta, medalla de oro en la cabeza y de las colores de su amiga la librea [...][9]

(I, 220)

Sigue a esta otra carta al desafortunado gobernador en la que le alecciona sobre el comportamiento propio de un caballero de sesenta y cuatro años de edad. Es evidente que la primera carta surgió efecto:

Muy noble señor y enamorado caballero:
En las palabras de vuestra carta conocí cuán presto llegó a vuestro corazón el tósico de mi letra, y huelgo mucho de haberos tirado con tan buena yerba que abastó para os derrocar y no para haceros caer [...] Decís, señor, que a la hora que leístes mi carta quemastes la empresa de vuestra enamorada, rasgastes las cartas de amores, despedistes el paje de los mensajes, quitastes la habla a vuestra amiga y distes finiquito a la alcahueta.

(I, 224-225)

9. *Epístolas familiares*, ed. J. M. de Cossío, I, Madrid, 1950, págs. 220-221.

Los consejos juiciosos de Guevara se reducen a esto: que en un viejo debe buscarse limpieza, calor, tranquilidad y contentamiento.

> Sea, pues, la conclusión: que los viejos de vuestra edad deben mucho trabajar de traer la ropa no grasienta, la camisa bien lavada, la casa tener barrida y la cama que esté muy limpia; porque el hombre que es viejo y presume de cuerdo, si quiere vivir sano y andar contento, ha de tener el cuerpo sin piojos y el corazón sin enojos.

(I, 230-231)

En otra epístola aconseja y amonesta a un matrimonio excesivamente joven. El tono que emplea no puede ser menos romántico:

> Las propriedades de la mujer casada son que tenga gravedad para salir fuera, cordura para gobernar la casa, paciencia para sufrir el marido, amor para criar los hijos, afabilidad para con los vecinos, diligencia para guardar la hacienda, cumplida en cosas de honra, amiga de honesta compañía y muy enemiga de liviandades de moza. Las propriedades del hombre casado son que sea reposado en el hablar, manso en la conversación, fiel en lo que se le confiare [...]

(I, 364)

Su largo y en general sabio consejo se anima con vívidas descripciones, como la de la mujer indómita o la del marido dominante. En sus descripciones de los conflictos domésticos escribe con regodeo de célibe:

> La mujer brava es muy peligrosa, porque embravece al marido, escandaliza a los deudos, es malquista de los cuñados y huyen de ella los vecinos; de lo cual se sigue que algunas veces el marido le mide el cuerpo con los pies y le peina el cabello con los dedos. A una mujer furiosa y rencillosa, por una parte, es pasatiempo oírla reñir, y por otra parte, es espanto de ver lo que se deja decir, porque si se toma con ella una procesión de gentes, ella les dirá una letanía de injurias. Al marido dice que es descuidado; a los mozos que son perezosos; a las mozas que son sucias [...]

(I, 375)

Es posible que Guevara esté reprobando aquí la idea "romántica" de la mujer que daban las novelas de su tiempo (sabemos que lamentaba las falsificaciones de la literatura: denunció el *Amadís* y otras obras del mismo género en su *Aviso de privados*).

Otro de los libros de Guevara que le dieron fama en toda Europa apareció también en 1539: *Menosprecio de corte y alabanza de aldea,* obra más sencilla que las arriba mencionadas y cuyo mismo título define claramente su tema. En ella Guevara denuncia la Corte en términos tradicionales, siguiendo probablemente, entre otros modelos, el libro de Eneas Silvio *De curialium miseriis.* Su elogio de la vida del campo es enteramente prosaico y vulgar: la vida en la aldea es más cómoda y sana, la comida es más barata y mejor, y el hombre no esta rodeado de aduladores y murmuradores. Aunque también recomienda la vida de la aldea por sus virtudes, se hace más hincapié en las comodidades del hogar:

> El que mora en el aldea toma también muy gran gusto en gozar la brasa de las cepas, en escalentarse a la llama de los manojos, en hacer una tinada dellos, en comer de las uvas tempranas, en hacer arrope para casa, en colgar uvas para el invierno, en echar orujo a las palomas, en hacer una aguapié para los mozos, en guardar una tinaja aparte, en añejar alguna cuba de añejo, en presentar un cuero al amigo, en vender muy bien una cuba, en beber de su propia bodega, y sobre todo en no echar mano a la bolsa para enviar por vino a la taberna [10].
>
> (pág. 72)

Más adelante elogia la despreocupación y libertad en el vestir:

> Es previlegio de aldea que cada vecino se pueda andar no solamente solo, mas aun sin capa y sin manteo, es a saber, una varilla en la mano, o puestos los pulgares en la cinta o vueltas las manos atrás. No pequeña sino grande es la libertad del aldea, en que si uno no quiere traer calzas, trae zaragüelles;

10. *Menosprecio [...],* ed. M. Martínez de Burgos, CC, 29, Madrid; mis citas pertenecen a la ed. de 1952, pág. 72.

si no quiere traer capa, ándase en cuerpo; si le congoja el
jubón, afloja las aguejetas! [etc.]

(págs. 74-75)

A veces su retórica puede parecernos hueca, pero tiene momentos
de emoción sincera, como cuando enumera la gran variedad de
aves y otros animales comestibles:

> El que mora en la aldea come palominos de verano, pichones
> caseros, tórtolas de jaula, palomas de encina, pollos de enero,
> patos de mayo, lavancos de río, lechones de medio mes, ga-
> zapos de julio, capones cebados, ansarones de pan, gallinas
> de cabe el gallo, liebres de dehesa, conejos de zarzal, perdi-
> gones de rastrojo, peñatas de lazo, codornices de reclamo,
> mirlas de baya y zorzales de vendimia. O no una, sino dos
> y tres veces gloriosa vida de aldea, pues los moradores della
> tienen cabritos para comer, ovejas para cecinar, [etc., etc.]

(pág. 89)

Las demás obras de Guevara no alcanzaron la misma popularidad. El *Aviso de privados* es una obra de carácter práctico,
que aconseja los méritos y maneras que gozan de favor en la
Corte. Se trata de un trabajo monótono, concebido con miras más
estrechas que, por ejemplo, *Il cortegiano* de Castiglione. El *Libro
de los inventores del arte de marear* es igualmente práctico, constituyendo en su mayor parte un relato, extraído de las experiencias del mismo Guevara, de las condiciones de la vida en el mar
y de cómo viajar cómodamente en barco. Para ello no escatima
detalles realistas:

> Es privilegio de galera, que las camas que allí se hicieren
> para los pasajeros y remeros no tengan pies ni cabeza seña-
> lados, sino que se echen a do pudiesen y cupieren, y no como
> quisieren, es a saber, que a do una noche tuvieron los pies,
> tengan otra la cabeza: y si por haber merendado castañas
> o haber cenado rábanos el compañero se le soltare algún (ya
> me entendéis), has de hacer cuenta, hermano, que lo soñaste,
> y no decir que lo oíste.

Es privilegio de galera que todas las pulgas que saltan por las tablas, y todos los piojos que se crían en las costuras, y todas las chinches que están en los resquicios, sean comunes a todos, anden entre todos, y se repartan por todos, y se mantengan entre todos; y si alguno apelare deste privilegio, presumiendo de muy limpio y polido, desde agora le profetizo que si echa la mano al pescuezo y a la barjuleta, halle en el jubón más piojos que en la bolsa dineros [11].

El libro es informativo y chispeante: posiblemente es la obra más animada del autor.

Los dos últimos libros de Guevara son exclusivamente religiosos: el *Oratorio de religiosos y ejercicio de virtuosos* (Valladolid, 1542) y el *Monte Calvario* (la primera parte publicada en Salamanca en 1542 y la segunda en 1549). Ambas alcanzaron gran aceptación: el *Oratorio* fue impreso once veces en los siglos XVI y XVII; la primera parte del *Monte Calvario* dieciocho y la segunda nueve.

Los libros de Guevara debieron gran parte de su éxito al marcado ritmo ciceroniano de su estilo. En cada una de sus páginas hallamos acumulaciones retóricas de palabras y frases, bien equilibradas antítesis y cadencias finales (isocolon) además de cadencias rimadas. He aquí un ejemplo de acumulación y de acompasada cadencia final:

[...] puercos para salar, lanas para vestir, yeguas para criar, muletas para emponer, leche para comer, quesos para guardar; finalmente, tienen potros cerriles que vender en la feria y terneras gruesas que matar en las Pascuas.

(*Menosprecio,* pág. 89)

En este otro ejemplo encontramos esa cadencia embellecida por la asonancia:

Débese también mucho apartar de los hombres viciosos, hol-

---

11. Cito por la edición de R. O. Jones, Exeter Hispanic Texts, II, Exeter, 1972, pág. 33.

> gazanes, mentirosos y maliciosos, de los cuales suelen estar
> los pueblos pequeños muy llenos; porque si las cortes de los
> príncipes están llenas de envidias, también en las aldeas hay
> muchas malicias.
>
> (*Menosprecio*, pág. 63)

A menudo Guevara se deja llevar de su verbosidad y sus enume-
raciones resultan disparatadas. Una de sus muletillas, el uso me-
cánico de "aun" para redondear un período, resulta particularmente enojoso.

> O cuánto es honrado un bueno en una aldea, a do a porfía
> le presenta las guindas el que tiene guindalera, [...] truchas el
> que tiene red, besugos quien va al mercado y aun hojaldres
> quien amasa el sábado.
>
> (*Menosprecio*, pág. 90)

No obstante, éstos son casos extremos; y, aunque el estilo de
Guevara adolece siempre de cierta afectación, su lectura es normalmente más agradable. Innumerables eran sus contemporáneos,
dentro y fuera de España, que lo leyeron con placer.

Pero su obra no gozó de la misma aceptación entre todos sus
contemporáneos. Uno de ellos, Pedro de Rhúa, escribió indig-
nado unas cartas de reproche a Guevara a partir de 1540, y más
tarde, llevado de la exasperación, dió a la imprenta las *Cartas
de Rhúa lector en Soria sobre las obras del Reverendísimo señor
Obispo de Mondoñedo dirigidas al mesmo* (Burgos, 1549). Pedro
de Rhúa, evidentemente un humanista de saber considerable, censura a Guevara tanto por su estilo como por su invención de
falsas autoridades en sus epístolas y obras históricas. Empieza con
bastante suavidad, pretendiendo ser portavoz de la opinión de
otros acerca del estilo de Guevara y de su insistentemente manifestado orgullo de casta:

> [...] unos la copia llamaban lujuria o lozanía de palabras;
> otros al ornato notaban por afectación; otros, los matices de
> las figuras, como son contenciones, distribuciones, exposiciones,
> repeticiones, artículos, miembros, contrarios, y los otros pri-

mores del bien hablar de que muy a menudo usa Vuestra Señoría, les parecían ejemplos de quien lee los preejercitamentos de Aftonio o el cuarto de la retórica *ad Herennium*; otros decían que tan frecuentes figuras acedaban toda la oración. A unos les era odiosa la muy repetida conmemoración de su noble y antigua prosapia como arrogancia [...]

(f. 4v)

En una carta posterior Rhúa ataca su alarde de quimérica erudición:

Escrebí a Vuestra Señoría que entre otras cosas que en sus obras culpaban los lectores es una la más fea e intolerable que puede caer en escritor de autoridad, como Vuestra Señoría lo es: y es que da fábulas por historias y ficciones proprias por narraciones ajenas; y alega autores que no lo dicen, o lo dicen de otra manera, o son tales que no los hallarán sino *in afanis* [...] y el lector, si es idiota es engañado, y si es diligente pierde el tiempo [...]

(f. 57v)

La réplica de Guevara a estas acusaciones no revela ningún desconcierto por su parte.

[...] son muy pocas las cosas que ha notado en mis obrillas y serán sus avisos para remirar lo hecho y enmendar lo venidero. Como, señor, sabéis, son tan varios los escritores en esta arte de humanidad que fuera de las letras divinas no hay que afirmar ni que negar en ninguna dellas; y para decir la verdad, a muy pocas dellas creo más de tomar en ellas un pasatiempo [...] No haga vuestra merced hincapié en historias gentiles y profanas, pues no tenemos más certinidad que digan verdad unos que otros [...]

(f. 54r)

Es difícil saber a qué atenerse respecto a la personalidad de Guevara. Era indudablemente hombre piadoso y tanto su vida como sus obras lo atestiguan, a pesar de lo cual no le daba reparo mentir (sus invenciones no pueden llamarse de otra forma). Poseía una considerable erudición, pero no la conciencia de erudito que debería presidirla. ¿Hemos de considerar sus aberraciones como una muestra de sentido del humor? Esta consideración resulta por lo menos tan satisfactoria como el alegato de que Guevara, al ser hijo menor y estarle por tanto vedado el acceso a la gloria y a las riquezas, intentaba compensar sus desengaños escribiendo.

> Su obrar y su escribir serán en adelante un esfuerzo continuo para llenar la vasta oquedad de su aspiración, buscando en las letras lo que otros alcanzaban con las armas, la riqueza y el poderío [...] [12]

Su estilo hueco y su aire de omnisciencia revelan ciertamente un espíritu altivo; pero si realmente deseaba poder, gloria militar o riquezas, no había nada que le impidiera unirse a los muchos segundones que embarcaban para América; y la Iglesia no era mal medio para conseguir poder e incluso dinero para el que estuviera dispuesto a explotarlo. Especular sobre los sueños y frustraciones secretas de Guevara no conduce a nada. Lo que salta a la vista es su determinación a triunfar como hombre de letras; y si tenemos en cuenta que, exceptuando algunos casos notables, los hombres de su clase no concedían gran importancia a las letras, la pedantería de Guevara puede entonces aparecer como una reafirmación de la dignidad de las letras frente a la opinión de una mayoría ignara. Al imaginar el círculo cortesano de Guevara, deberíamos excluir a hombres como Garcilaso de la Vega: una figura como la de Alonso Enríquez de Guzmán es probablemente mucho más representativa. En sus entretenidas memorias se revela su obsesión por tres cosas: linaje, honores y dinero. Cita algunos fragmentos de latín, un verso de Boscán, y algunos malos versos suyos; pero es obvio que la literatura y el saber no representaron mucho en su vida. Ante hombres como éste la actitud de Guevara se hace más comprensible. En una sociedad que todavía tenía en mayor estima las armas que las

---

12. A. Castro, *Semblanzas y estudios españoles*, Princeton, 1956, pág. 55.

letras, Guevara declaraba su postura personal con estas palabras:

> [...] mas yo loo y nunca acabaré de loar, no a los que halla-
> ron armas para emprender guerra, sino a los que buscaron
> letras para deprender ciencia. ¡Cuánta diferencia vaya de mo-
> jar la péñola en la tinta a teñir la lanza en la sangre, y de
> estar rodeado de libros o estar cargado de armas, de estudiar
> cómo cada uno ha de vivir o andar a saltear en la guerra
> para a su prójimo matar!
>
> No hay ninguno de tan vano juicio que no loe más los
> ejercicios de la ciencia que no los bullicios de la guerra, por-
> que, al fin fin, el que deprende cosas de guerras no de-
> prende sino cómo a los otros ha de matar y el que deprende
> ciencia no deprende sino cómo él y los otros han de vivir [13].

Probablemente Rhúa no era el único molesto por las maneras altivas de Guevara. El importante grupo erasmista que abogaba por la verdad en la literatura y por la sencillez de estilo, debió compartir la irritación de Rhúa, ya que Guevara los ofendió pro-bablemente tanto por su estilo como por su frivolidad (por no mencionar sus mentiras). Erasmo preconizaba un estilo claro y sencillo y se oponía a las florituras ciceronianas que imitaban al-gunos humanistas; de lo primero dio un magnífico ejemplo en sus propios escritos, pero, además, no contento con una actitud pasiva, satirizó también lo segundo en su diálogo *Ciceronianus*. Los momentos más floridos del estilo de Guevara no son más que una parodia de Cicerón; pero en ellos se advierte una inge-nua ambición de emular al más reverenciado de los estilistas latinos. No parece que en España se diera una guerra abierta entre partidarios y detractores del estilo ciceroniano, como la hubo en otros países, aunque sin duda el antagonismo existía. Guevara podría representar la primera de estas posturas; el ideal literario erasmista debe buscarse en el *Diálogo de la lengua,* de Juan de Valdés, que se escribió probablemente en 1535 (aunque no se imprimió hasta 1736)[14].

13. *Reloj de príncipes,* ed. A. Rosenblat, Madrid, 1936, pág. 109.
14. Ed. Montesinos, CC, 86, Madrid; las citas son de la ed. de 1946.

Valdés defiende la moralidad y la verosimilitud en la narración y la sencillez de estilo.

> El estilo que tengo me es natural, y sin afetación ninguna escribo como hablo, solamente tengo cuidado de usar vocablos que sinifiquen bien lo que quiero decir, y dígolo cuanto más llanamente me es posible, porque a mi parecer en ninguna lengua stá bien el afetación.
>
> (pág. 154)

Todo lo que dice acerca del estilo es en realidad ampliación de esta doctrina central, que aplica tanto a la poesía como a la prosa.

> Por buenas [coplas] tengo las que tienen buena y clara sentencia, buenos vocablos, acomodados a ella, buen estilo, sin superfluidad de estilo [...]
>
> (pág. 166)

Recurre a los refranes como ejemplo de buen estilo, basándose en que el genio del castellano es vulgar. Uno de sus interlocutores, Pacheco, lo interrumpe entusiasmado para decir que él ha pensado a menudo en hacer una compilación de refranes españoles

> como uno que diz que Erasmo ha hecho en la latina, alegando todos los refranes que hallase y declarándolos lo menos mal que supiese, porque he pensado que en ello haría un señalado servicio a la lengua castellana.
>
> (pág. 15)

Cuando se le pregunta si aprueba que se escriba "l'arca", "l'alma", etcétera, Valdés replica:

> No me parecería mal si se usase, pero como no se usa yo por mí no lo osaría decir ni escribir.
>
> (pág. 45)

El erasmista Valdés abogaba por la experiencia personal en lo tocante a la religión, siempre presidida por el sentido común. En lo concerniente a la lengua encontramos que expresa una doctrina análoga: le sirve como criterio no un libro con todas sus artificiosidades de estilo, sino ejemplos del castellano hablado. La obra de Valdés, religiosa y literaria, es en su conjunto producto de un espíritu delicadamente empírico e inquebrantablemente independiente al mismo tiempo.

Su propio estilo tiene toda la vivacidad del buen castellano coloquial. Cuando los demás interlocutores, que están discutiendo sobre el estilo, llegan a Valdés, uno de ellos exclama:

> Pues habemos cogido y prendado a Valdés, aun no le dejemos de ninguna manera sin que primero le examinemos hasta el postrer pelo.
>
> (pág. 18)

Valdés acepta sus preguntas de buen grado:

> Ora sus, vedme aquí más obediente que un fraile descalzo cuando es convidado para algún banquete.
>
> (pág. 20)

Y más adelante:

> Asperáos un poco, que aún os queda la cola por desollar.
>
> (pág. 192)

Se ha hecho referencia antes a don Alonso Enríquez de Guzmán. Su presencia nos sirve para recordar que el Renacimiento en España (como en todas partes, con la posible excepción de Italia) no tuvo en la sociedad más que un efecto superficial. ¿Cómo no había de ser así en una sociedad de clérigos, campesinos y guerreros? Enríquez de Guzmán no mostraba un especial interés por la literatura o el saber. Era piadoso, pero su piedad no conformaba su vida; los erasmistas españoles pertenecían a otro universo moral, que Enríquez de Guzmán no parece haber vislumbrado siquiera. Sentía una apasionada preocupación por su honor y, sin embargo, no encontraba nada deshonroso en el robo cuando no tenía dinero. El relato de su azarosa y violenta carrera en España, Flandes y Perú nos ofrece una visión más profunda de las realidades de su época que todo lo que se estudia como "literatura". Enríquez de Guzmán sirve de advertencia al historiador de la literatura para que no confunda categorías: la literatura trata de la vida, pero no debe confundirse con ella.[15]

15. Algunos de los escritos más vigorosos de los Siglos de Oro corresponden a historiadores como (para nombrar sólo unos pocos) Gonzalo Fernández de Oviedo (1478-1557), *De la natural historia de las Indias* (Toledo, 1526) y *La historia general de las Indias* (Sevilla, 1535); Bernal Díaz del Castillo (1492-1581), *Historia verdadera de la conquista de la Nueva España* (Madrid, 1632); Diego Hurtado de Mendoza (1503-1575), *Guerra de Granada* (Lisboa, 1627); Francisco López de Gómara (1512-¿1572?), *La historia de las Indias y conquista de México* (Zaragoza, 1552); Francisco Cervantes de Salazar (¿1514?-1575), *Crónica de la Nueva España* (inédita hasta la edición de Nueva York, 1914). Pero el enfoque del presente volumen nos impide hacer otra cosa que mencionarlos y recomendárselos al lector que desee explorar terrenos, sin duda de valor literario, pero no insertos en las coordenadas de creación e imaginación que aquí trazamos.

Capítulo 2

EL RENACIMIENTO EN ESPAÑA:
LA REFORMA DE LA POESÍA

Por lo que se refiere a la poesía, el Renacimiento literario europeo significa ante todo el descubrimiento de Petrarca —el Petrarca del *Canzoniere*— y sus sucesores. Aunque desde el principio del siglo XV, ciertos poetas españoles habían estado al corriente —con profundo interés a veces— de la poesía de Petrarca (Santillana, por ejemplo), ésta no afectó de manera señalada a la castellana ni en su forma ni en su contenido (los sonetos de Santillana son una excepción sorprendente). La nueva poesía italiana no fue sentida como una influencia vivificante hasta la tercera década del siglo XVI. Boscán relata la historia en su dedicatoria a la duquesa de Soma que figura a la cabeza del segundo libro de sus poemas publicado en 1543.

Porque estando un día en Granada con el Navagero, el cual por haber sido varón tan celebrado en nuestros días he querido aquí nombralle a vuestra señoría, tratando con él en cosas de ingenio y de letras y especialmente en las variedades de muchas lenguas, me dijo por qué no probaba en lengua castellana sonetos y otras artes de trobas usadas por los buenos autores de Italia, y no solamente me lo dijo así livianamente, mas aún me rogó que lo hiciese. Partíme pocos días después para mi casa, y con la largueza y soledad de camino discurriendo por diversas cosas, fui a dar muchas veces en lo que el Navagero me había dicho. Y así comencé a tentar este género de verso, en el cual al principio hallé alguna difi-

cultad por ser muy artificioso y tener muchas particularidades
diferentes del nuestro. Pero después, pareciéndome quizá con
el amor de las cosas proprias que esto comenzaba a suce-
derme bien, fui poco a poco metiéndome con calor en ello.
Mas esto no bastara a hacerme pasar muy adelante si Garcilaso
con su juicio, el cual no solamente en mi opinión mas en
la de todo el mundo ha sido tenido por regla cierta, no me
confirmara en esta mi demanda [1].

Este encuentro ocurrió en 1526 cuando Andrea Navagero,
poeta y estudioso de los clásicos, asistió, en su calidad de embajador de Venecia, a la entrada triunfal de Carlos V en Granada.
El gran prestigio de Navagero como hombre de letras contribuyó, sin duda, a que su estímulo fuese más persuasivo. El entusiasmo de Garcilaso por el nuevo experimento literario que Italia
le proporcionaba, le llevó a rechazar en su conjunto la literatura
española de los siglos anteriores y en una carta-prólogo escrita
para la traducción que hizo Boscán de *Il cortegiano* de Castiglione (Barcelona, 1534) escribió:

> Y también tengo por muy principal el beneficio que se hace
> a la lengua castellana en poner en ella cosas que merezcan ser
> leídas, porque yo no sé qué desventura ha sido siempre la
> nuestra, que apenas ha nadie escrito en nuestra lengua sino
> lo que se pudiera muy bien escusar [...] [2]

El alcance preciso de las palabras de Garcilaso ya no puede ser
determinado, pero es razonable suponer que se refería, entre
otras cosas, a aquella poesía compuesta en la métrica española
tradicional, a la cual tanto él como Boscán volvieron las espaldas.
Antes de que la extensión y la calidad de esta revolución poética
puedan ser apreciadas, debemos reconsiderar la poesía que los
revolucionarios creían ya superada.

El cambio de sentimiento fue tan relativamente reciente como

---

1. *Obras poéticas,* ed. M. de Riquer, etc., Barcelona, 1957, pág. 89.
2. *Obras completas,* ed. E. L. Rivers, Madrid, 1964, pág. 218.

súbito. En 1496 Juan del Encina escribía en el "Arte de poesía castellana" con que se inicia su *Cancionero*:

> [...] porque según dice el dotísimo maestro Antonio de Lebrixa, aquél que desterró de nuestra España los barbarismos que en la lengua latina se habían criado, una de las causas que le movieron a hacer arte de romance fue que creía nuestra lengua estar agora más empinada y polida que jamás estuvo, de donde más se podía temer el decendimiento que la subida; y así yo por esta mesma razón creyendo nunca haber estado tan puesta en la cumbre nuestra poesía y manera de trobar, parecióme ser cosa muy provechosa poner en arte y encerrarla debaxo de ciertas leyes y reglas, porque ninguna antigüedad de tiempos le pueda traer olvido [3].

Estas palabras transparentan un tonillo de arrogancia: Juan del Encina escribe con la confianza de un poeta dentro de una tradición segura, pero sus frases —dirigidas al joven príncipe don Juan— reflejan también el nacionalismo cultural de un país recientemente unificado, consciente de su fuerza y dispuesto para el Imperio. Las palabras de Encina se refieren a una amplia gama de temas y estilos: la poesía doctrinal del siglo XV es todo lo más un placer discreto, pero en lo que se refiere a la lírica amorosa cortesana de Castilla la arrogancia de Encina está justificada en parte, porque dentro de los estrechos convencionalismos de esa lírica fueron escritos algunos de los poemas más bellos e intensos en lengua castellana.

La lírica amorosa cortesana de Castilla, vástago tardío de la literatura europea del amor cortés, formó parte del ritual de la galantería que desempeñó un papel importante en la vida de la Corte. Muchos de los poemas compuestos dentro de esta tradición

3. Juan del Encina, *Cancionero* (1946), f. IIr. Será apropiado mencionar aquí el estudio más extenso de la poesía de Encina: Ana María Rambaldo, *El Cancionero de Juan del Encina dentro de su ámbito histórico y literario* (Santa Fe, 1972), libro muy interesante y perspicaz, pero por desgracia (siguiendo sugerencias de Américo Castro) fundado en la hipótesis que Encina era de estirpe judía. Hasta la fecha, las pruebas alegadas en apoyo de esta hipótesis carecen de validez histórica.

son tan desmayados y áridos como era de esperar teniendo en cuenta su origen, pero varios de ellos, en cantidad sorprendente, tienen una intensidad obsesiva, que hoy todavía asombra. En la obra de estos poetas castellanos de los últimos años del siglo xv, encontramos una limitación y una mayor intensidad de la tradición europea del amor cortés. Usaron un vocabulario extraordinariamente escaso, y muy pobres fueron también sus medios retóricos, que pueden reducirse a estos tres principales: oxymoron, antítesis y polyptoton (repetición de una palabra o formas derivadas de una misma palabra), tres procedimientos que expresaban la obsesión atormentada del enamorado, apresado por las contradicciones, consintiendo su propio martirio pero anhelando liberarse de él, lanzado de un extremo a otro de la alegría y del dolor, de la esperanza y de la desesperación. Estos procedimientos expresivos no son pura retórica, pues expresan la experiencia central de esta clase de amor.

La lírica cortesana, llevada a este grado de represada intensidad en las últimas décadas del siglo xv, fue mantenida a este nivel a principios del xvi por hombres más jóvenes como Garci Sánchez de Badajoz, cuya locura de amor (por la que según parece estuvo aherrojado durante cierto tiempo) le proporcionó un aura romántica similar a la que se atribuyó al poeta del siglo xiv Macías. La poesía de esta tradición apenas tiene rasgos individualizados: su sello es la impersonalidad. Incluso en aquellos poemas en los que Garci Sánchez parece aludir a su encarcelamiento es difícil conceder un sentido personal a su poesía.

> Como el que en hierro ha estado
> y después se vee suelto,
> y se halla tan atado
> para andar, que aprisionado
> estaba más desenvuelto;
> así yo, que os he mirado,
> soy tan vuestro, tan no mío,
> tan sujeto a os adorar,
> que aunque me fuese tornado

mi franco libre albedrío,
no podré libre quedar [4].

El virtuosismo a la vez contenido e intenso de esta clase de poesía era manifiestamente un arte muy consciente de sí mismo, cultivado de manera deliberada[5].

Pero ésta no fue la única tendencia y ni siquiera la que predominó en los años iniciales del siglo XVI. Existieron otros tipos de poemas: los moralizadores, religiosos y alegóricos figuran entre los que más abundaron. Los tres fueron combinados en una compilación que gozó de una gran popularidad en los primeros años del siglo: el *Cancionero* de Juan del Encina cuya primera edición fue publicada en Salamanca en 1496. Volvió a imprimirse en 1501 (Sevilla), 1505 (Burgos), 1507 y 1509 (Salamanca), y 1516 (Zaragoza). El *Cancionero* no agotó el gusto por la poesía de Encina: en 1521 publicó su *Tribagia,* un relato, escrito en versos de arte mayor, de su peregrinación a Tierra Santa. Es evidente que esta obra refleja sentimientos profundos y entrañables, pero su penosa vulgaridad demuestra con toda claridad la casi completa pérdida de facultades poéticas de su autor al ser ordenado sacerdote. Sin embargo, como ocurre tan a menudo, la historia de la literatura desconcierta al crítico literario: este poema iba a ser el de fama más duradera entre los de Juan del Encina, ya que, mucho después de que otros suyos fueran olvidados, la *Tribagia* volvió a reimprimirse en 1606, 1608, 1748 y 1786.

La poesía lírica de Juan del Encina ha conservado su seducción y muchos de sus poemas, especialmente aquellos en los que capta algo de la frescura de las canciones populares, figuran entre los más deliciosos de la época. Pero son decepcionantes sus composiciones más serias: su *Triunfo de la fama, triunfo del amor,* las obras religiosas de encargo (incluidas éstas en su *Cancionero*), la *Tragedia trobada* escrita en 1497 con motivo del fa-

---

4. P. Gallagher, *The Life and Works of G. S. de B.,* Londres, 1968, pág. 56.
5. Véase (por ejemplo) K. Whinnom, «Hacia una interpretación y apreciación de las canciones del *Cancionero general* de 1511», *Filología,* XIII, 1968-1969.

llecimiento del príncipe don Juan, *Tribagia,* etc. Entre sus obras más atractivas figuran sus poemas absurdos, los famosos *Juicio* y *Almoneda* y los todavía más famosos *Disparates.* Tomando su obra en conjunto, Juan del Encina fue quizá mejor músico que poeta: las sesenta y una composiciones que reunió en el llamado *Cancionero musical de Palacio* resultan ingeniosas y a veces conmovedoras [6].

Entre los más interesantes poetas menores de ese período hay que citar a Pedro Manuel Jiménez de Urrea (¿1486?-¿1535?), un noble aragonés cuyo *Cancionero* (Logroño, 1513) contiene algunos buenos poemas de estilo tradicional y unas tentativas de imitación de Petrarca.

Ésta fue, pues, la poesía en la cual pudo formarse un joven nacido a principios del siglo XVI. Uno de los mayores acontecimientos literarios de su vida sería la publicación del *Cancionero general* (Valencia, 1511), una compilación masiva de toda clase de poesía, en la que predominaba la del siglo XV. Antología representativa que se alza cual majestuoso monumento, tanto a su compilador, Hernando del Castillo (que, si no fuese por esto, sería un desconocido para nosotros), como a la alta calidad de la imprenta en España. La obra alcanzó en seguida un claro éxito comercial. Una edición revisada (corregida y aumentada) fue publicada en 1514 (Valencia). Esta misma volvió a imprimirse en 1517 (Toledo), 1520 (Toledo) y 1527 (Toledo), edición esta última en la que se añadió un solo poema. Una nueva edición muy reformada apareció en 1535 (Sevilla); cierto número de letanías de amor y otros poemas amatorios que utilizaban el lenguaje de la religión fueron esta vez suprimidos, y se añadió una cantidad notable de nuevos poemas (en su mayoría religiosos y mediocres). Esta versión se reimprimió en 1540 (Sevilla). Una nueva edición modificada de manera considerable fue impresa en Amberes en 1557 y vuelta a imprimir en esta misma ciudad en 1573. Los editores de las sucesivas ediciones intentaron poner el *Cancionero*

---

6. Véase Edward M. Wilson y Duncan Moir, *Historia de la literatura española. 3: Siglo de Oro: teatro,* Ariel, Barcelona, 1974, págs. 19 y sigs.

general al día incluyendo composiciones recientes, pero conservó sus características fundamentales del siglo XV, por lo que tenemos el curioso fenómeno de que, para la mayor parte del siglo XVI, la más conocida colección de poesía reunida en un volumen fue una compilación de obras del siglo XV principalmente y donde generaciones de lectores de poesía se educaron con ella. Contribuyó a asegurar que la lírica de cancionero no se extinguiera y, aún más, que volviese a florecer en el siglo XVII.

Del *Cancionero general* se formaron otras colecciones, en su mayoría de poesía amorosa. Hubo una excepción notable, el célebre *Cancionero de obras de burlas provocantes a risa* (Valencia, 1519), que contiene la sección de obras de burlas impresa en el *Cancionero general* (incluyendo el indecente y divertido "Pleito del manto"), al cual se añadió el que, por lo menos en su concepción, es uno de los más ingeniosos poemas escritos en castellano: la *Carajicomedia,* cuyo autor "Fray Bugeo Montesino" (indudable seudónimo) nos da el relato satírico de la carrera erótica y caída final de Diego Fajardo de Guadalajara, todo ello escrito en una excelente parodia del estilo de las *Trescientas,* de Juan de Mena, junto con notas eruditas (imitando la edición de Hernán Núñez; Sevilla, 1499) que amplían con altisonantes detalles la narración de la escabrosa vida de Diego Fajardo. El sentido de lo pornográfico ha decaído y nuestro poemita no tiene rival entre los muchos escritos de esa índole que se publicaron en las dos centurias siguientes [7].

La poesía circuló ampliamente en formas de edición más humildes: los pliegos sueltos (pliegos de papel, normalmente plegados en dos dobleces, que formaban un folleto de cuatro hojas) que eran impresos por millares y puestos al alcance de los que no podían comprar libros. En los pliegos se reimprimieron poemas de todas clases procedentes de compilaciones mayores, y también romances, canciones populares, etc., tomados de otras fuentes, incluso de la tradición oral. Los pliegos eran probablemente compra-

---

7. El *Cancionero de obras de burlas* fue reproducido en facsímil por A. Pérez Gómez, Cieza, 1951, del ejemplar único conservado en el Museo Británico.

dos sobre todo por los menos adinerados y los menos instruidos; pero no eran despreciados por personas de mayor instrucción y de más alto nivel social: muchos fueron adquiridos, por ejemplo, por el hijo de Colón, Fernando Colón, cuyas listas de compras son una valiosa fuente que da testimonio bibliográfico de obras desaparecidas hace mucho tiempo [8]. Algunos poetas, incluso buenos, imprimieron sus obras solamente en los pliegos: uno de ellos es Rodrigo de Reinosa, cuyas obras en edición completa no han sido publicadas todavía, debido sin duda a la indecencia de algunas de ellas [9].

Los pliegos son testigos de la existencia de una afición popular muy extendida hacia toda clase de poesía.

> Una cantidad considerable de lo que a justo título puede estimarse como buena poesía, lírica, narrativa, o satírica, fue reimprimida con los poemas populares [...] Así podemos ver que parte de la mejor poesía compuesta en el Siglo de Oro español atraía a los ignorantes tanto como a los instruidos y cultos [...] Hubo una distancia más pequeña —en algunos aspectos— entre los letrados y los ignorantes de la que existe hoy [10].

Los pliegos fueron, pues, en este período una fuerza poderosa que favoreció la continuidad. Los primeros datan de antes de 1510; continuaron siendo producidos en gran cantidad en los cuatro siglos posteriores y algunos poemas antiguos siguieron imprimiéndose en esta forma hasta una fecha relativamente reciente.

La revolución poética iniciada por Boscán debe ser contemplada sobre este fondo. Sus innovaciones y las de Garcilaso no

---

8. Extractos de las listas de Colón han sido impresos por A. Rodríguez-Moñino en su edición facsímil del *Cancionero general,* Madrid, 1958. Para una breve noticia de Colón, véase A. Rodríguez-Moñino, *Diccionario de pliegos [...],* Madrid, 1970, págs. 72-74.

9. Una selección de la obra de Reinosa ha sido publicada por J. M. de Cossío, Santander, 1950.

10. E. M. Wilson, *Some Aspects of Spanish Literary History,* Oxford, 1967, págs. 19-20.

pueden ser sentidas totalmente sino por el contraste con la situación anterior de la poesía española. De hecho, las innovaciones nos presentan unas diferencias muy marcadas en muchos aspectos. La variedad retórica y léxica de la nueva poesía es mucho mayor que la de la antigua. Dado que en la poesía amorosa Petrarca y los petrarquistas italianos constituyeron la influencia dominante, el uso característico de la naturaleza por Petrarca como fuente de la mayor parte de sus imágenes poéticas, y como telón de fondo para su autoanálisis, es imitado por Garcilaso y Boscán. Esto tuvo un inmenso efecto liberador en la imaginación de los poetas pues el universo se convirtió en su escenario. Por contraste, la poesía de sus predecesores resulta de un ambiente claustrofóbico. La nueva poesía se enriqueció más tarde por la influencia de los grandes poetas latinos, sobre todo Virgilio y Horacio, y esta inmensa ampliación del lenguaje poético permitió una exploración más profunda y sutil de los estados de espíritu y condujo a una conciencia más sensible del mundo exterior. El resultado es una poesía más rica en lenguaje y color, y por lo tanto capaz de más vivos efectos sensoriales, y también de mayor complejidad conceptual.

Juan Boscán Almugáver (nacido 1487-1492, fallecido 1542) nació en un familia perteneciente a lo que pudiera llamarse la aristocracia comercial de Barcelona y usó el título de caballero. De joven fue ayo del adolescente don Fernando, futuro duque de Alba, y su vida transcurrió casi por entero en los círculos cortesanos, donde Boscán, al parecer, fue considerado como un modelo de perfecta cortesía. Es por lo tanto muy comprensible el hecho de que Garcilaso enviara a Boscán un ejemplar de *Il cortegiano* de Castiglione con la sugerencia de que lo tradujera al español. La excelente versión de Boscán apareció en 1534 (Barcelona) con la carta que dirige Garcilaso a doña Gerónima Palova de Almogávar en la que elogia la destreza de estilo de su amigo:

Guardó una cosa en la lengua castellana que muy pocos la han alcanzado, que fue huir del afetación sin dar consigo en ninguna sequedad, y con gran limpieza de estilo usó de términos muy cortesanos y muy admitidos de los buenos oídos, y no nuevos ni al parecer desusados de la gente. Fue demás desto muy fiel tradutor, porque no se ató al rigor de la letra, como hacen algunos, sino a la verdad de las sentencias, y por differentes caminos puso en esta lengua toda la fuerza y el ornamento de la otra, y así lo dejó todo tan en su punto como lo halló, y hallólo tal que con poco trabajo podrían los defensores deste libro responder a los que quisiesen tachar alguna cosa dél [11].

Aunque Boscán no vió publicada su poesía, la preparó para la imprenta distribuyéndola en tres libros. El primero abarca su poesía en los metros castellanos tradicionales, pero no todo lo que escribió en este estilo, pues algunos poemas han sido impresos posteriormente [12]. Esta poesía es muy hábil como lo muestra este villancico.

> Si no os hubiera mirado,
>   no penara,
> pero tampoco os mirara.
>
> Veros harto mal ha sido;
> mas no veros peor fuera;
> no quedara tan perdido,
> pero mucho más perdiera.
> ¿Qué viera aquél que no os viera?
>   ¿Cuál quedara,
> señora, si no os mirara?

(pág. 10)

El veredicto es inevitable: hábil pero sin gran distinción. Resulta mejor en los poemas más cortos que en los largos, ya que su talento tendía siempre a caer en lo difuso.

11. Ed. Rivers, ed. cit., pág. 218. La poesía de Garcilaso se cita en cambio por la edición de sus *Poesías castellanas completas* por E. L. Rivers, Madrid, 1969.

12. En Martín de Riquer, *Juan Boscán y su cancionero barcelonés*, Barcelona, 1945.

Como hemos visto, Boscán fue persuadido a imitar la poesía italiana en 1526. Para hacerlo tuvo que aprender a usar el endecasílabo italiano, verso de once sílabas en el que el acento recae normalmente en las sílabas segunda, sexta y décima. Le ayudó quizá su familiaridad con el verso provenzal de once sílabas que era normal en la poesía lírica catalana (con acentuación diferente, sin embargo, de la del verso italiano).

Las estrofas de Boscán nunca alcanzaron la flexibilidad de las de Garcilaso. Sin embargo algunos de sus sonetos tienen una fuerza que, a pesar de cierta falta de gracia, no deja de ser impresionante. El soneto LXXXIV exhibe una aguda autoconciencia expresada en una serie contenida de imágenes relacionadas lógicamente que describen al enamorado que accede a su autoengaño.

> Levanta el desear el pensamiento
> con tal hervor, que todo'l mundo es mío.
> Vuelven en seso todo el desvarío
> la fuerza y la verdad del sentimiento.
>
> Mi corazón do ama es tan atento,
> que'l bien y el mal yo mismo me le crío,
> tanto, que ya por puro amor confío
> de sostener mis torres en el viento.
>
> Cuanto entra en mí se muda todo luego
> en el placer que del amor influye;
> mi bien fingido pasa por verdad.
>
> Esto no es mucho, pues que traigo fuego,
> que cuanto toma luego lo destruye
> y lo convierte en otra calidad.

Otros sonetos —por ejemplo, "Como aquel que en soñar gusto recibe" (CV), "Como el patrón que en golfo navegando" (CVII)— muestran las mismas cualidades de aguda introspección, ráfagas de imágenes impresionantes y una articulación torpe. Muchos de los mejores sonetos de Boscán son de hecho reelaboración de otros de Petrarca, Ausias March y —en una ocasión por lo menos— Pietro Bembo, como si Boscán necesitase los moldes de otro. Dejada sin ese apoyo, su imaginación cae con frecuencia en su vuelo y se precipita en la vulgaridad. Su fuerza y debilidad aparecen juntas en el soneto "Antes terné qué cante blandamente", en el cual nos cuenta cómo las alegrías del amor inspiran su canto. El sexteto dice así:

> Yo cantaré conforme a l'avecilla,
> que canta así a la sombra d'algún ramo,
> que'l caminante olvida su camino,
> quedando trasportado por oílla.
> Así yo de ver quien me ama y a quien amo,
> en mi cantar terné gozo contino.

La imagen del ave que canta es evocadora, bella y apropiada; la insípida trivialidad de los dos últimos versos muestran un colapso imaginativo al que Boscán era muy propenso.

Otro de sus defectos habituales es la ausencia de unidad, menos evidente en sus sonetos que en sus poemas mayores. Por esta razón sus canciones son generalmente imperfectas. Su largo *Leandro* (2.793 versos), basado en el *Hero y Leandro* de Museo, queda debilitado por sus divagaciones y por la inoportunidad de sus incisos. Incluso la *Octava rima,* que empieza de manera tan prometedora, al final sigue el mismo camino. Las elegantes *Stanze* de Bembo, a las que imita, se diluyen en forma intolerable ya que cincuenta octavas se convierten en ciento treinta y cinco. El poema empieza bien, con algunos de los mejores versos de Boscán:

> En el lumbroso y fértil Oriente,
> adonde más el cielo stá templado,
> vive una sosegada y dulce gente,
> la cual en solo amar pone'l cuidado.
> Esta jamás padece otro acidente,
> sino es aquél que amores han causado.
> Aquí goberna, y siempre gobernó,
> aquella reina que'n la mar nació.

Boscán no pudo mantenerse a este nivel: liberado de la disciplina de la traducción o de la imitación literal, su corta imaginación iba por los cerros de Úbeda.

Una de sus obras de más éxito es la menos poética: su epístola en verso a don Diego Hurtado de Mendoza, en la que describe su manera de vivir, su matrimonio y sus ideales. No es poesía muy elevada, pero se expresa con acierto y contiene muchos pasajes que impresionan por su vigor.

En 1542 Boscán preparó la publicación de su poesía, pero murió antes de ver finalizada su impresión. Su viuda, doña Ana Girón de Rebolledo, continuó la tarea y en 1543 apareció, impreso por Carles Amorós de Barcelona, uno de los más importantes volúmenes de la literatura española: *Las obras de Boscán y algunas de Garcilasso de la Vega repartidas en cuatro libros*. El cuarto libro comprende la obra de Garcilaso cuyos papeles, cuando éste murió, le fueron confiados a Boscán. El libro, reimpreso con frecuencia, se convirtió en el compañero de todo español instruido y sensible. Durante años Boscán y Garcilaso fueron publicados juntos, pero hacia 1570 el deseo de reimprimir a Garcilaso por separado apareció como una necesidad. Había alcanzado ya la categoría de un clásico.

Garcilaso de la Vega nació en una de las más nobles familias españolas, en Toledo y probablemente en 1501. Creció en la Corte. Fue nombrado *contino* (miembro de la Corte) de Carlos V en 1520 y la mayor parte del resto de su vida la pasó al servicio del Emperador. Participó en numerosas campañas militares, incluidas la fracasada expedición en auxilio de Rodas en 1522 y la campaña de Túnez de 1535.

Se casó en 1525. En 1526 conoció a Isabel Freire, una dama de honor, portuguesa, de la nueva reina Isabel, quien había de ser la inspiradora de su más bella poesía amorosa.

Garcilaso provocó la cólera del Emperador en 1532 al asistir, sin permiso de éste, a la boda no autorizada de un sobrino. Fue confinado en primer lugar en una isla del Danubio, pero esta pena quedó pronto conmutada por el destierro a Nápoles; destierro, como lugarteniente del recién designado virrey don Pedro de

Toledo, en una hermosa ciudad que era una capital por derecho propio y uno de los centros más florecientes del humanismo y de la cultura literaria de Italia. Garcilaso conoció allí a humanistas españoles como Juan de Valdés, y a italianos de la talla de Luigi Tansillo y Bernardo Tasso. Miembro admirado de los círculos literarios napolitanos e incluso de otros más amplios, intercambió cartas de mutua admiración con Pietro Bembo, el árbitro de la elegancia literaria italiana en aquellos años.

Durante la invasión de Francia en 1536 Garcilaso recibió una herida mortal en un ataque a la posición fortificada de Le Muy el 19 de septiembre. Murió en Niza el 13 o el 14 de octubre de 1536.

No dejó muchos poemas; no cabe duda de que parte de su obra se perdió. La que sobrevivió comprende tres églogas, cinco canciones, dos elegías (una de las cuales es una epístola a Boscán), otra epístola en verso a Boscán, treinta y ocho sonetos (cuarenta si aceptamos dos que le son atribuidos en un manuscrito), y algunas composiciones en metros castellanos tradicionales. Estas últimas son de escaso interés; algunas de ellas pertenecen al ritual de la galantería cortesana, herencia de la Edad Media, que es una de las características más tediosas del Renacimiento[13].

La obra más importante de Garcilaso está compuesta en el nuevo estilo "italiano". Tanto su estilo como su experiencia fueron enriqueciéndose gradualmente a medida que asimilaba la influencia de los grandes poetas latinos y de los italianos desde Petrarca hasta Sannazaro, Bernardo Tasso y otros de la época de Garcilaso. Las más notables entre las obras maestras de Garcilaso son sus églogas. Se cree que la égloga II es la primera en orden cronológico, y fue empezada probablemente en 1533. Es un largo poema dialogado, de 1.885 versos, y que presenta varios problemas, entre los cuales el más arduo es tan sorprendente como esencial: ¿de qué trata? Aunque es una opinión que

13. Véase, por ejemplo, Luis Milán, *El cortesano* (1561), reimpreso en 1874 como volumen VII de la serie Colección de libros españoles raros o curiosos. Véase también su *Libro de motes de damas y caballeros*, Valencia, 1535; edición facsímil, Barcelona, 1951.

multiplica las preguntas en lugar de disminuirlas, Albanio, el pastor enamorado que enloquece de pena, se identifica todavía por algunos con el duque de Alba, amigo y protector de Garcilaso: lo que sería difícilmente aceptable ya que las humillaciones sufridas por Albanio no ofrecen un retrato halagador para un grande de España. En lugar de imponer una interpretación arbitraria, trataremos de descubrir el significado del poema a partir de su estructura interna, valiéndose de datos externos cuando parezcan pertinentes.

El poema trata de los infortunios del pastor Albanio que, habiendo amado a la pastora Camila desde la infancia, es abandonado por ella cuando él le declara su amor. Al encontrarla de nuevo, intenta retenerla por la fuerza y, cuando ella escapa, él pierde la razón a consecuencia de su excesivo dolor. Intenta suicidarse, pero es reducido y atado por sus compañeros Salicio y Nemoroso. Nemoroso habla a continuación de su propia experiencia del amor y cómo fue curado de un ataque parecido de "amor insano" por el sabio Severo, cuya visión del amor y hazañas guerreras (descritas sobre una urna) del joven don Fernando de Toledo —de quien efectivamente fue tutor fray Severo Varini— también relata.

El tema del poema es el amor, manifestado y experimentado de diversas maneras. La historia en sí se refiere a Albanio, pero la descripción que Nemoroso hace de la vida del duque constituye la tercera parte de la obra. A no ser que el poema sea un caos, hemos de buscar alguna relación entre estos dos temas.

La situación de Albanio parece clara, pero es conveniente acercarse a ella a través de algunas de las primeras poesías de Garcilaso. Sus tres primeras canciones fueron escritas antes de 1532. Las dos primeras, aunque expresivas, fluidas y a veces conmovedoras, son de todas maneras obras relativamente ligeras que carecen tanto del vigor de la obra posterior de Garcilaso como del de Petrarca, su modelo. La tercera muestra una imaginación más activa y alcanza niveles más profundos de sentimiento, aunque el poema sigue siendo la queja de un enamorado enmarcado en una estrecha tradición. La tosca vehemencia de la

cuarta canción nos choca tras la melifluidad de las anteriores y
nos habla de sentimientos más turbios que hervían en el corazón
del poeta. El poema describe una batalla entre la razón y el apetito
o sensualidad, contienda ganada por el apetito y cuya victoria
no aporta alivios sino más sufrimiento al enamorado. La canción,
que sugiere la influencia de Ausias March, puede ser considerada
como "medieval" y tal vez convencional: indudablemente posee
antecedentes literarios, pero tiene también el timbre de lo auténtico, y, sin duda alguna, expresa alguna honda crisis emocional
en Garcilaso: una convulsión de sus sentimientos, fuera lo que
fuera su origen, que hizo desagradable su anterior experiencia
amorosa. El tormento mental del amante sensual tal como es
narrado en la canción IV parece ser la misma experiencia descrita por Albanio en la égloga II. En la canción Garcilaso relata
la victoria del apetito:

> Corromperse
> sentí el sosiego y libertad pasada,
> y el mal de que muriendo estó engendrarse,
> y en tierra sus raíces ahondarse
> tanto cuanto su cima levantada
> sobre cualquier altura hace verse;
> el fruto que d'aquí suele cogerse
> mil es amargo, alguna vez sabroso,
> mas mortífero siempre y ponzoñoso.
>
> (72-80)

Resulta instructivo comparar estos versos con la descripción que
hace Albanio de cómo su amor cambió de un cariño infantil en
algo diferente:

> basta saber que aquesta tan sencilla
> y tan pura amistad quiso mi hado
> en diferente especie convertilla,
>   en un amor tan fuerte y tan sobrado
> y en un desasosiego no creíble
> tal que no me conosco de trocado.

> El placer de miralla con terrible
> y fiero desear sentí mesclarse,
> que siempre me llevaba a lo imposible;
> la pena de su ausencia vi mudarse,
> no en pena, no en congoja, en cruda muerte
> y en un eterno el alma atormentarse.
>
> (314-325)

Más tarde Camila le acusa de esta manera:

> ¿Tú no violaste nuestra compañía,
> quiriéndola torcer por el camino
> que de la vida honesta se desvía?
>
> (817-819)

Ella elude los rudos intentos de Albanio por retenerla, y éste en su dolor enloquece creyendo que ha perdido su cuerpo que se figura descubrir en el fondo de una fuente. En contraste con el tono italianizante que predomina en el poema, Albanio desciende a un lenguaje popular, que en su discontinuidad estilística expresa, quizá, el desarreglo mental del pastor. Salicio se lamenta al ver el cambio sufrido por Nemoroso:

> Estraño enjemplo es ver en qué ha parado
> este gentil mancebo, Nemoroso,
> ya a nosotros, que l'hemos más tratado,
> manso, cuerdo, agradable, virtüoso,
> sufrido, conversable, buen amigo,
> y con un alto ingenio, gran reposo.
>
> (901-906)

La que fuera nobleza de ánimo de Albanio ha sido vencida por un deseo innoble. Garcilaso al dramatizar su tema parece bosquejar una analogía entre sentimientos desordenados y desquiciamiento mental. Nemoroso cuenta cómo fue curado por Severo de un "amor insano" parecido:

> Tras esto luego se me presentaba,
> sin antojos delante, la vileza
> de lo que antes ardiendo deseaba.

> Así curó mi mal, con tal destreza,
> el sabio viejo, como t'he contado,
> que volvió el alma a su naturaleza
> y soltó el corazón aherrojado.

(1.122-1.128)

El malestar de Albanio surge de un amor que Camila parece considerar como carnal. Ciertamente Albanio no provoca nuestra admiración, pero el poema no condena el amor humano, sólo al parecer el concupiscente que vence a la razón, produce discordias e incluso violencia y termina en la infelicidad. Una de las obras de mayor influencia en la época, *Il cortegiano* de Castiglione, que Garcilaso admiró, y que fue traducida por Boscán a instancia suya, nos describe un ejemplo similar. En el libro IV de este diálogo tan civilizado sobre el perfecto cortesano, uno de los interlocutores es Pietro Bembo, autor de un tratado neoplatónico sobre el amor, *Gli Asolani,* cuyas líneas principales sigue en *Il cortegiano*. Bembo contrasta la serenidad del "espiritual" enamorado neoplatónico con los tormentos del amante sensual [14].

> [...] porque no solamente en el cabo, mas aun en el principio
> y en el medio de este amor, nunca otra cosa se siente sino
> afanes, tormentos, dolores, adversidades, sobresaltos y fatigas;
> de manera que el andar ordinariamente amarillo y afligido en
> continas lágrimas y sospiros, el estar triste, el callar siempre

14.   En el sistema neoplatónico el amor, que emana de Dios, une el universo entero. El amor verdadero en los hombres es un deseo de poseer lo bello y, ya que la belleza es espiritual por ser un reflejo de la mayor belleza de Dios, el verdadero amor no se dirige a la unión carnal (o por lo menos no lo toma como un fin en sí mismo), sino al goce de una belleza espiritual. El amor de un hombre hacia una mujer es el primer paso en una escala que nos eleva a Dios. Esta doctrina es expuesta por Bembo y, en una forma considerablemente diferente, por León Hebreo en sus *Dialoghi d'amore* (compuestos alrededor de 1502, impresos en 1535), de los que se publicaron tres traducciones al español en el siglo XVI: Venecia, 1568; Zaragoza, 1584; y Madrid, 1590 (en versión de el Inca Garcilaso de la Vega). Hubo, al parecer, otra traducción —probablemente inédita y hoy perdida— por Sebastián de Córdoba: véase *Garcilaso a lo divino* en la edición de Glen R. Gale, Madrid, 1972. (Pese a lo que se afirma en la página 15 del estudio preliminar, la lámina indica que se trata no de una versión a lo divino, sino de una simple traducción.)

o quejarse, el desear la muerte, y, en fin, el vivir en estrema miseria y desventura, son las puras calidades que se dicen ser proprias de los enamorados [15].

Los hombres jóvenes son fácilmente arrastrados por los sentidos, pero la edad aporta sabiduría, y el sensato cortesano elegirá la otra senda:

Y así, con estas consideraciones, apártese el amor del ciego juicio de la sensualidad y goce con los ojos aquel resplandor, aquella gracia, aquellas centellas de amor, la risa, los ademanes, y todos los otros dulces y sabrosos aderezos de la hermosura.

(pág. 383)

Pisando el camino del verdadero amor:

desta manera será nuestro Cortesano viejo fuera de todas aquellas miserias y fatigas que suelen casi siempre sentir los mozos, y así no sentirá celos, ni sospechas, ni desabrimientos, ni iras, no desesperaciones, ni otras mil locuras llenas de rabia, con las cuales muchas veces llegan los enamorados locos a tanto desatino que algunos no sólo ponen las manos en sus amigos maltratándolas feamente mas aun a sí mismos quitan la vida.

(pág. 388)

Los rasgos de Albanio pueden ser reconocidos en todo esto. El vocabulario que emplea —"deseo, pena, sufrir, muerte, congoja, tormento"— le relaciona al instante con el mundo de la *courtoisie* del siglo XV expresado en los cancioneros, molde que ha dado forma a su personalidad.

El largo panegírico del duque de Alba le describe enérgico en el amor y en la guerra. El relato de su amor dista mucho de subrayar su espiritualidad: quizá le sirva de excusa la excepción de Bembo en favor de la juventud (era seis años más joven que Garcilaso):

15. Cito de la traducción de Boscán impresa como anejo XXV de la *Revista de Filología Española*, Madrid, 1942.

aunque el amor que reina en la sensualidad sea en toda edad
malo, todavía en los mozos tiene muy gran desculpa, y quizá
en alguna manera es permitido.

(pág. 374)

Lo que, sin embargo, exhibe el duque es disciplina y tesón en
contraste con la vida de Albanio. Quizá en esta oposición se encuentra el verdadero sentido del episodio: pintar el amor unido
a la razón y la fuerza templada por el amor. El encomio de la
armoniosa vida del duque va precedido por algunos de los más
deliciosos versos de Garcilaso, pronunciados por Salicio:

> Nuestro ganado pace, el viento espira,
> Filomena sospira en dulce canto
> y en amoroso llanto s'amancilla:
> gime la tortolilla sobre'l olmo,
> preséntanos a colmo el prado flores
> y esmalta en mil colores su verdura;
> la fuente clara y pura, murmurando,
> nos está convidando a dulce trato.

(1.146-1.153)

Esta escena de armonía y paz es apropiada a la vida de amor y
deber que Nemoroso describirá. La evocación de la naturaleza
en términos de amor y armonía no puede sino evocar las ideas
a las que Bembo da típica expresión en las palabras con que describe el amor como la fuerza generadora y unificadora en la naturaleza: una de las ideas más influyentes en el neoplatonismo
del Renacimiento.

> Observad pues, hermosas doncellas, todo cuanto está a vuestro
> alrededor y ved cuán cautivador es el mundo, cuántas clases
> de seres vivos y qué diversas cosas hay en él. Ninguno de ellos
> nació sin recibir del Amor su origen y nacimiento como de su
> primer y sagrado padre [...] E incluso esta hierba sobre la que
> nos sentamos, y estas flores, no hubieran hecho al nacer el
> suelo tan encantador y tan verde, quizá para ofrecernos una
> bella alfombra, si el más natural amor no hubiera unido sus

semillas y sus raíces con la tierra de modo que, pidiéndole ellas una humedad templada, y ofreciéndosela ella de grado, se unieran de acuerdo con su deseo para el acto de la generación, abrazándose el uno al otro [...] Esta tan vasta y tan bella fábrica del mundo mismo, que percibimos de manera más completa con el espíritu que con los ojos, y en la cual todas las cosas están contenidas, si no estuviese llena del Amor, que la tiene atada en sus discordes lazos, no duraría ni hubiera existido durante mucho tiempo [16].

La naturaleza es un espectáculo de amor y de armonía en el cual el amor humano, dirigido a su debido fin, puede encontrar su lugar. Salicio y Nemoroso lo hallaron, Albanio no.

En esta obra, Garcilaso se inspira libremente en la poesía de los antiguos latinos y de los italianos modernos. Una obra italiana puede haber desempeñado un papel de especial importancia en la concepción de la égloga. El episodio de la urna está evidentemente tomado del *Orlando furioso* de Ariosto en el que los destinos de la casa de Este están descritos en las proféticas tapicerías que rodean el lecho nupcial de Ruggiero y Bradamante. Pero la influencia del poema puede haber ido más lejos: parece probable que la idea toda de la égloga de Garcilaso derive del esquema del *Orlando furioso*. En Ariosto, Orlando, modelo entre los caballeros de Carlomagno, obsesionado por el amor de la desdeñosa Angélica, enloquece de celos. Ariosto se burla probablemente en él de la irracional y apasionada concepción del amor asociada a la literatura del amor cortés. Decir esto es simplificar excesivamente una obra muy compleja, si embargo tal simplificación puede sugerir como *Orlando furioso* llegó a impresionar a Garcilaso en un momento crítico de su vida. Porque la égloga II es probablemente una expresión de ese mismo conflicto privado expuesto en la canción IV, pero resuelto ahora como no lo hiciera en la canción y con una mayor perspectiva estética por medio de la ficción. Si hemos de buscar personajes reales en el poema, entonces Albanio debe ser evidentemente el

16. Bembo, *Gli Asolani*, libro 2. La traducción es mía.

Neoplatonismo

mismo Garcilaso, el irredento Garcilaso presa de una pasión infeliz.

Es probable que esta égloga fuese el producto de una perspectiva intelectual aprendida en Italia y adquirida quizá en el mismo Nápoles. Garcilaso no puede ser llamado un neoplatónico: el término tiene un alcance demasiado vasto; pero fue una teoría neoplatónica sobre el amor la que le dio su nueva perspectiva.

Albanio encarna la sicología del amor cortés. En él, Garcilaso parece rechazar no sólo un ethos determinado sino las tradiciones literarias que lo expresaron. Recordemos de nuevo algunas de las palabras de Garcilaso citadas antes (cf. anteriormente, pág. 56): "porque yo no sé qué desventura ha sido siempre la nuestra que apenas ha nadie escrito en nuestra lengua sino lo que se pudiera muy bien escusar [...]". Escribió esto por el tiempo en que empezó la égloga, a fines de 1533. Entre muchas otras cosas estaba, sin duda, rechazando la poesía cancioneril del deseo y desesperación que refleja Albanio.

Allá por los años 1534-1535 Garcilaso escribió la segunda obra importante, la égloga I, que marca un gran avance en forma y concentración. Fue escrita en el dolor que le produjo la muerte de Isabel Freire al dar a luz. La sinceridad es un concepto marginal en la crítica ya que sólo podemos juzgar el efecto de una obra, no los sentimientos que intervinieron en su creación; no obstante, esta égloga tiene la resonancia de lo auténtico: su patetismo y vehemencia hacen de ella una de las obras más conmovedoras de Garcilaso. Esto no entra en conflicto con el hecho de que (como es de esperar en la poesía de la época) esté llena de imitaciones de otros poetas, clásicos e italianos. La égloga consta de dos partes principales. Después de la dedicatoria a don Pedro de Toledo, el pastor Salicio se lamenta de la inconstancia de Galatea que le ha abandonado por otro. Es seguido por Nemoroso que llora la muerte de Elisa. El poema empieza al amanecer y termina con la llegada de la noche: un día que marca un ciclo de vida. Presenta una dificultad sicológica curiosa: parece extraño que un hombre apenado por la muerte de una mujer que amó, prorrumpa en nuevos lamentos al recordar que en otro tiempo fue rechazado por ella. Hubiera sido más natural que el dolor mayor eclipsara al otro. W. J. Entwistle propuso una solución que tiene su atractivo: que el canto de Salicio fue escrito primero (quizá en 1531) y, al componer el de Nemoroso, Garcilaso juntó ambas partes para formar un solo poema[17]. La madurez de estilo de Salicio es un obstáculo que hace subsistir el problema.

El poema no presenta dificultades de interpretación: ambos lamentos son del todo explícitos. Salicio describe cómo toda la naturaleza le es ajena: aves y otros animales siguen su curso natural, él solo queda llorando aparte:

> siempre está en llanto esta ánima mezquina,
> cuando la sombra el mundo va cubriendo,
> o la luz se avecina.
> Salid sin duelo, lágrimas, corriendo.

(81-84)

La que antaño sólo tuvo pensamientos para él, ahora susurra al oído de otro y trenza sus brazos alrededor de su cuello. Para él la armonía queda rota; ninguna unión *contra natura* puede ahora parecer imposible.

> La cordera paciente
> con el lobo hambriento
> hará su ajuntamiento,
> y con las simples aves sin rüido
> harán las bravas sierpres ya su nido,
> que mayor diferencia comprehendo
> de ti al que has escogido.
> Salid sin duelo, lágrimas, corriendo.

(161-168)

Los lamentos de Nemoroso siguen un curso paralelo; incluso llega a repetir algunas de las frases de Salicio. Para él también el curso armonioso de la naturaleza es alterado: el ganado no

17. W. J. Entwistle, «The Loves of Garcilaso», *Hispania*, XIII, 1930.

pastará, la cizaña ahogará el trigo que crece, surgen las espinas
donde antaño hubo flores. Encuentra triste consuelo en la visión
de la unión eterna con Elisa más allá de la muerte, en la tercera
esfera, la esfera de Venus (sería obcecación insistir en identifi-
carla con el cielo cristiano). La resignada tranquilidad de los
versos hace que figuren entre los más bellos de Garcilaso, y
van seguidos de la última estancia del poema que proporciona
un final apropiado.

> Nunca pusieran fin al triste lloro
> los pastores, ni fueran acabadas
> las canciones que solo el monte oía,
> si mirando las nubes coloradas,
> al tramontar del sol bordadas d'oro,
> no vieran que era ya pasado el día;
> la sombra se veía
> venir corriendo apriesa
> ya por la falda espesa
> del altísimo monte, y recordando
> ambos como de sueño, y acabando
> el fugitivo sol, de luz escaso,
> su ganado llevando,
> se fueron recogiendo paso a paso.

(408-421)

La tranquilidad de la resignación: tal es el estado de ánimo en
que la égloga nos deja. Han desaparecido sus tormentas emocionales; Garcilaso ha llevado al lector a través de las cálidas
quejas de Salicio y el lamento más sombríamente mesurado y más
conmovedor de Nemoroso a la triste tranquilidad del final: sin
duda el poeta expresaba —quizá descubriera— el sentido de su
propia vida mediante esa bella ficción poética. No hay "pensamiento" que pueda ser desentrañado de esta égloga, pero no obstante es una poesía nacida de la reflexión.

Conviene aquí volver a referirnos a la elegía I, compuesta alrededor de 1535 sobre la muerte del hermano más joven del
duque de Alba, don Bernardino de Toledo, fallecido en Sicilia

después de la campaña de Túnez, porque es una obra que nos ayuda a comprender las églogas I y III. En ella Garcilaso describe de manera conmovedora la pena del duque, pero pronto el poema toma un giro diferente cuando exhorta al duque a que muestre el dominio de sí propio de un caudillo:

> Tú, gran Fernando, que entre tus pasadas
> y tus presentes obras resplandeces,
> y a mayor fama están por ti obligadas,
>   contempla donde estás, que si falleces
> al nombre que has ganado entre la gente,
> de tu virtud en algo t'enflaqueces.
>
> (181-186)

El dolor es humano pero en última instancia debe ser refrenado: "el eceso en esto vedo y quito". No siempre el anciano Príamo llevó luto por Héctor; y Venus, después del primer momento de aflicción ante la muerte de Adonis, volvió a la vida normal viendo que sus lágrimas no podían evitar el irremediable infortunio:

> los ojos enjugó y la frente pura
> mostró con algo más contentamiento,
> dejando con el muerto la tristura.
>   Y luego con gracioso movimiento
> se fue su paso por el verde suelo,
> con su guirlanda usada y su ornamento;
>   desordenaba con lascivo vuelo
> el viento sus cabellos; con su vista
> s'alegraba la tierra, el mar y el cielo.
>
> (232-240)

Garcilaso sigue la doctrina estoica de que el espíritu debe aprender a sufrir con fortaleza, e incluso sin emoción, los accidentes de la fortuna que se encuentran fuera de nuestro dominio.

En 1536 Garcilaso escribió su égloga III, que en algunos aspectos es la más difícil de sus obras para el lector de hoy: carece de la aparente sinceridad de la égloga I, y su compleja ficción requiere un considerable esfuerzo de imaginación por parte del lector.

Después de una minuciosa descripción del escenario, en algunos de los versos más delicados que jamás escribiera Garcilaso, cuatro ninfas emergen del Tajo para tejer su tapicería a la sombra de los sauces. La primera describe cómo Orfeo rescata a Eurídice de los infiernos y la vuelve a perder. La segunda, la persecución de Dafne por Apolo y su dolor al verla transformada en un laurel. La tercera, la aflicción de Venus ante la muerte de Adonis. El dolor de Orfeo está descrito en un verso, el de Apolo en dos, el de Venus en una estrofa, constituyendo así un crescendo de dolor que nos lleva al apogeo del poema donde la cuarta ninfa describe la muerte de Elisa y la pena de Nemoroso en un estilo poético que Garcilaso nunca superó. Versos como los que siguen muestran la madura maestría del lenguaje de Garcilaso.

> Todas, con el cabello desparcido,
> lloraban una ninfa delicada
> cuya vida mostraba que había sido
> antes de tiempo y casi en flor cortada;
> cerca del agua, en un lugar florido,
> estaba entre las hierbas degollada
> cual queda el blanco cisne cuando pierde
> la dulce vida entre la hierba verde.

(225-232)

Sin embargo, estamos todavía lejos de la calidad directa y personal de la égloga I. El dolor está representado en estas cuatro escenas, pero a pesar de ello la poesía no está dominada por una sensación de dolor: hay una tranquilidad —sin duda deliberada— que cede lugar a sentimientos más intensos en la descripción de Elisa y Nemoroso, pero por ninguna parte asoma la pasión, y el breve episodio da paso rápidamente a nuevos incidentes y a un escenario más tranquilo. El seguro equilibrio y la destreza estilística de Garcilaso nos impiden pensar que intentara expresar de nuevo el dolor y fracasase. Hemos de bus-

carle otro sentido. Si reflexionamos sobre la experiencia de leer
el poema, veremos con claridad que el tema de Garcilaso en esta
égloga, tomada en su conjunto, no es el dolor. Su estructura y
artificio nos conducen a un estado de ánimo diferente. Tenemos
tres escenas mitológicas de innegable fuerza y belleza que, sin
embargo, llevan consigo un cierto distanciamiento. A continuación
viene el relato de la muerte de Elisa que nos produce, a pesar de
su belleza, un efecto semejante. Es posible que Garcilaso no in-
tente expresar una pena intensa sino su alivio, aplicándose el
consejo que diera al duque de Alba. Los episodios mitológicos
no son sólo una introducción formal al episodio central, sino
que sirven también para procurar una distancia, como si perte-
neciera a la antigüedad mitológica. Por fin la muerte de Elisa es
vista por Garcilaso en perspectiva. Ella y el dolor que causa a
Nemoroso pertenecen al pasado. La elaborada ficción del poema
expresa esto perfectamente: no se nos convoca a presenciar una
muerte real sino su reproducción en tapicería; el poema es una
obra de arte a propósito de una obra de arte. Las ninfas finalmente se retirarán bajo las aguas del Tajo, llevándose su labor
con ellas y dejando el escenario tan apacible, tan liberado de
tristeza, como lo estaba cuando emergieron:

> siendo a las ninfas ya el rumor vecino,
> juntas s'arrojan por el agua a nado,
> y de la blanca espuma que movieron
> las cristalinas ondas se cubrieron.
>
> (373-376)

Podemos leer el poema completo como una metáfora continuada
del recuerdo de pasadas aflicciones que por último vuelven de
nuevo bajo las aguas del olvido de donde vinieron.

Antes de desaparecer, las ninfas ven alborotada la tranquilidad del lugar por dos pastores, Tirreno y Alcino, què cantan
sus amores. El simbolismo no debe ser llevado demasiado lejos,
pero parece como si representaran la vuelta del poeta a la vida
real y al amor después de su preocupación por el pasado. Los

pastores desempeñan aquí el papel equivalente a la aparición de
Venus en la elegía I.

Esta égloga es una obra extraordinaria. En ella Garcilaso expresa su pena y su liberación. Como en las otras églogas, es la
exploración de una experiencia real, las cuentas que un poeta
ajusta consigo mismo. Los críticos que ven la égloga III como
arte puro, como una evasión de la realidad, han entendido mal
la más bella obra de Garcilaso.

Durante su período napolitano, Garcilaso compuso su canción V, "Oda a la flor de Gnido", una súplica en favor de su
amigo Mario Galeota dirigida a doña Violante Sanseverino. Es
un poema muy logrado, imitación de la *Oda I,* vi, de Horacio.
Aparte de sus méritos poéticos intrínsecos, tiene además una
importancia histórica pues introduce en el idioma español la
forma de estrofa en la cual fray Luis de León y san Juan de la
Cruz habían de escribir algunos de sus mejores poemas, y que
tomó el nombre de *lira* precisamente de la última palabra del
primer verso de la oda "Si de mi baja lira".

En los sonetos de Garcilaso, entre los que figuran algunas
obras maestras, el desarrollo poético puede ser trazado muy claramente: desde la ligera inhabilidad de, por ejemplo, "Amor,
amor, un hábito vestí" (XXVII), o "En fin a vuestras manos he
venido" (II) que probablemente pertenecen a sus primeros sonetos (el lenguaje cancioneril del II apoya la suposición), a la
madurez emocional y equilibrio estilístico de sonetos como "En
tanto que de rosa y d'azucena" (XXIII). Éste es una reelaboración del "carpe diem" clásico, tema que deriva de la *Oda IV,*
x, de Horacio, y del "De rosis nascentibus" de Ausonio (que
contiene los famosos versos que empiezan "Collige, virgo, ro-
sas..."). En el soneto de Garcilaso el argumento está expuesto
con apacible lógica, y cada etapa corresponde a una división del
poema: una proposición en cada uno de los cuartetos, la conclusión en el primer terceto, la generalización justificadora en el
último. El ritmo pausado no expresa urgencia; el poema es una
invitación tranquila a disfrutar de la juventud y de la belleza
mientras duran: el temor a la muerte expresada por Góngora

en su soneto sobre el mismo tema: "Mientras por competir con tu cabello", probablemente imitación de Garcilaso, está ausente aquí. La tranquilidad de Garcilaso corresponde a una edad menos angustiada y de mayor serenidad.

La nueva poesía de Garcilaso y Boscán fue aceptada rápidamente por su círculo en la Corte, y, después de su publicación, por el sector social más culto. Que Garcilaso había adquirido ya la categoría de un clásico lo demuestran las ediciones separadas de su obra y comentarios sobre ella de Francisco Sánchez de las Brozas, el Brocense (1574)[18], y por Fernando de Herrera (1580).

Sin embargo, aunque el nuevo estilo italianizante ganó terreno con mucha rapidez, no fue inmediatamente aceptado por todos; muchos permanecieron apegados a los antiguos metros castellanos y a los estilos a ellos asociados, ya por razones nacionalistas o porque lamentaban sinceramente la pérdida de la peculiar experiencia poética que ofrecía la poesía antigua. Uno de los más sólidos oponentes a la nueva fue Cristóbal de Castillejo. Nació entre 1480 y 1490, sirvió como paje en la Corte de Fernando e Isabel, y entró más tarde en la orden cisterciense de donde salió en 1525 para convertirse en secretario del archiduque Fernando, entonces rey de Bohemia. Castillejo murió en Viena en 1550.

Escribió una cantidad considerable de poesía, de la que una gran parte es buena. Sus temas eran muy variados: amorosos, misóginos, satíricos, devotos, traducciones de Ovidio; un poema en elogio del "palo de las Indias" como cura de la sífilis, etc. Sus *Sermón de amores* y *Diálogo de mugeres* se imprimieron en vida suya (¿1542? y 1544 respectivamente). Sus obras completas fueron imprimidas en Madrid en 1573.

La oposición de Castillejo a Garcilaso y Boscán aparece en su "Reprensión contra los poetas españoles que escriben en verso italiano", donde los renegados son satirizados, sin mucho rencor, como hay que reconocer. A pesar de su apego a los metros y

---

18. No debe confundirse con el otro Francisco Sánchez (1550-1623), médico y autor de *Quod nihil scitur,* Lyon, 1581.

temas antiguos, Castillejo ha sido llamado, primero por Menéndez Pelayo y fielmente repetido por otros, poeta del Renacimiento. Es difícil explicar el por qué, ya que está claramente arraigado en la antigua tradición de la que Garcilaso se apartó. Su poesía amorosa tiene gran encanto y delicadeza, pero pertenece al mundo de (por ejemplo) Juan del Encina. Este poema es característico:

> La vida se gana,
> perdida por Ana.
>
> Alegre y contento
> me hallo en morir.
> No puedo decir
> la gloria que siento.
> Un mismo tormento
> m'enferma y me sana,
> sufrido por Ana.
>
> Do nace mi mal
> se causa mi bien.
> Padezco por quien
> nació sin igual.
> Por ser ella tal
> mi muerte s'ufana,
> sufrida por Ana.
>
> Remedio no espero
> de mi pena grave.
> Perdióse la llave
> do está lo que quiero.
> Si vivo, si muero,
> de mucha fe mana
> que tengo con Ana [19].

(II, 24)

19.   *Obras,* ed. J. Domínguez Bordona, 4 vols., CC, 72, 79, 88, 91, Madrid, 1926-1928, y ediciones posteriores.

Incluso cuando traduce o parafrasea un original latino, la versión de Castillejo recuerda a veces el estilo característico de los cancioneros. Aquí, en unos versos de otro poema a Ana, parafrasea el *Carmen LXXXV,* de Catulo.

> Mi alma os quiere y adora,
> mas su pasión y fatiga
> le dan causa que os maldiga,
> y amándoos como a señora,
> os tiene por enemiga.
> Amo y quiero,
> aborrezco y desespero
> todo junto, y el por qué
> preguntado, no lo sé,
> mas siento que así muero.

(ed. cit., II, 9)

Escribió algunos poemas delicados en este estilo.

Su *Sermón* y *Diálogo* son igualmente tradicionales: son un brote de una tradición misógina bien representada en la España del siglo XV, aunque Castillejo es más benigno en su sátira que algunos de sus predecesores.

El poema en el que quizás se vean mejor sus dotes poéticos es la traducción del canto de Polifemo a Galatea (Ovidio, *Metamorfosis,* XIII), que transforma en poesía auténticamente propia, rica de efectos sensoriales. Es cierto que Castillejo se aparta aquí de las tradiciones españolas y, sin duda inspirado por los clásicos, explora el mundo de la naturaleza. El poema es uno de los más encantadores de su tiempo.

Capítulo 3

PROSA NOVELESCA EN EL SIGLO XVI

Una historia de la prosa novelesca española en el siglo xvi
no puede reducirse a un simple esquema. Tal es la variedad que
cualquier intento de formular una teoría general lleva a falsifi-
car los hechos. No hay un género dominante, ni existe una dirección única: la supervivencia de las formas antiguas de novela
va emparejada con las innovaciones. Un público lector en busca
de diversión y evidentemente lo bastante amplio ya como para
procurar al autor recompensas adecuadas, proporcionó un ambiente estimulante para la iniciativa de escritores e impresores.
El resultado fue una extraordinaria floración de ficciones novelescas de todo tipo. Algunas son ejemplares o didácticas, pero
gran parte están concebidas como un mero entretenimiento; y la
segunda categoría no disminuye, como pudiera esperarse, después
del concilio de Trento. Todas ellas son, en distinto y amplio
grado de seriedad y nivel literario, una exploración y, con frecuencia, un intento de explicación de la variedad de motivaciones y conductas humanas. En esa medida el florecimiento de la
novelística refleja la curiosidad antropológica que desde Goethe
y Buckhardt asociamos con el Renacimiento. En cambio, es menos evidente la curiosidad acerca del mundo en que el hombre
vive: el realismo social no fue en general una preocupación del
siglo xvi.

Las personas instruidas sentían avidez de distracción; los impresores trabajaron con el fin de satisfacerla. Para muchos de
entrambos un libro antiguo era tan aceptable como uno nuevo

y algunos de los éxitos comerciales del siglo XVI fueron libros del siglo XV o anteriores. Uno de ellos fue *Grisel y Mirabella* de Juan de Flores, reimpreso por lo menos cinco veces en el siglo XVI, del que probablemente se hicieron otras ediciones hoy perdidas sin dejar huella. La *Cárcel de amor* de Diego de San Pedro tuvo por lo menos dieciséis ediciones. Las dos obras fueron traducidas al italiano, francés, inglés, y otros idiomas: hay cuarenta y siete ediciones conocidas de *Grisel y Mirabella* en el siglo XVI, y por lo menos veintisiete de *Cárcel de amor. Amadís de Gaula,* cuya versión original en tres libros es probable que se remonte al siglo XIV, fue reimpreso unas treinta veces, y de él nació una serie de novelas que influyó de manera dominante en la literatura imaginativa europea y no sólo española del XVI. El éxito continuado de *Grisel y Mirabella* y *Cárcel de amor* no es difícil de explicar: tratan de amor, una experiencia humana siempre interesante, en términos de ficción que, por muy fantásticas que fueran, tenían bastante significación para un lector del siglo XVI. Con el *Amadís* ocurre algo diferente: son menos obvias las razones que pudieran explicar el atractivo, en apariencia anacrónico, de una novela de caballería del siglo XIV.

Hasta el siglo XVI las novelas francesas del ciclo artúrico se traducían todavía al castellano. *Amadís de Gaula,* una obra española inspirada en aquel ciclo, fue publicada en 1508 por Garci Rodríguez de Montalvo con la adición de un cuarto libro suyo que evidentemente empezó poco después de 1492 [1]. Este oscuro regidor de la ciudad de Medina del Campo dejó su huella en la época, y tanto la gran cantidad de novelas del siglo XVI como sus reimpresiones ponen de manifiesto que representan algo primordial en la imaginación y en los ideales de aquel período.

Los lectores de hoy, influidos por *Don Quijote,* están muy dispuestos a creer que todas las novelas de caballería son extravagancias absurdas y sin ningún valor. Por el contrario, *Amadís*

---

1. Al editar los tres primeros libros (que por supuesto no escribió) Montalvo abrevió el texto del primitivo *Amadís* (al mismo tiempo que intercalaba adiciones suyas). Véase A. Rodríguez-Moñino, «El primer manuscrito del *Amadís de Gaula...*», *BRAE,* 1956.

es una obra de gran interés y mérito artístico. Cuenta cómo "no muchos años después de la pasión de nuestro Redentor y Salvador Jesu Cristo" el rey Perión de Gaula (que aquí equivale a un reino ficticio cerca de Bretaña) se enamora de la bella Helisena, hija de Garínter, rey de "la pequeña Bretaña", y tiene con ella un hijo en secreto, lanzado al mar por su madre, con una carta en la que coloca el nombre de "Amadís Sin Tiempo, hijo de rey". El niño es encontrado por un caballero escocés llamado Gandales que le educa como si fuera suyo. Amadís demuestra ser el más grande y virtuoso caballero de su tiempo. Se enamora de Oriana, hija de Lisuarte, rey de Gran Bretaña, y gran parte de la narración se refiere al amor perfecto que existe entre los dos, modelos de amantes corteses, que después de muchas vicisitudes reciben por su constancia la recompensa del matrimonio. Entre los sufrimientos de la pareja está la enemistad de que es objeto Amadís por parte de Lisuarte azuzado por el veneno de las malas lenguas. La virtud triunfa por último después de muchos peligros y derramamiento de sangre.

El libro es rico en incidentes y tiene gran número de personajes. Lo maravilloso y lo sobrenatural desempeñan un gran papel: el argumento se complica continuamente con la intervención de gigantes, buenos y malos, y de magos, entre ellos Urganda la Desconocida, protectora de Amadís. Es fácil que todo esto pueda ocultar al lector que, de hecho, *Amadís de Gaula* es un relato coherente y bien construido, aunque de movimiento lento y digresivo. Hay en él varios cabos hábilmente entretejidos. Es inevitable que los muchos combates tengan una cierta semejanza, pero en conjunto no cae en la monotonía. Amadís está con frecuencia en peligro, y en peligro con visos de realidad, de manera que la incertidumbre mantiene el interés. Aunque sería absurdo buscar en esta obra la profundidad sicológica de una novela de Galdós, hay en ella una caracterización clara y consistente aunque sencilla. Podemos verla, por ejemplo, en la manera cómo trata las figuras de Amadís y su hermano Galaor. Amadís es el perfecto caballero, su amor hacia Oriana es constante, e incluso se unen carnalmente en varias ocasiones, pero sólo después de una inicial promesa de matrimonio (usual en los protagonistas de las novelas españolas). El tono de su unión queda expresado en la primera ocasión, cuando los amantes se detienen en el claro de un bosque:

> [...] y Amadís tornó a su señora; y cuando así la vio tan hermosa y en su poder, habiéndole ella otorgada su voluntad, fue tan turbado de placer y de empacho que sólo catar no la osaba; así que se puede bien decir que en aquella verde yerba, encima de aquel manto, más por la gracia y comedimiento de Oriana que por la desenvoltura ni osadía de Amadís, fue hecha dueña la más hermosa doncella del mundo.
>
> (I, XXXV)

Galaor es muy diferente: va de flor en flor y, cosa extraña en obra tan moral, no le censura el autor por esto. En sus aventuras se muestra despreocupado, y sin complicaciones ni inhibiciones. En un castillo donde pasa la noche es presentado por una doncella a la hermosa dama del castillo con estas palabras:

> Yo vos do al hijo del rey Perión de Gaula. Ambos sois hijos de reyes y muy hermosos: si vos mucho amáis, no vos lo terná ninguno a mal.
>   Y saliéndose fuera, Galaor folgó con la doncella aquella noche a su placer [...]
>
> (I, XII)

Más tarde, habiendo rescatado a una doncella en peligro:

> [...] estaban don Galaor y la doncella, que Brandueta había nombre, solos hablando en lo que oídes, y como ella era muy hermosa y él codicioso de semejante vianda, antes que la comida viniese ni la mesa fuese puesta, descompusieron ellos ambos una cama que en el palacio era donde estaban, haciendo dueña aquella que de antes no lo era, satisfaciendo a sus deseos, que en tan pequeño espacio de tiempo mirándose el uno al otro la su floreciente y hermosa juventud muy grandes se habían hecho.
>
> (I, XXV)

No hay duda de que es la intención del autor que Galaor muestre así la superioridad de Amadís y también procure al lector algún alivio de los rigores del código caballeresco. El contraste entre los personajes forma parte del sencillo esquema del libro.

Las novelas sentimentales del siglo xv y las novelas de caballería medievales no eran didácticas en un sentido estricto, pero ofrecían ejemplos de refinamiento y cortesía que, es probable, fueron considerados como dignos de imitación. Esto se puede aplicar por igual a *Amadís,* aunque aquí hay también cierta intención instructiva en forma de numerosos apartes y digresiones. Por ejemplo, en el libro I, XIII, hay un exordio sobre el orgullo que empieza así:

> Aquí retrata el autor de los soberbios y dice: Soberbios, ¿qué queréis, qué pensamiento es el vuestro? Ruégovos que me digáis la hermosa persona, la gran valentía, el ardimiento del corazón, si por ventura lo heredastes de vuestros padres, o lo comprastes con las riquezas [...] Pues ¿dónde lo hobistes? Paréceme a mí que de aquel Señor muy alto donde todas las buenas cosas ocurren y vienen.

Es un pasaje largo, pero no deja de tener su pertinencia porque el orgullo, la presunción y la arrogancia figuran entre las cualidades contra las que Amadís hace la guerra. Las homilías y los reproches de la misma clase se repiten a través de la obra, dándola cierto carácter de manual de la virtud caballeresca. Montalvo añadió probablemente algo suyo en estos pasajes, pues el libro IV, que es de su total invención, es rico sobre todo en propósitos moralizadores.

Cualquiera que sea la participación de Montalvo, el texto que transmitió al siglo XVI creó un inmenso interés. Se hicieron unas treinta ediciones entre 1508 y 1587. El mismo Montalvo escribió un quinto libro acerca de Esplandián, el hijo de Amadís, *Las sergas de Esplandián* (1510, pero realizado posiblemente antes del comienzo del siglo), que alcanzó nueve, quizá diez, ediciones antes de 1588. Un sexto libro, *Florisando,* escrito por un tal Páez de Ribera, apareció también en 1510, pero sólo tuvo una reimpresión. Un séptimo libro, *Lisuarte de Grecia* (debido según parece a Feliciano de Silva, que también escribió los libros nueve, diez y once), se publicó en 1514 y alcanzó las trece ediciones hasta 1587. Y así hasta el libro doce que terminó la serie en 1546.

Otra serie independiente aparece temprano encabezada con *Palmerín de Oliva* (1511), que imita muy de cerca al *Amadís*. Llegaron a contarse por lo menos diez ediciones en 1580. Un segundo libro, *Primaleón,* se publicó en 1512 y alcanzó nueve (quizá diez) ediciones antes de 1588. El número excesivo de estos libros nos impide mencionarlos todos.

> Durante los cien años que siguieron a la publicación de *Amadís de Gaula,* aparecieron unas cincuenta novelas de caballería en España y en Portugal. Se publicaron con un promedio de casi una por año entre 1508 y 1550; a éstas se les añadieron nueve entre 1550 y el año de la Invencible (1588); y sólo aparecieron tres más antes de la publicación de *Don Quijote* [2].

Y esto sin tener en cuenta las reimpresiones: en total más de sesenta novelas, contando las antiguas y las nuevas, fueron publicadas en más de trescientas ediciones. Hubo incluso novelas a lo divino: Pedro Hernández de Villumbrales, *El caballero del Sol* (1552), no fue reimpreso pero sí, en cambio, traducido al italiano y al alemán; Hierónimo San Pedro, *Caballería celestial del Pie de la Rosa Fragante* (1554, incluida en el índice de la Inquisición); fray Jaime de Alcalá, *Caballería cristiana* (1570); fray Alonso de Soria, *Historia y milicia cristiana del caballero peregrino, conquistador del cielo* (1601).

Las novelas interesaron a muchas personas inteligentes. Se cuenta que santa Teresa las leyó en su juventud y, en colaboración con su hermano, escribió una. También fueron leídas por

2. Henry Thomas, *Las novelas de caballerías españolas y portuguesas,* trad. por E. Pujals, Madrid, 1952, pág. 113. Quizá la más bella novela peninsular es la catalana *Tirant lo Blanc* (Valencia, 1490), empezada por Joanot Martorell y terminada por Martí de Galba: Cervantes la admiró, pero la traducción castellana (1511) no volvió a imprimirse.

san Ignacio antes de su conversión a la vida religiosa. Se dice
que cuando Diego Hurtado de Mendoza, uno de los hombres
más brillantes de su época, fue a Roma como embajador en 1547
sólo llevó consigo dos libros para leer en el camino: *Amadís de
Gaula* y *La Celestina*. Hasta hubo hombres que se desmayaron al
leer la descripción de la muerte de Amadís. Algunos de los conquistadores las leyeron: Bernal Díaz del Castillo, que combatió
con Cortés, escribió que cuando los españoles vieron por primera
vez la panorámica de la capital azteca "nos quedamos admirados
y decíamos que parecía a las cosas de encantamiento que cuentan
en el libro de Amadís por las grandes torres, y cúes, y edificios
que tenían dentro en el agua". California tomó su nombre de
una isla que se cita en *Esplandián*. Cuando el príncipe Felipe
vino a Inglaterra en 1554 para casarse con María Tudor, un
gentilhombre de su séquito refirió el asombro del príncipe ante
la belleza de los jardines de la mansión de Winchester donde María estaba esperándole:

> [...] que cierto al parecer que se hallaban en algo de lo que
> habían leído en los libros de caballerías [...]

Las novelas tuvieron también sus detractores y fueron objeto de
una continua campaña de denuncias a través del siglo XVI. En
1531, un real decreto prohibió la importación de estos libros en
las colonias americanas, en parte porque se temía que los indios
pudieran poner en duda la verdad de las Escrituras al comprobar la falta de veracidad de esas obras. En 1553 se repitió la
prohibición, que quedó sin efecto. Con igual ineficacia, las Cortes reunidas en Valladolid en 1555 prohibieron las novelas en
la misma España. Al público no se le podía negar su entretenimiento, por lo que las novelas continuaron escribiéndose y ven-
diéndose.

Las novelas fueron de hecho mucho más populares que cualquier otra clase de ficción: más que el *Lazarillo* por ejemplo.
Por su impacto en la imaginación del público lector, hemos de
creer que reflejaron alguna verdad o aspiración importante de su

tiempo y llamarlas "escapistas" es no dar una explicación digna de tomarse en cuenta.

El culto de la caballería fue un hecho importante en la vida de la nobleza en la Europa de los últimos años medievales, y en algunos aspectos había de continuar en el XVI. Para explicar la popularidad de las novelas, debemos, sin embargo, considerar no sólo la nobleza, sino el concepto que tenía el pueblo español de su papel o misión en aquella época. Hablar de un "pueblo" tiene peligros evidentes, pero de todos modos parece haber existido un estado de ánimo generalizado de autoconfianza nacional y de espíritu de cruzada. Considerando el segundo aspecto, hubo de hecho un ambiente de expectativa religiosa que se difundió por Europa a principios del siglo XVI y que nació de una crisis en las creencias tradicionales, reclamado, de una parte, por un deseo de reforma de la Iglesia y, de otra, por un celo mesiánico de cruzada. En 1510 circuló el rumor de que el rey de los persas se había convertido al cristianismo y estaba dispuesto a unirse a la lucha contra los turcos. En España, Cisneros insistió repetidamente en la necesidad de una cruzada para la reconquista de la Tierra Santa y convino en organizar una expedición contra Orán en 1509. Portugal organizó una expedición contra Azamor en 1513 en medio de enorme entusiasmo popular que se refleja en *Exhortação de guerra* de Gil Vicente [3]. Todo esto puede ayudar a explicar la acogida que tuvo *Amadís*. La perfecta caballerosidad de Amadís lleva consigo una piedad inquebrantable y encarna los ideales religiosos que están presentes a lo largo de toda la historia de la caballería. Su narración nos transmite el espíritu de expansión y cruzada de los primeros años de la España del siglo XVI.

Esto es aún más evidente en el caso de *Las sergas de Esplandián*. La piedad de Amadís es considerada como intrínseca en un perfecto caballero, pero el autor recalca sobre todo los aspectos del enamorado y desfacedor de entuertos en el protagonista. Su hijo Esplandián, sin embargo, se consagra a Cristo de manera

3. G. M. Bataillon, *Erasmo y España,* México, 1966, cap. 1.

explícita y guerrea contra el infiel, jurando no sacar nunca su espada para combatir a los cristianos. El libro parece a veces un doctrinal, en el que el entretenimiento está subordinado al adoctrinamiento. La narración alcanza su apogeo en una cruzada frente a los turcos. El mismo Esplandián no es otra cosa que la más piadosa figura en un relato muy devoto. Asimismo su abuelo Lisuarte decide abdicar en favor de Amadís y Oriana con el fin de dedicar sus últimos días a la oración en un retiro monástico.

La piedad belicosa es la tónica del libro. En él, Montalvo dio a las antiguas narrativas caballerescas una significación muy de su época. Era sin duda un firme creyente, pero también formaba parte de la marea creciente de fervor mesiánico en la Europa de los últimos años del siglo XV y primeros del XVI (en la que el rumor de la conversión del rey de Persia muestra la fuerza de las corrientes emocionales). *Esplandián* no fue sólo entretenimiento ocioso y probablemente no lo consideraron así sus primeros lectores. La misma existencia del libro da un indicio de las razones de la popularidad de unas obras que encarnaban un ideal guerrero y devoto a la vez.

La seducción inicial de las novelas de caballería no es, pues, muy misteriosa. Su atractivo continuo tal vez deba algo al advenimiento de Carlos I al trono en 1516 y a las influencias que a través de él y de su Corte entraron en España. Era duque de Borgoña y parece haberse considerado durante su vida más borgoñés que otra cosa [4]. Su educación se había realizado sobre el modelo tradicional de Borgoña que le inculcó una profunda piedad, devoción a los ideales de caballería, y un ceremonial de corte rigurosamente detallado. Llevó el nombre de su abuelo, Carlos el Temerario, de quien se ha escrito:

> Nunca es más fuerte el designio de ofrecer a los príncipes un modelo que imitar, y en pocos príncipes es tan consciente como en Carlos el Temerario el deseo de igualar a los anti-

---

4. Carlos Clavería, *«Le chevalier délibéré» de Olivier de la Marche y sus versiones españolas del siglo XVI*, Zaragoza, 1950.

guos con grandes y brillantes hechos. Desde la niñez habíase
hecho leer las hazañas de Gawain y de Lanzarote [...] [5]

Su padre, Felipe el Hermoso, fue el fundador de la Orden del
Vellocino de Oro. Uno de los libros favoritos del emperador fue
Le chevalier délibéré, de Olivier de la Marche, una representación alegórica de la vida humana en términos caballerescos. Pidió
a Hernando de Acuña que lo pusiera en verso español, habiendo
ya hecho él mismo una versión en prosa. La obra muestra el tipo
de imaginación a la que seducían las novelas de caballería, y
quizá el espíritu en que algunas de éstas eran leídas por ciertas
personas.

Carlos I parece haber admirado por lo menos una novela, *Be-
lianís de Grecia* (1547), y su admiración hizo que Gerónimo Fernández escribiese la tercera y cuarta partes, publicadas en 1579.
El impacto que la afición caballeresca produjo en su imaginación
puede ser juzgado por un festival organizado en su honor con
motivo de su visita a la ciudad de Bins (Flandes), en 1549, durante una gira por sus posesiones de Europa septentrional en
compañía del príncipe Felipe. La fiesta tomó la forma de un
espectáculo caballeresco que duró dos días. Caballero tras otro,
al no lograr vencer a un tal "Caballero del águila negra", fueron
encarcelados en un "castillo tenebroso" hasta que finalmente apareció un caballero desconocido que da el nombre de Beltenebrós
(el nombre adoptado por Amadís durante su penitencia amorosa
en la Peña Pobre), derrota a su adversario y demuestra ser el
paladín para quien esta aventura estaba reservada sacando una
espada encantada de una roca. Sigue adelante y pone en libertad
a los cautivos. Por último la persona del vencedor es revelada:
es el príncipe Felipe quien, pocos años más tarde, subió al trono
por abdicación del Emperador Carlos en 1556. Éste se encontraba cansado y enfermo, pero aun así la abdicación era un acontecimiento poco frecuente: en general los reyes no abandonaban
el poder ni aun cuando llegaban a ancianos. Carlos I lo entregó

5.   J. Huizinga, *El otoño de la Edad Media*, 5.ª ed., Madrid, 1961, pág. 96.

al príncipe Felipe y se retiró al monasterio de Yuste como si imitase a Lisuarte cuando abdicó en favor de Amadís. ¿Fue éste acaso el último tributo del Emperador a un ideal alimentado por los libros de caballería?

El ideal caballeresco fue evidentemente un ideal que se mantuvo hasta los últimos años del siglo XVI. La decepción española tras la derrota de la Armada en 1588 supuso la muerte del libro de caballería (aunque sus temas subsistieran en el drama y en otras formas) y el reconocimiento implícito del fin de una ensoñación nacional.

Pero se corre el riesgo de olvidar que estos libros eran también obras de entretenimiento. Varían mucho en carácter y calidad. Algunas son serias, otras frívolas, algunas inteligentes, otras estúpidas. Unas alcanzaron el favor del público y varias reimpresiones; de otras sólo se hizo una edición. Interesaban a todas las clases y todo el mundo encontraba algo en ellas. Las mejores estaban cuidadosamente compuestas y, en contra de las primeras impresiones, tenían inventiva, aunque siempre dentro de los límites de convenciones bien reconocidas. Su fuerza era la equivalente a la de un mito. Un lector sin prejuicios puede todavía sentir la fuerza atractiva del mundo intemporal de los libros de caballería cuando sigue a algún jinete solitario que cabalga por un paisaje idílico en busca de amor, encantamientos y hazañas:

> [...] y desta manera anduvo hasta tanto que el sol se quería poner, que se halló en un campo verde, cubierto de deleitosos árboles, tan altos que parecían tocar las nubes; por medio dellos pasaba un río de tanta agua, que en ninguna parte parecía haber vado, y tan clara, que quien por junto a la orilla caminaba podía contar las guijas blancas que en el suelo parecían [...][6]

6. Del primer capítulo de *Palmerín de Inglaterra* (1547, traducido del original portugués de Francisco de Moraes), muy admirado por Cervantes. El escenario es Inglaterra, el jinete don Duardos.

Las novelas de caballería dominan la novelística española del siglo XVI, pero empezaron a aparecer otras formas, al principio de manera esporádica, tal como los primeros mamíferos entre los últimos reptiles gigantes. Una de estas formas fue la novela pastoril.

Esta novela comenzó en España en íntima asociación con las de caballería, y así, en una imitación de la ficción pastoril italiana —en especial de la *Arcadia* (1504) de Sannazaro—, Feliciano de Silva incluyó en su *Amadís de Grecia* (1530) la historia del pastor Darinel que ama a la desdeñosa pastora Silvia, hija de Lisuarte de Grecia a quien le fue raptada. Por su amor, don Florisel de Niquea, hijo de Amadís de Grecia, y por lo tanto su tío, se convierte eventualmente en pastor. Feliciano de Silva insiste en el aspecto pastoril dándole una continuación a su anterior novela con el título de *Don Florisel de Niquea* (las partes I y II formando el décimo libro de *Amadís* se publicaron en 1532; las siguientes en 1535 y 1551). El afecto de Silva por el pastor enamorado le llevó a introducir otro en su *Segunda comedia de Celestina* (1534). Otro episodio de este género se encuentra en los *Coloquios satíricos* (1553) de Torquemada, de los cuales el séptimo es una narración de amor pastoril.

El creciente interés por esta clase de ficción, reforzado por el auge de la poesía pastoril, refleja sin lugar a dudas (aunque es discutible en qué medida) la actitud casi mística ante la naturaleza que encontramos en el Renacimiento, producto del resurgir florentino del neoplatonismo del siglo XV. Para los neoplatónicos el amor era la fuerza que dirige y ordena el universo: la naturaleza del amor, tanto "cósmico" como humano, adquirió, por lo tanto, un profundo interés. Los escritos de Marsilio Ficino sobre el amor (su comentario del *Symposium* de Platón, etc.) fueron los primeros dentro de una larga producción de tratados de este género que se escribieron durante el siglo XVI y en años posteriores. Ya que se tenía a la naturaleza como manifestación de este sentimiento cósmico, la literatura bucólica llegó a ser considerada como el vehículo apropiado para la discusión del amor, y el pastor, habitante típico del escenario bucólico, su verdadera encarnación. Fray Luis de León en *De los nombres de Cristo* afirma que el pastor tiene mayor sensibilidad que los demás hombres y que, por lo tanto, es una figura apropiada para la expresión del amor en la poesía: "no tenéis razón en pensar que para decir dél [amor] hay personas más a propósito que los pastores, ni en quien se represente mejor. Porque puede ser que en las ciudades se sepa mejor hablar, pero la fineza del sentir es del campo y de la soledad" [7].

La *Arcadia* de Sannazaro comprende escenas pastoriles y narraciones fragmentarias intercaladas con poesía. Las escenas pastoriles de Feliciano de Silva eran meros episodios. La primera novela pastoril desarrollada por extenso y unificada en torno al tema es *Los siete libros de la Diana* (Valencia, ¿1559?) del portugués Jorge de Montemayor (¿1520?-1561) [8]. El libro tuvo un atractivo instantáneo y continuó interesando por largo tiempo. En España se hicieron veinte ediciones entre los siglos XVI y XVII (quince de ellas antes de 1600), cinco en Amberes, y quince en otras ciudades (todas en español), a las que siguieron numerosas imitaciones: una segunda parte, de muy escasa calidad, de Alonso Pérez (1564); otra de Gil Polo, *Diana enamorada* (Valencia, 1564); *La Galatea* (Alcalá, 1585) de Cervantes; *La Arcadia* de Lope de Vega (Madrid, 1598), y muchas otras hasta un total de dieciocho novelas hasta 1633. Aparte de la *Diana,* muchas fueron reimpresas varias veces. El género se extendió rápidamente por otros países: la *Diana* fue traducida al francés en 1578, al inglés (con la segunda parte de Alonso Pérez y *Diana enamorada*) en 1598, y allí también las imitaciones surgieron pronto.

Obras tan ajenas al gusto moderno requieren un esfuerzo de

---

7. Cf. más adelante, pág. 126.
8. Fue también el autor de gran cantidad de poemas, tanto amorosos como religiosos, publicados en *Las obras de [...]* (Amberes, 1554), que volvió a publicarse (con adiciones) en dos volúmenes: *Segundo cancionero* y *Segundo cancionero espiritual* (ambos en Amberes, 1558). El volumen de poesía religiosa fue prohibido por la Inquisición en 1559. Montemayor publicó también traducciones de poemas de Ausias March (Valencia, 1560). Para éstos, véase Martín de Riquer, *Traducciones castellanas de Ausias March en la Edad de Oro,* Barcelona, 1946.

imaginación para comprender cómo personas adultas pudieron dedicar tiempo a escribirlas y a leerlas. Algunas de ellas siempre fueron consideradas de mala calidad, e incluso un Cervantes, tan profundamente apegado al género pastoril, se mostró desdeñoso con varias de estas producciones. Pero casi todos sus autores intentaban algo que creían serio y válido. Estas novelas son de hecho una discusión prolongada acerca de la naturaleza del verdadero amor, de sus pruebas, de las infinitas y variadas complicaciones que los enamorados pueden crear o sufrir. El escenario irreal permitía que estos problemas, en absoluto irreales, fuesen presentados y discutidos en estado "puro", abstrayéndolos de las distracciones de la vida social corriente. Las mejores de estas obras no fueron, por lo menos en intención, "escapistas".

La *Diana* de Montemayor cuenta cómo el infeliz Sireno, hecho desgraciado por el súbito cambio en el corazón de Diana y su matrimonio con otro, Delio, se encamina en compañía de un grupo de otros infelices enamorados a la corte de la maga Felicia, famosa por saber curar todas las tristezas. En efecto, las cura por medio de un filtro mágico que hace que Sireno olvide su amor hacia Diana y que Silvano y Selvagia se enamoren. Otros casos se resuelven por sí mismos. Diana, desgraciada en su matrimonio, es la única que queda desconsolada: en primer lugar porque, estando casada, no hay remedio para su estado y, por otro lado, porque Montemayor trataría de sus problemas en una segunda parte que prometió pero no escribió.

Las ficciones pastoriles eran con frecuencia un disfraz literario que encubría a personajes conocidos. Pudo muy bien existir un modelo real en el que Montemayor se inspirase para su Diana, pero el libro de éste y de sus sucesores tratan ante todo de la naturaleza y de las complicaciones del amor. La actitud de Montemayor resulta muy tradicional. Para él el amor es un destino contra el cual es inútil que luche el enamorado; es una fuerza irracional y hostil a la razón. Casi inevitablemente el amor lleva consigo sufrimiento, que es bueno en tanto que pone de manifiesto la sensibilidad del enamorado y además le ennoblece. Los celos son una circunstancia natural del amor. Estas opiniones son corrientes: típicas de la literatura del amor cortés, y tema principal de la poesía amorosa del cancionero y de las novelas sentimentales del siglo XV. Muchos de los poemas de la *Diana* derivan de hecho de los cancioneros.

El amor, que es irracional, y sobre el cual el enamorado no· tiene dominio, puede apegarse a cualquier objeto y cambiarlo con notable facilidad de modo que la inconstancia es uno de los riesgos de los amantes como bien sabe Sireno que fue abandonado por Diana, que antaño le quiso, en favor de Delio. La pastora Selvagia, al volver a narrar sus experiencias, habla de los "desvariados casos de amor" (págs. 45-46) [9], frase plenamente justificada por su complicada vida. Recibe en el templo una apasionada declaración de amor de una pastora y como es muy hermosa se enamora de ella. "Y después de esto los abrazos fueron tantos, los amores que la una a la otra nos decíamos, y de mi parte tan verdaderos" (ed. cit., pág. 43) que no se acordaron de la festividad que allí se celebraba. Ismenia es una forastera que más tarde pretende hacerse pasar por un hombre disfrazado y se da a conocer con el nombre de Alanio que es de hecho un primo del que está enamorada. Le cuenta luego su escapada a Alanio y éste, curioso por conocer a Selvagia, la busca y se enamora de ella, y ella de él cuando se entera de la verdadera historia. Ismenia logra volver a despertar el interés de Alanio fingiendo amor por un pastor llamado Montano quien, después de ver a Selvagia, queda prendado de ella. Así pues, Selvagia ama a Alanio, que a su vez quiere a Ismenia, quien ahora quiere de verdad a Montano y éste por último ama a Selvagia. Esto es representativo de la clase de maraña que Montemayor crea y de la cual sólo puede escapar mediante la poción mágica de Felicia que para Cervantes resulta un defecto en la obra.

La clase de amor descrita en el libro es presentada como ennoblecedora y señal de un espíritu noble. De hecho todos los enamorados son perfectamente castos. Otra clase de pasión se

9. Mis referencias a *Los siete libros de la Diana,* ed. F. López Estrada, CC, 127, Madrid, 1946.

vislumbra momentáneamente en un súbito ataque llevado a cabo
por tres hombres salvajes:

> tres salvajes de estraña grandeza y fealdad. Venían armados
> de coseletes y celadas de cuero de tigre. Eran de tan fea cata-
> dura que ponían espanto; los coseletes traían por brazales unas
> bocas de serpientes, por donde sacaban los brazos que gruesos
> y velludos parecían [...]
>
> (págs. 87-88)

Estos toscos enamorados están decididos a tomar por la fuerza
lo que las ninfas, a las que desean, les han negado. La situación
queda salvada por la oportuna llegada de una hermosa pastora
armada que dispara sobre los salvajes. Felismena —es ella— cuenta entonces su desgraciado amor.

En Montemayor la concepción del amor es totalmente medieval. Es curioso, por lo tanto, encontrar a Felicia y a otros ex-
poniendo la doctrina neoplatónica de León Hebreo (cf. anteriormente, pág. 72, n. 14), parafraseando y citando un pasaje de
Dialoghi d'amore donde se distinguen el amor verdadero y el
falso. Es interesante que, de toda esa obra, Montemayor selecciona
pasajes que representan el amor impetuoso y apasionado, imposible de dominar por la razón aunque nacido de ella, de manera
que el enamorado es

> enemigo de placer, amigo de soledad, lleno de pasiones, cer-
> cado de temores, turbado de espíritu, martirizado del seso, sus-
> tentado de esperanza, fatigado de pensamientos.
>
> (pág. 199)

León Hebreo inventó una "extraordinaria razón" a la cual el amor
está sujeto (que es simplemente la subordinación de esa razón
que busca "vida honesta" al deseo de obtener la posesión de lo
amado). Montemayor omite esto, quizá para hacer más completa
la independencia entre el amor y la razón. Al subrayar sobre todo
las turbulentas emociones asociadas con el amor, aparenta seguir
la moda neoplatónica, mientras deja intacta la antigua concepción del amor que es su verdadero tema.

El éxito de *Diana* no agradó a todo el mundo. Un tal padre Bartolomé Ponce de León tuvo gran interés en conocer a Montemayor y, cuando por fin lo consiguió, le reprendió por malgastar su talento en un libro de amor profano.

> Con medida risa respondió diciendo: «Padre Ponce, hagan los frailes penitencia por todos, que los hijos dalgo armas y amores son su profesión».
>
> «Yo os prometo, señor Montemayor —dije yo— de con mi rusticidad y gruesa vena componer otra Diana, la cual con toscos garrotazos corra tras la vuestra.» Con esto y mucha risa se acabó el convite y nos despedimos.

> (págs. XVII-XVIII)

La opinión de Ponce de León expresa el puritanismo literario que recorre el siglo XVI quizá acentuado, aunque no se pueda afirmar con certeza, durante los años posteriores al concilio de Trento (1544-1563). Movido por la corriente de la literatura profana, el mismo Ponce de León escribió una novela pastoril a lo divino, *Primera parte de la Clara Diana a lo divino* (Zaragoza, 1599, quizá antes), cuyos personajes simbolizan vicios y virtudes, y donde la narración es una alegoría que representa "el discurso de nuestra vida". Es un libro de escaso mérito. Lope de Vega escribió otra novela pastoril a lo divino, *Los pastores de Belén* (Lérida, 1612), que habla del nacimiento de Cristo y termina con la huida a Egipto. Lope, fiel a la tradición, prometió una segunda parte pero no la escribió nunca.

Ponce de León no fue el primero que criticó la *Diana* de Montemayor. La *Diana enamorada* (Valencia, 1564) de Gaspar Gil Polo es de hecho —sobre una de las más bellas obras españolas del XVI tanto por su prosa como por su verso— una crítica de aquella primera *Diana* de la que es una continuación.

Gil Polo expresa su intención moralizadora en su "Epístola a los lectores":

> A este libro nombré *Diana enamorada,* porque prosiguiendo la *Diana* de Montemayor me pareció convenirle este nombre,

pues él dejó a la pastora en este trance. El que tuviere por des-
honesto el nombre de enamorada no me condene hasta ver la
honestidad que aquí se trata [...] y el fin a que se encamina esta obra, que no es otro sino dar a entender lo que
puede y sabe hacer el Amor en los corazones, aunque sean
tan libres y tan honestos como el de Diana; las penas que
pasan sus aficionados y lo que importa guardar el alma de tan
dañosa enfermedad [...] Y aunque son ficciones imaginadas,
leyéndolas como tales, se pueden sacar de ellas el fruto que
tengo dicho: pues no se escribieron para que se les diese fe,
sino para satisfacer a los gustos delicados y aprovechar a los
que con ejemplo de vidas ajenas quisieren asegurar la suya [10].

(pág. 10)

(La justificación de *enamorada* puede parecer curiosa: la palabra
significaba "manceba".)

El relato cuenta cómo Diana, habiéndose enamorado otra vez
de Sireno, encuentra a una extraña pastora que, al oírle cantar
su amor desgraciado, discute con ella sobre el tema del amor. La
pastora forastera, llamada Alcida, se ofrece a ayudarla a vencer
su dolor. Diana confiesa que no desea alivio a costa de arrancar
el amor de su corazón y, de todos modos, no cree posible ﹅esistir
a él. En ambos aspectos Diana expresa el punto de vista tradicional encarnado en la primera *Diana*. Alcida replica que se puede
resistir al amor y que son los mismos enamorados quienes buscan
sus tormentos. Es manifiesto que su ataque está dirigido a una
tradición literaria, como cuando describe en términos despectivos
las lamentaciones que llenan la poesía amorosa.

Delio, marido de Diana, aparece a continuación y se enamora al instante de Alcida. Al oír que se acerca otro pastor y,
reconociendo su voz, Alcida huye ardientemente perseguida por
Delio. El recién llegado, Marcelio, le cuenta a Diana sus infortunios, causados porque Alcida, a quien estaba prometido, se
siente traicionada por él hasta el punto de que huye cuando él
se acerca. El libro primero termina con la llegada de Berardo y

10. Mis referencias a la edición de R. Ferreres, CC, 135, Madrid, 1953.

Tauriso, dos pastores enamorados de Diana: termina, es decir,
con una complicada masa de material por elaborar (y a la que
se habrá de añadir aún más). Diana ama a Sireno, que permanece indiferente, pero ella está casada con Delio, que ha salido
corriendo en pos de Alcida, que a su vez huye de Marcelio. No
se trata solamente de un relato intrincado, sino de una variada
colección de "casos de amor". Diana representa una concepción
de amor, complicada por un matrimonio desgraciado que le impide encontrar ninguna solución; a Alcida, que representa otra
concepción muy diferente, le impide un malentendido hallar la
felicidad; el estúpido Delio es arrastrado por una clase de amor
semejante al de Diana, pero que no logra subordinar al deber
por falta de fuerza moral. La habilidad del autor al manejar tantos personajes va encaminada a divertir y admirar al lector.

Como en la *Diana* de Montemayor, todos los personajes principales se encaminan al palacio de Felicia, donde los problemas
se resuelven. Pero no por arte de magia: todas las soluciones
son creíbles desde un punto de vista humano; los cambios de
sentimientos son preparados con cuidado y resultan sicológica-
mente convincentes. La unión de Diana y Sireno es preparada
por la muerte de Delio. Alcida refiere cómo éste, al verse rechazado por ella, se vio sumido por su "loco amor" en la desesperación y más tarde en el desvarío, acentuado por los celos ante
el temor de que el amor de Sireno hacia Diana pudiera renacer.
Muere en un paroxismo de dolor y locura, y su muerte es la
consecuencia directa del trastorno de su espíritu. Su insensatez ha
sido subrayada en muchas ocasiones. Ya que el concepto del amor
en Gil Polo se basa en la razón, parece apropiado que el anormal
Delio sea quien más sufra por las angustias del amor irracional
y de los celos.

Diana y Sireno, cuyo antiguo amor ha revivido, se reúnen y
son felices. La obra termina con un largo discurso que hace Felicia sobre el amor, denunciando su aspecto irracional en términos de los que Alcida se hace eco. (Todo esto pudo parecer demasiado serio para ser divertido, por lo que el relato de amor
de Felicia fue omitido después de la primera edición.)

Gil Polo tomó todas sus opiniones sobre el amor de *Gli Asolani* de Bembo[11], quien desempeña un papel tan importante en la novela de Gil Polo, como León Hebreo en la de Montemayor, pero con esta diferencia: mientras Montemayor toma prestado para dar un tono elegante a una sicología del amor que realmente no tiene nada que ver con el neoplatonismo, toda la novela de Gil Polo está pensada para ilustrar una teoría del amor explícita desde el principio, acudiendo al menos comprometedor de los tratados neoplatónicos. Bembo enseña que el verdadero amor es "bueno y razonable y moderado", además de gobernado por la razón. No conoce la perturbación, ya que los sufrimientos tradicionales de los enamorados sólo van asociados al amor sensual. El verdadero amor es siempre sereno, y al enamorado no le perturba la ausencia.

Diana enamorada es, por consiguiente, una obra polémica. Considerando que Montemayor propaga una falsa concepción del amor, Gil Polo intenta contrarrestar su influencia con una versión alternativa de la teoría neoplatónica, versión cuya austeridad seducía a su mentalidad evidentemente puritana.

La Galatea (Alcalá, 1585), de Cervantes, es otra contribución a la discusión sobre el amor, tan seria como la de Gil Polo. Cervantes presenta numerosos "casos de amor" que conducen a una exposición central de la naturaleza del amor en el libro IV cuando Tirsi, replicando a un ataque contra el amor hecho por Lenio en términos que recuerdan a Perottino, uno de los interlocutores en el diálogo de Bembo, expone la versión de la teoría neoplatónica de León Hebreo.

La Galatea está bien concebida. Sus varios relatos entrelazados están hábilmente dispuestos. Tiene variedad en los personajes y, en verdad sicológica, es una obra más profunda que la de Montemayor. Procedía de un espíritu más serio. Pero su seriedad fue un fallo del autor en esta su primera obra: es excesivamente sobria y prolija, y al tratar de dar solidez a su mundo pastoril, se le escapa el hechizo del género.

11. Véase R. O. Jones, «Bembo, Gil Polo, Garcilaso. Three Accounts of Love», *RLC*, 1966.

El interés de Cervantes por la naturaleza y los problemas del amor persistió durante su vida y es evidente en todas sus obras. Sería tentador argüir que, después de tratar del amor en la casi abstracta manera de la novela pastoril, llegó en cambio a situarlo en auténticos contextos sociales en sus obras posteriores, y tentador también atribuir esto a su creciente madurez. La teoría es insostenible porque no sólo lo pastoril en una forma o en otra se deslizó en las obras siguientes, sino que Cervantes nunca abandonó la intención de escribir una segunda parte de *La Galatea*. Lo prometió en su prólogo a la segunda parte de *Don Quijote* (1615) y de nuevo, en uno de los más conmovedores documentos literarios, en la dedicatoria de su *Persiles y Sigismunda* (1616) al conde de Lemos, escrita en su lecho de muerte. Esta ambición sostenida durante treinta y un años da la medida de su afición al género.

La Arcadia (Madrid, 1598) fue el primer ensayo de Lope de Vega en la novela. Declara en el prólogo que ha novelado un tema tomado de la vida: la obra es en efecto un relato del nefasto amor de don Antonio de Toledo al servicio del cual estuvo Lope en Alba de Tormes hasta 1595. El mismo Lope aparece bajo su seudónimo favorito de Belardo. El libro contiene gran cantidad de bella poesía, pero su construcción es desordenada, como si Lope fuese incapaz de dominar su material. Es evidente su falta de autodisciplina: entrevera el discurso de los postores con pedanterías fuera de lugar que, a veces, caen en lo absurdo como cuando en el libro V nos encontramos esto (que habrá tomado de algún bestiario):

> Si les costara amar a las mujeres, prosiguió Anfriso, lo que a las leonas el parto, ellas sin duda huyeran de segunda voluntad con el escarmiento de la primera. Eso deseo saber, replicó Frondoso. Pues sabe, dijo el pastor, que una vez le oí contar a Silvio, que las leonas tienen sus hijos veinte y seis meses en el vientre, donde en razón del tiempo crecen, y se les hacen dientes y uñas, con toda la perfección que después tienen. Pues estando así son tantos los saltos y movimientos que las martirizan y desatinan, y últimamente, rasgando las matrices y

úteros, salen con espantosa ferocidad, dejándolas casi muertas, de donde nace que desde entonces no apetezcan la compañía de varón, si no es haciéndoles notable fuerza, con la cual engendran, por estar impedidas y lastimadas.

Entre las más notables de las novelas pastoriles posteriores figuran *El prado de Valencia* (Valencia, 1600) de Gaspar Mercader; *Siglo de oro en las selvas de Erifile* (Madrid, 1608) de Bernardo de Balbuena; *Cintia de Aranjuez* (Madrid, 1629) de Gabriel de Corral; y notable por ser la última *Los pastores del Betis* (Nápoles, 1633, pero escrita muchos años antes) de Gonzalo de Saavedra.

Un lector de entonces que lo deseara podría encontrar obras más realistas que éstas. Hubo, en efecto, una floreciente tradición de ficción realista del siglo XVI en forma de numerosas imitaciones de *La Celestina* (o quizá debería decirse: numerosas comedias humanísticas inspiradas en *La Celestina*). Las principales son: *Comedia Tebaida, Comedia Hipólita* y *Comedia Serafina,* todas anónimas (es probable que se publicaran juntas; Valencia, 1521); *Segunda comedia de Celestina* de Feliciano de Silva (Medina del Campo, 1534); *Tercera parte de la tragicomedia de Celestina* de Gaspar Gómez (Medina, 1536); *Tragicomedia de Lisandro y Roselia,* publicada en forma anónima, pero cuyo autor es Sancho de Muñón (Salamanca, 1542); *Tragedia Policiana,* anónima (Toledo, 1547); *Comedia Florinea* de Juan Rodríguez Florián (Medina del Campo, 1554); *Comedia Selvagia* de Alonso de Villegas (Toledo, 1554). Hubo otras, pero la más bella de la serie estaba reservada al siglo siguiente: *La Dorotea* (Madrid, 1632) de Lope de Vega. Todas ellas son historias de amores llevadas a cabo con la ayuda de los sirvientes del enamorado y de una tercera cuyo modelo en la mayoría de los casos es Celestina (en dos casos es la Celestina misma). Algunas de las obras tienen un final feliz, otras trágico. En casi todas ellas el núcleo moral de *La Celestina* está ausente: fueron escritas en primer lugar para entretenimiento, a pesa de que, rindiendo tributo a la convención, el autor afirme lo contrario [12].

Aunque derivan ampliamente de la literatura, estas obras no son del todo realistas. Dan, sin embargo, un cuadro verosímil de ciertos aspectos de la sociedad del xvi. Muchos de los personajes son tópicos: el galán que se desvanece de amor, con frecuencia ridiculizado por sus criados; sirvientes en combinación con una alcahueta; fanfarrones cobardes, etc. Pero el hecho de que sean convencionales no les hace irreales. Los enamorados se comportaban, entonces como ahora, como si estuviesen lunáticos y algunos se volvían locos de melancolía. Las escenas de burdel, las pendencias callejeras nocturnas y la relación carnal (y nada fantasiosa) entre sirvientes y prostitutas nos convencen de su autenticidad, aunque debe admitirse que la verosimilitud está minada por los discursos altisonantes y llenos de pedantería que a veces pronuncian los sirvientes y otros personajes (imitación todo ello de *La Celestina*). Sin embargo, ciertos rasgos de la vida real están retratados en estas obras. Su erotismo, que ha chocado a algunos críticos modernos, sirvió de entretenimiento sólo para los que conocían o imaginaban la realidad: estamos lejos de los artificios de lo pastoril. Una y otra vez los autores introdujeron detalles realistas completamente gratuitos —a veces una escena entera— evidentemente porque la realidad interesaba por sí misma. Los detalles físicos de la violación de Sergia por Amintas en la *Tebaida* (escena 10) son gratuitos, como lo es el incidente entero: el interés está en que ocurre, no en su función o "significado". En *Lisandro y Roselia,* el mozo Filirín solloza:

> Yo-yo ju-juro a San Juan yo-yo lo diga a mi padre que me pe-ela y-y me abofete-ea, y-y que me asiente co-con otro amo mejor.
>
> (III, 1, pág. 157)

12. Para las comedias humanísticas en general, véase (pero con reservas) la nota de Menéndez Pelayo en *Orígenes de la novela,* vol. 3, Santander, 1943. (Para *La Celestina,* véase A. D. Deyermond, *Historia de la literatura española.* 1: *La Edad Media,* Ariel, Barcelona, 1973, págs. 301-313. Véase bibliografía para las ediciones que a ella se refieren.)

Por primera vez en español, un niño habla en su lenguaje infantil:

> Ah senola mosa.—Senola, mi made dise que está alí la mujel
> de la ropa blanca, que tae lo que le mandaste!

(III, III, pág. 177)

Una escena entera (II, v) está dedicada a las complicaciones de la discusión legal, no para favorecer el argumento, lo que podía haberse hecho con más economía de medios, sino porque es evidente que se esperaba que interesase y gustara por su fidelidad. En estas obras se manifiesta un interés por la vanidad humana en sí misma. El enano Risdeño en la *Selvagia* (para citar un ejemplo solo) es un hallazgo ingeniosísimo.

Estas obras han sido injustamente relegadas. Algunas son pobres pero otras tienen gran interés, y una o dos son importantes obras de arte: lo es, por ejemplo, *Lisandro* que, en muchas escenas, tiene algo de la intensidad y hábil caracterización de *La Celestina* misma.

Queda por mencionar otra obra del mismo género: *La lozana andaluza* (Venecia, 1528), producción genial de Francisco Delicado, de quien apenas si se sabe algo con certeza. Fue sacerdote; en las imprentas de Venecia (1533-1534) leyó las pruebas de *Amadís* y *Primaleón*; publicó un tratado sobre el uso del "palo de Indias" *(lignum vitae)* que se empleaba para curar la sífilis (1529); pero, por encima de todo, se le conoce como el autor de *La lozana andaluza*.

La obra está en forma dialogada, como *La Celestina*, pero la influencia de esta última, si es que la hay, es casi puramente formal. No hay intriga amorosa ni intención moralizadora. Narra la carrera de Aldonza, la lozana del título, como prostituta y alcahueta en Roma. La obra es, sin duda, de un fuerte realismo: Roma era conocida como una de las ciudades más inmorales de la cristiandad. Que la intención del autor es, en parte, la de divertir resulta evidente dado el carácter altamente erótico del libro, cuya franqueza aun hoy resulta notable, pero lo que se pretende es algo más que divertir: hay un fuerte elemento satírico aunque intermitente, dirigido sobre todo contra la Iglesia, en especial por su riqueza y por la inmoralidad de sus sacerdotes, a los que se muestra como asiduos clientes de las prostitutas de la ciudad. La narración deja entender que transcurre antes del saqueo de Roma en 1527, pues se insertan unas referencias en forma de profecías de destrucción de la urbe como castigo de su corrupción. (Probablemente el libro fue acabado en 1524 como declara el autor y posteriormente retocado.)

La intención satírica es obvia como lo es también el cariño del autor por la Lozana. Está descrita sin malignidad, y la deja retirarse tranquilamente con sus ganancias, con su fiel Rampín, su amante y sirviente, a la isla de Lípari ("y allí acabó muy santamente ella y su pretérito criado Rampín", como dice el encabezamiento del mamotreto LXVI). De un apéndice en elogio de las mujeres se deduce que Delicado tuvo inclinación por ellas en general y por la Lozana en particular, de quien dice

> quiero dar gloria a la Lozana, que se guardaba mucho de hacer cosas que fuesen ofensa a Dios ni a sus mandamientos, porque, sin perjuicio de partes, procuraba comer y beber sin ofensión ninguna, la cual se apartó con tiempo y se fue a vivir a la ínsula de Lípari [...]

El principal rasgo del libro parece ser (por muy anacrónico que resulte decirlo) el deleite en la creación literaria por sí misma. Creación del personaje en primer lugar, pues como Delicado dice al final: "Fenezca la historia compuesta en retrato, el más natural que el autor pudo [...]" Habla de retrato a cada momento, y eso es la obra por encima de todo: un retrato de la Lozana y de la sociedad en que se mueve. Cada página está llena de detalles costumbristas: sobre la vida romana, sobre la actividad profesional y el talante humano de las Celestinas de la ciudad, sobre comida, bebida y vestimenta. El libro es un documento fascinante y una obra maestra *sui generis*, pero por desgracia una obra aislada de la que no se ha encontrado influencia en España.

La novela del siglo XVI más valorada por los lectores modernos es sin duda *La vida de Lazarillo de Tormes y de sus fortunas y adversidades,* de autor desconocido y publicada en tres ediciones separadas (Burgos, Alcalá y Amberes) en 1554. Han sido propuestos varios nombres de posibles autores: los primeros fueron los de Diego Hurtado de Mendoza y fray Juan de Ortega, sugeridos ambos a principios del siglo XVII. Ninguna prueba concluyente ha sido aducida en favor de uno u otro.

Es una obra cómica, de una comicidad a veces brutal, y de hecho uno de los libros más divertidos de la literatura española, escrito en un estilo ingenioso y agudo. Cuenta en forma de autobiografía la historia de Lázaro que, siendo niño, fue entregado por su madre a un ciego para servirle de guía; de cómo aprende a espabilarse, de tal manera que finalmente llega a tomar una dolorosa venganza de las crueldades de las que le hace víctima su amo; de cómo pasa de uno a otro hasta que consigue ganar suficiente dinero vendiendo agua para comprarse un traje y una espada de segunda mano, con lo cual aspira a más altas miras y llega a ser pregonero en Toledo, casándose con la manceba de un arcipreste.

El libro se articula en episodios y contiene cierto material claramente tradicional. En un manuscrito del siglo XIV figura un dibujo marginal de un mozo de ciego bebiendo a escondidas con una paja en el tazón de su amo, igual que Lázaro lo hace en la jarra del suyo en el primer tratado. El falso milagro del buldero en el quinto tratado se parece a un relato contado en el siglo XV en *Il novellino* de Masuccio Salernitano en el cual dos frailes perpetran un fraude semejante: uno de ellos denuncia como falsas unas reliquias exhibidas por el otro y luego, cuando su cómplice reza pidiendo una señal del cielo para demostrar su autenticidad, cae en un paroxismo simulado. Esta versión y la del *Lazarillo* pueden ser variantes de algún cuento popular europeo. Sin embargo, insistir demasiado en lo folklórico sería erróneo. Es indiscutible que el libro contiene elementos tradicionales, pero no deben distraer la atención de su sorprendente originalidad, tanto en su forma como en la representación de los personajes.

Los siete tratados de este breve libro son en lo fundamental —al menos en apariencia— la historia de un mozo que, a pesar de las dificultades, consigue un éxito modesto en la vida. Lázaro aprende de sus amos a vivir, y la lección que le enseñan la aplica finalmente a su propia vida y con ello prospera. Pero el libro está lejos de ser ingenuo: el lector debe estar alerta ante sus ironías.

El *Lazarillo* es un cuadro realista del ambiente y de la gente que el protagonista encuentra. España, como el resto de Europa en aquella época, tenía una enorme masa de mendigos y pobres, aunque la vida fuera también dura para otras gentes: el hambre en los años de escasez asediaba a las economías modestas. Había muchos hidalgos empobrecidos, reacios al trabajo por su desmedido orgullo y avergonzados para mendigar, que podían servir de modelos al escudero de Lázaro. Gran parte del clero era tan hipócrita e inmoral como los sacerdotes que describe. El diplomático y humanista italiano Navagero decía en 1525 que "los amos de Toledo y de las mujeres de la ciudad pertenecen al clero, poseen magníficas casas y viven como señores entregados al lujo, sin que nadie dijese una palabra contra ellos". Pero el valor documental del libro es diferente del artístico: lo que más nos importa es lo que el autor hizo con su material.

Es evidente que fue un maestro de su arte. Los retratos de Lázaro y de sus amos, a pesar de ser menos bosquejos, son agudos y reveladores. El estilo es picante y vivaz. El autor crea un esquema ingenioso de las relaciones de Lázaro con sus tres primeros amos. Crece su hambre a medida que ellos ascienden en la escala social, de mendigo a sacerdote y luego a noble. Su destino es inverso en otro aspecto: se escapa del primero, es despedido por el segundo y abandonado por el tercero. Otros procedimientos ayudan a imponer unidad temática en la obra: por ejemplo, el final de Lázaro —uno de sus oficios como pregonero es vocear los precios del vino— es anunciado por las palabras del ciego al principio de la narración: "Yo te digo que si un hombre en el mundo ha de ser bienaventurado con vino, que serás tú".

A pesar de la coherencia temática del relato, algunos lo han encontrado demasiado esquemático para ser completo y señalan

el hiato excesivamente marcado en la vida de Lázaro entre el
final del tercer tratado (cuando Lázaro es todavía un niño) y su
aparición como hombre en Toledo al término del libro. Se ha
sugerido que el libro está incompleto, quizá por haber sido publicado con prisas. Pero es evidente que el autor no se puso a
escribir una crónica: ha trazado la línea de una vida, sin necesidad de contarlo todo. Se nos muestra a Lázaro empezando a
adiestrarse, se nos hace ver su crecimiento y asistimos a su final.
Es el diagrama de una vida, y pedir más es no comprender su
sentido.

Pero, en cualquier caso, el arte y la unidad del libro no pueden ser juzgados adecuadamente si no es a la luz del propósito
del autor. El libro mismo nos guiará por las ironías de las numerosas observaciones sentenciosas de Lázaro, las ironías de las
situaciones específicas y el esquema de conjunto sobre el cual el
autor dirige nuestra atención de varias maneras.

Al principio del primer tratado, Lázaro cuenta cómo su pequeño hermanastro huye aterrado de su padre negro gritando
"¡Coco!" sin darse cuenta de que él también es negro como su
padre. Y Lázaro hace esta reflexión: "¡Cuántos debe de haber
en el mundo que huyen de otros porque no se ven a sí mismos!",
observación dirigida al lector que puede percibir la mota en el
ojo de su prójimo pero no ve la viga en el propio: el autor le
lleva insensiblemente a ver que la lección del libro es tan apli-
cable a él mismo como a los personajes de la narración. Un poco
más tarde, cuando los robos de Zaide en beneficio de su nueva
familia son descubiertos, Lázaro hace esta nueva reflexión: "No
nos maravillemos de un clérigo ni fraile, porque el uno hurta
de los pobres y el otro de casa para sus devotas y para ayuda de
otro tanto, cuando a un pobre esclavo el amor le animaba a esto".
El sentido manifiesto es que, si el amor puede mover incluso a
un esclavo embrutecido, no es sorprendente que llegue a inducir a otros más privilegiados que él a la tentación; lo cual im-
plica con su lógica perversa que cada uno de nosotros está inde-
fenso ante el amor, de tal manera que no puede esperarse nada
mejor ni siquiera del clero. Pero la observación lleva una clara

intención provocativa, com si dijese al lector: "Juzga si te atreves" (o, más evangélicamente, "No juzgues si no quieres ser juzgado"). A lo largo del libro Lázaro intercala *sententiae* en la narración que advierten al lector de tener cuidado de lo que se ríe y cuyo sentido profundo se remite al clásico "conócete a ti mismo".

De su primer amo Lázaro aprende una dolorosa y sencilla lección: que la vida es una aventura sin merced en la que cada hombre tiene que arreglárselas por su cuenta. Del ciego dice: "que después de Dios éste me dió la vida, y siendo ciego me alumbró y adestró en la carrera de vivir". El siguiente amo es un clérigo avaro que representa la hipocresía desvergonzada y el descaro. Es capaz de ofrecer al mozo un plato de huesos bien roídos con estas palabras: "Toma, come, triunfa, que para ti es el mundo. Mejor vida tienes que el Papa". En otra ocasión señala: "Mira, mozo, los sacerdotes han de ser muy templados en su comer y beber, y por esto yo no me desmando como otros", lo cual bien sabe Lázaro que es una mentira, puesto que ha visto a su amo atiborrándose en las fiestas de los funerales: " a costa ajena comía como lobo y bebía más que un saludador". El tercer amo de Lázaro es un escudero arruinado obsesionado con las obligaciones del honor. Su única preocupación son las apariencias, y a Lázaro se le ocurre lo siguiente:

> ¡Grandes secretos son, Señor, los que Vos hacéis y las gentes ignoran! ¿A quién no engañara aquella buena disposición y razonable capa y sayo, y quién pensara que aquel gentil hombre se pasó ayer todo el día sin comer, con aquel mendrugo de pan que su criado Lázaro trujo un día y una noche en el arca de su seno, do no se le podía pegar mucha limpieza, y hoy, lavándose las manos y cara, a falta de paño de manos, se hacía servir de la halda del sayo? ¡Oh Señor, y cuántos de aquéstos debéis Vos tener por el mundo derramados, que padecen por la negra que llaman honra lo que por Vos no sufrirían!

Como casi todos los amos de Lázaro, el escudero no es lo que parece (las oraciones públicas del ciego eran pura exhibición).

El amo siguiente es un fraile, desde luego no un modelo de virtud, a quien Lázaro pronto abandona. Entra luego al servicio de un buldero cuyos irreligiosos fraudes cuenta con regodeo. A continuación, empleado por un capellán, se convierte en aguador y tras cuatro años asciende al puesto de pregonero, al matrimonio y a la prosperidad. Su éxito material es auténtico, y su nuevo puesto, por muy degradado que pueda parecer a los que están por encima de él, representa cierto éxito mundano para un pobre mozo. Pero, al mismo tiempo, tiene que soportar las habladurías acerca de las relaciones de su mujer con el arcipreste. Acepta ser tranquilizado con bastante facilidad, pero no nos queda duda de la verdad: Lázaro, que presume de ser feliz con tal de que no se aluda al asunto, ha llegado a la prosperidad al precio de una degeneración moral.

El honor es un tema importante en el libro. Lázaro lo menciona en su prólogo cuando dice (citando a Cicerón) que "la honra cría las artes". Vuelve al tema cuando dice que, después de cuatro años de aguador, ahorró bastante:

> para me vestir muy honradamente de la ropa vieja, de la cual compré un jubón viejo [...] y un sayo raído [...] y una capa y una espada de las viejas primeras de Cuéllar. Desque me vi en hábito de hombre de bien, dije a mi amo se tomase su asno, que no quería más seguir aquel oficio.

"Honradamente" es una palabra significativa y la espada también lo es: ambos detalles evocan al escudero. Incluso sus palabras quedan reflejadas en el "honradamente" y "hombre de bien" de Lázaro: "Eres muchacho, y no sientes las cosas de la honra, en que el día de hoy está todo el caudal de los hombres de bien". Finalmente, vuelve a citarse el honor cuando el arcipreste tranquiliza a Lázaro en términos ambiguos en cuanto a las idas y venidas de su mujer: "Ella entra muy a tu honra y suya". El honor se equipara, después de todo, con el provecho. Lázaro termina donde empezó. Aprendió a recibir con alegría al amante de su madre porque traía comida, igual que ahora acepta las atenciones del arcipreste a su mujer para su propio beneficio.

Recordamos que el escudero, también, hubiera aceptado muy gustoso la degradación —mentira, servilismo, maledicencia— con tal de agradar a un amo si lo hubiera podido encontrar. El honor es una conspiración social en la que Lázaro ha aprendido a representar su papel. Esta anatomía del honor, tal como el mundo lo concibe, tiene un interesante paralelo en el sexto diálogo de los *Coloquios satíricos* (Mondoñedo, 1553) de Antonio de Torquemada, en el cual la noción convencional del honor (estimación social, culto de las apariencias) se contrasta con el verdadero honor, que sólo brota de la virtud. Para Torquemada el honor es la más sutil trampa del diablo para tentar a los hombres y llevarlos a la perdición. Todas las clases sociales son engañadas por él —"veréis a cada uno, en el estado en que vive, tener una presunción luciferina en el cuerpo"— y por eso es lo contrario de la humildad cristiana. El diálogo parece a veces un comentario del *Lazarillo*. Al contrastar los valores sociales y cristianos queda explícito lo que en el *Lazarillo* está implícito.

Al final del libro vemos a Lázaro aplicando lo que ha aprendido de sus amos: la implacable determinación de ganar "la carrera de la vida" que el ciego le enseñó; la hipocresía del sacerdote de Maqueda; el cinismo del buldero (como cuando jura por el cuerpo de Cristo que su mujer es la más casta que vive en Toledo); la importancia del honor tal como el escudero lo entiende. Lázaro llega a encarnar los valores que ha recogido a lo largo del camino: ha sido un buen alumno. El aparente desorden en la estructura del libro es ordenado en el último tratado que reúne los hilos. Ningún tratado era completo en sí mismo: cada uno de ellos adquiere su entera significación sólo cuando terminamos el libro. Lázaro podía ver las faltas de los demás y burlarse de ellas, pero era ciego para las propias. De nuevo la mota y la viga.

La frecuencia de las alusiones de Lázaro a Dios nos llama la atención constantemente. Atribuye toda buena suerte y toda feliz ocurrencia a la intervención directa de Dios, como, por ejemplo, cuando consigue vengarse del ciego a pesar de su astucia "porque Dios le cegó aquella hora el entendimiento". Por

supuesto las frases de este tipo son convencionales, pero su frecuencia quizá sea sugestiva. Nos damos cuenta de que Lázaro
equipara a Dios con la suerte: sin embargo el nombre no tiene
implicación moral para él. Sus expresiones piadosas no están
apoyadas por la creencia o la acción. Comparte la piedad vacía
de una sociedad vacía. Sus referencias a Dios son otro aspecto
del oportunismo que ha aprendido de todos los que estaban a
su alrededor. Lázaro es la víctima de una sociedad cuya religión es como una capa que cubre el egoísmo. Decir esto no es
atribuir anacrónicamente al autor anónimo un punto de vista
moderno sobre la importancia del ambiente en la formación del
individuo. Cabe una formulación alternativa y, en efecto, fue
hecha en una obra contemporánea del *Lazarillo*: en el *Pastor
bonus* (1549) de Juan Maldonado[18]. Maldonado, un erasmista, al discutir sobre la reforma eclesiástica, muestra cómo un
clero vano y mundano —del obispo para abajo— puede corromper con su ejemplo a toda la sociedad, al no encontrar sus miembros ayuda en aquellos que deberían guiarles hacia mejores rumbos. Esta clase se nutre de ostentación, vanidad y egoísmo. Es lo
que encontramos en el *Lazarillo*, relato en el que levanta la tapa
de una sociedad que se dice cristiana para exhibir la realidad
que se encuentra dentro. Se ha sugerido con frecuencia que el
autor del *Lazarillo* era un erasmista. Y puede creerse. Ciertamente
nada de la enseñanza positiva de Erasmo está presente en el libro, pero la disección de la hipocresía, el desenmascaramiento del
corazón no cristiano de una sociedad aparentemente cristiana,
bien podrían tener un origen erasmista.

El tema no era nuevo. La novedad esencial del *Lazarillo* es de
otro tipo. Ninguna narración ofrece lo que ésta: un retrato de un
niño en trance de convertirse en hombre, un relato de cómo es
moldeado en forma imperceptible por el ejemplo de los demás,
de manera que, cuando de pronto nos damos cuenta de que su
inocencia infantil ha desaparecido para siempre, no podemos determinar cuándo y dónde tuvo lugar el cambio. La respuesta es:

---

13. Bataillon, *op. cit.*, págs. 328-338.

"en ningún sitio y en todos los sitios"; no fue en algún lugar o
en alguna crisis, sino resultado de una influencia insidiosa que le
rodeó desde los primeros días. Por eso es posible odiar la sociedad que describe, mientras conservamos un sentimiento de compasión, aunque mezclado con burla hacia el Lázaro pregonero y
cornudo que se pavonea tan complacido entre las ruinas de su
inocencia y se jacta de su buena suerte. Este retrato de la evolución de un hombre es el gran éxito del autor anónimo. Su
novedad es aún mayor si hacemos una comparación con las demás obras novelescas del siglo XVI, por ejemplo con los libros
de caballería. En algunos de ellos vemos nacer un niño que llegará a caballero y, a veces, asistimos a su muerte. Pero no hay
sentido de evolución. Ya *es* desde el principio lo que los ideales
de caballería requieren. Participa en aventuras que no moldean
su carácter. El final de Lázaro es el espejo de su vida entera. En
un rasgo refleja a su primer amo, en otro la fría hipocresía del
segundo, más tarde las obsesiones del escudero y, por último, la
despreocupada blasfemia del buldero. El tratado final muestra
la unidad formal y temática de toda la obra.

La impresión de tres ediciones en un año indica que el libro
tuvo un éxito comercial inmediato. En 1555 se publicó en Amberes una "Segunda parte". En ésta, Lázaro se convierte tempo-
ralmente en un pez y tiene una serie de aventuras submarinas.
Es un fárrago extraño, tan extraño que no puede descartarse la
posibilidad de una significación alegórica[14]. Las dos partes fueron condenadas por el índice prohibitorio de la Inquisición de
1559. En 1573 apareció una edición expurgada bajo el título de
Lazarillo de Tormes castigado, con todas las bromas y episodios
irreligiosos suprimidos, que fue reimpresa varias veces en los
siglos XVI y XVII. El original lo fue también muchas veces fuera
de España (aunque no volvió a serlo dentro de España hasta
el XIX). El libro fue popular en Europa: se tradujo al francés
ya desde 1560 y volvió a traducirse tres veces en el siglo siguien-

14. Para una interpretación interesante, véase M. Saludo Stephan, *Miste-
riosas andanzas atunescas de «Lázaro de Tormes»,* San Sebastián, 1969. La
interpretación puede parecer fantasiosa, pero la Segunda parte no lo es menos.

te. Una traducción inglesa de David Rowland de Anglesey fue
impresa en 1576 (posiblemente ya en 1568). El libro, pues, tuvo
su público; pero es desconcertante para el lector moderno darse
cuenta de que su popularidad no empezó a rivalizar con la de
las novelas de caballería y ni siquiera con algunas de las novelas
pastoriles.

El xvi fue un siglo de experimento para la prosa novelesca.
Uno de ellos lo constituyó la primera novela epistolar europea
(pensemos, de todos modos, que el *Lazarillo* es también una larga epístola ficticia): *Proceso de cartas de amores* (¿Toledo?, 1548)
de Juan de Segura, de quien nada se sabe. Su libro es una novela
sentimental de amor desgraciado cuya novedad no reside en su
tema sino en la manera de tratarlo. Toda la obra se desarrolla
en forma de cartas entre dos enamorados sin nombre, que describen sus sentimientos desde el primer tímido acercamiento del
hombre hasta el momento en que la indignada familia de la
muchacha desesperada se la lleva hacia un destino desconocido.
Hay algunas pedanterías y *longueurs* pero hay también momentos de emoción auténtica. Es una obra interesante pero que no
tuvo secuela en España[15].

Una de las curiosidades literarias del siglo es *El crotalón* de
"Christophoro Gnophoso" identificado a veces (aunque sin la
más mínima prueba convincente) con Cristóbal de Villalón, un
humanista y pedagogo mediocre, autor, entre otras cosas, de una
Ingeniosa comparación entre lo antiguo y lo presente (Valladolid, 1539), una *Gramática castellana* (Amberes, 1558) y el *Sco-
lástico* (que no se publicó completo hasta 1967). *El crotalón* (no
impreso hasta 1871) fue escrito alrededor de 1553. Es un diálogo satírico al estilo de Luciano entre un zapatero y un gallo que
ha sido muchos personajes en su tiempo: Pitágoras, Sardanápalo,
un capitán, un sacerdote, una monja, etc. Esto permite al autor

---

15. La anónima *Cuestión de amor* (Valencia, 1513), compuesta probablemente en Nápoles, es una prolongación de la novela sentimental del xv y no
tiene secuela o influencia. Fue reimpresa varias veces junto con *Cárcel de
amor*. Para el texto y estudio, véase M. Menéndez Pelayo, *Orígenes de la
novela*.

abarcar ampliamente toda clase de hombres y sus condiciones, satirizando las debilidades y locuras humanas. La obra tiene un fuerte tono erasmista. Copia con libertad de muchos autores, antiguos y modernos, y produce más curiosidad que satisfacción.

Otra obra atribuida a veces a Villalón (y también sin prueba convincente) es el *Viaje de Turquía* que tampoco fue impreso hasta la época moderna. Es un diálogo en el cual Juan de Votadiós y Matalascallando interrogan a Pedro de Urdemalas (los tres nombres pertenecen al folklore español) sobre sus aventuras en países extranjeros, en especial acerca de su cautiverio a manos de los turcos, entre los que Pedro se hizo pasar por doctor. Describe con vivacidad las costumbres de los turcos y otros, dando a entender que la obra ha sido escrita por un testigo. Por la manera de tratar la religión se ve que el autor era un erasmista Según Marcel Bataillon éste fue el doctor Andrés de Laguna (muerto en 1560), un médico célebre que viajó mucho, autor de una traducción de Dioscórides anotada, y otras obras; pero la evidencia, aunque persuasiva, no es nada concluyente[16].

El redescubrimiento de la novela bizantina, muy en especial de *Las Etiópicas,* de Heliodoro, dio lugar en el siglo xvi a numerosas imitaciones europeas. La primera en español fue la *Historia de los amores de Clareo y Florisea* (Venecia, 1552) de Alonso Núñez de Reinoso, un relato típico de enamorados separados, aventuras exóticas y extraños cambios de fortuna. La primera parte es una adaptación libre de *Leucipo y Clitofonte* de Aquiles Tacio. *Selva de aventuras* (Barcelona, 1565) de Jerónimo de Contreras, otro relato de amor frustrado, lleno de vicisitudes, sigue el modelo de las novelas bizantinas, pero la acción es más realista.

Estos dos libros contienen numerosas historias intercaladas, y aquí cabe señalar que una de las características del siglo xvi es el creciente interés por la *novella* italiana o novela corta, como ya hemos visto en las novelas pastoriles. Los *novellieri* italianos

---

16. Véase Bataillon, *op. cit.,* págs. 655-668 para Villalón, y 669-692 para *Viaje de Turquía.*

Boccaccio, Bandello, Giraldi, etc. tuvieron una influencia importante en su desarrollo.

Un ejemplo español aislado es una obra maestra del género: la anónima *Historia del Abencerraje y la hermosa Jarifa*. Se conocen cuatro versiones: una en la miscelánea en prosa y verso de Antonio de Villegas, *Inventario* (Medina del Campo, 1565; pero según el privilegio el autor había solicitado licencia en 1551); otra, intercalada en una edición de 1561 de la *Diana* de Montemayor; una tercera, impresa en Zaragoza (sin fecha) al parecer como un extracto de una crónica; y la cuarta en un manuscrito que se encuentra en Madrid. La versión de Villegas es la mejor. El relato es sencillo: cuenta cómo el noble moro Abindarráez es hecho prisionero en una emboscada cristiana, lo que le impide asistir a una cita con su amada Jarifa. Conmovido por la situación del moro, su captor, Rodrigo de Narváez, le concede la libertad para que pueda ver a Jarifa. Los enamorados regresan para entregarse voluntariamente a Narváez, que vuelve a mostrar su generosidad liberándoles. El relato de amor y caballerosidad, profundamente conmovedor, está situado en el escenario idealizado y entonces exótico de la frontera andaluza donde guerreaban moros y cristianos.

El emprendedor librero valenciano Juan de Timoneda acudió a la demanda de narraciones cortas y entretenidas, primero con *Sobremesa y alivio de caminantes* (Zaragoza y Medina, 1563), luego con *El buen aviso y portacuentos* (Valencia, 1564) y finalmente con *El patrañuelo* (Valencia, 1565). Las dos primeras colecciones son relatos, tomados de los libros de otros y reducidos a breves anécdotas. Los cuentos del tercero son más ambiciosos, pero también de segunda mano. Están contados sin elegancias ni florituras, pues Timoneda era un intermediario con iniciativas, pero no un artista.

Aunque no es totalmente una obra de ficción, parece llegado el momento apropiado para presentar una de las más interesantes de este período: *Historia de los bandos de los Zegríes y Abencerrajes, caballeros moros de Granada, de las civiles guerras que hubo en ella y batallas particulares que hubo en la Vega* [...] (parte I, Zaragoza, 1595; parte II, Cuenca, 1619) —más conocida como *Guerras civiles de Granada*— cuyo autor, Ginés Pérez de Hita (¿1544?-1619), tomó de fuentes históricas, de los romances de las guerras y de su imaginación para escribir una obra que se puede considerar como una novela histórica. Está escrita con vivacidad e imaginación. El color local se aplica con la mayor libertad. El amor y la guerra se entremezclan de manera que la obra llega a tener cierto parecido con los libros de caballería. Numerosos episodios y relatos se intercalan en la narración principal, lo que produce un efecto de abundancia exótica. No es sorprendente que se reimprimiera muchas veces e inspirase gran cantidad de poemas, obras de teatro e historias.

Capítulo 4

LA LITERATURA Y LA CONTRARREFORMA

La Contrarreforma —respuesta de la Iglesia católica a la amenaza del protestantismo— fue un fenómeno demasiado complejo para que pueda ser descrito brevemente. No fue una respuesta conservadora y negativa al desafío, sino un intento de revivificar la cultura tradicional de la cristiandad, por una Iglesia que aspiraba a moldear y dirigir esa cultura en todos sus aspectos. El humanismo fue incorporado y dirigido por nuevos caminos y la educación, considerada a justo título como instrumento vital para la tarea que la Iglesia se había señalado: los jesuitas habían de mostrarse particularmente enérgicos en este campo, de manera que, al final del siglo, habían casi adquirido el monopolio en los niveles inferiores de la educación. Muchas de las más grandes figuras de la literatura española de los Siglos de Oro fueron alumnos de los jesuitas. Cervantes (que les prodigó un elogio memorable en *El coloquio de los perros*) asistió quizá a una escuela jesuita; en el caso de Lope de Vega tenemos la certeza. Por medio de sus famosas *ratio studiorum* —las elaboradas reglas que gobernaron sus escuelas desde el final del XVI prescribiendo una educación basada casi por entero en los clásicos—, la Compañía de Jesús llegó a ejercer una de las mayores influencias al moldear la cultura española, como la francesa, de los últimos años de los Siglos de Oro.

Antes de que los protestantes pudieran ser vencidos o contrarrestados con eficacia, la Iglesia católica necesitó definir su propio dogma. Esto fue lo que se hizo en el concilio de Trento, donde los teólogos españoles desempeñaron un papel principal. Aunque entonces acentuados, ni la combatividad de la Iglesia ni su interés por la educación eran nuevos: la Iglesia en España durante Trento y después del concilio siguió el mismo curso que el mercado a principios de siglo por Cisneros. Pero hubo una diferencia importante entre los dos períodos: entre Cisneros y Trento se produjo el movimiento erasmista español y la fructífera tolerancia de aquellos años, que exacerbó a la oposición tradicional. Hacia 1560 los tradicionalistas habían ganado: la España de Felipe II quedó cerrada a las nuevas corrientes de ideas del otro lado de sus fronteras. La vida intelectual no languideció de inmediato: se hicieron, por ejemplo, importantes contribuciones a la teoría económica en la segunda mitad del siglo XVI y en el XVII por hombres que usaron el lenguaje escolástico [1], pero en general toda novedad intelectual fue considerada con suspicacia. El fervor espiritual y la uniformidad religiosa de los últimos años de los Siglos de Oro en España fueron acompañados de una notoria estrechez mental, si es que este último fenómeno no fue un requisito para el primero. Una ley de censura que existía desde 1502 fue reforzada en 1558. Un libro necesitaba antes de publicarse la aprobación de los censores, que se imprimía entre las notas preliminares. La importación de libros extranjeros sin real licencia se castigaba ahora con pena de muerte. La Inquisición española publicó su primer índice expurgatorio (es decir, un índice de libros con permiso para circular después de la supresión de los pasajes ofensivos). Es inútil especular cuánto habían de perder España y la literatura española, cuántos libros permanecerían sin escribir por culpa de estas medidas. Los secretamente heterodoxos fueron silenciados, pero dentro de sus limitaciones doctrinales la literatura española había de alcanzar cimas extraordinarias.

Después de Trento hubo un gran aumento en la publicación

---

1. Véase Marjorie Grice Hutchinson, *The School of Salamanca. Readings in Spanish Monetary Theory, 1544-1605*, Oxford, 1952.

de libros religiosos en España. Indudablemente esto indicaba un fervor intensificado; pero se multiplicaron las publicaciones de todas clases a medida que las imprentas crecieron en número y en eficacia, y se creó un público acostumbrado a la lectura. Es dudoso que el aumento absoluto de las publicaciones religiosas comportase también un aumento relativo. Si la producción librera aragonesa puede considerarse como ejemplo típico, ocurrió lo contrario. Un análisis —asignando necesariamente muchos libros en forma arbitraria a una categoría o a la otra, y contando todas las reimpresiones— de J. M. Sánchez, *Bibliografía aragonesa del siglo XVI* (2 vols., Madrid, 1914), muestra que en el período 1501-1550 las obras religiosas alacanzaron el 63 por ciento del total, y que este tanto por ciento cayó a casi el 50 por ciento en el período 1551-1600. No debe concederse demasiada confianza a estas cifras (aunque no se dispone de mejores), pero parecen ser confirmadas por el creciente caudal de literatura profana que salió de las imprentas en los últimos años del siglo XVI y en el XVII. La presión eclesiástica oficial estuvo constantemente a favor de una literatura moralizadora y, en efecto, se escribieron muchas obras de esta clase, pero, comparándolas con el torrente de literatura ligera y frívola del XVII, sería difícil decir cuál fue el efecto general de la Contrarreforma en la literatura española. La demanda de literatura moralizadora estimuló el retrato realista del hombre y las peripecias verosímiles, y favoreció quizá, por lo tanto, el desarrollo del realismo literario al final del siglo XVI, cuyo apogeo se da con las mejores obras de la tradición picaresca y en Cervantes; pero, incluso en esto, es prudente no perder de vista que ya hubo una afición por el realismo mucho antes de la Contrarreforma, y no siempre por razones moralizadoras, como nos lo recuerda *La lozana andaluza.*

Algunas de las mejores obras del siglo XVI se deben a los ascéticos y a los místicos. Entre los primeros, sobresalen tres: fray Luis de León, fray Luis de Granada y Pedro Malón de Chaide; y, entre los segundos, santa Teresa y san Juan de la Cruz.

Fray Luis de León (1527-1591) nació en Belmonte, oriundo

de algunos antepasados conversos. Ingresó en la orden de los Agustinos y estudió en la universidad de Salamanca, donde fue famoso hebraísta y estudioso de los clásicos. En 1572, la Inquisición le detuvo bajo la acusación de haber puesto en duda la autoridad de la Vulgata y por hacer circular una traducción no autorizada del *Cantar de los cantares*. Se defendió, terminando por triunfar en su proceso, pero hasta 1576, ya con su salud quebrantada, no fue puesto en libertad. Al recobrarla se le confirió otra cátedra en Salamanca y poco antes de morir fue nombrado provincial de su orden. Entre sus escritos hay poesía original (cf. más adelante, págs. 160-169), traducciones en verso de la Biblia y de los clásicos, y varias obras edificantes y devotas en latín y en español, de las que las más conocidas son *De los nombres de Cristo* (Salamanca, 1583); *La perfecta casada* (Salamanca, 1583), *Exposición del Cantar de los cantares* (no publicada hasta 1798) y *Exposición del libro de Job* (acabada en 1591, publicada en 1779).

De los nombres de Cristo es un diálogo llevado por Marcelo, que representa al autor, sobre el significado de los nombres dados a Cristo en el Antiguo y Nuevo Testamento: "Pimpollo", "Camino", "Pastor", etc. Se basa en una teoría escolástica del lenguaje. Como fray Luis expone en *De los nombres de Cristo,* una cosa es perfecta en la medida en que contiene todas las demás, y en este grado se parece a la perfección de Dios que contiene todas las cosas. Parecerse a Dios es la aspiración de todas las cosas: "el pío general de todas las cosas [...]". La mente del hombre puede contenerlas todas, no materialmente sino a través de sus nombres contribuyendo por lo tanto a la unidad del universo.

> Consiste, pues, la perfección de las cosas en que cada uno de nosotros sea un mundo perfecto, para que por esta manera, estando todos en mí y yo en todos los otros, y teniendo yo su ser de todos ellos, y todos y cada uno de ellos teniendo el ser mío, se abrace y eslabone toda esta máquina del universo, y se reduzca a unidad la muchedumbre de sus diferencias; y quedando no mezcladas, se mezclen; y permaneciendo muchas, no

lo sean; y para que, extendiéndose y como desplegándose delante los ojos la variedad y diversidad, venza y reine y ponga su silla la unidad sobre todo. Lo cual es avecinarse la criatura a Dios, de quien mana [...]

(«De los nombres en general»)

Continúa diciendo fray Luis de León que una palabra debe expresar lo más íntimamente posible la naturaleza de lo que nombra, lo cual ocurría en efecto en el lenguaje primero y perfecto hablado por Adán, perfección de la que desde entonces todas las lenguas han decaído. El hebreo conservó algo de esa perfección en el nombre que designa a Dios: "Porque, si miramos al sonido con que se pronuncia, todo él es vocal, así como lo es aquel a quien significa, que todo es ser y vida y espíritu sin ninguna mezcla de composición o de materia". Y los tres signos que forman la palabra simbolizan la Trinidad.

Cuando estemos en la presencia de Dios, nuestra comprensión de él será completa, pero hasta entonces ningún nombre puede explicar su naturaleza; de ahí los muchos nombres que se dan a Cristo en la Biblia, expresando cada uno un aspecto de su naturaleza.

Ésta es, pues, la teoría sobre la que se basa el libro. El resto de la obra explora el sentido profundo de los nombres simbólicos en sí mismos. El alcance del libro está limitado necesariamente por su naturaleza, pero es sin embargo una de las obras más interesantes de su época. Son de especial interés "Pastor" y "Príncipe de la paz". La primera está llena de neoplatonismo y de la atmósfera pastoril del Renacimiento cuando fray Luis describe la inocencia de la vida del (muy idealizado) pastor entre las bellezas de la naturaleza, que no es sólo bella sino moralmente instructiva, ya que los elementos de que está compuesta son una lección visible de armonía o amor (cf. más adelante, página 162). La misma atmósfera y manera de pensar dominan en "Príncipe de la paz", que empieza con estas palabras·

Cuando la razón no lo demonstrara ni por otro camino se pudiera entender cuán amable cosa sea la paz, esta vista hermosa del cielo que se nos descubre ahora, y el concierto que tienen entre sí aquestos resplandores que lucen en él, nos dan de ello suficiente testimonio. Porque ¿qué otra cosa es sino paz, o ciertamente una imagen perfecta de paz, esto que ahora vemos en el cielo, y que con tanto deleite se nos viene a los ojos? Que si la paz es, como San Agustín breve y verdaderamente concluye, *una orden sosegada, o un tener sosiego y firmeza en lo que pide el buen orden,* eso mismo es lo que nos descubre ahora esta imagen. Adonde el ejército de las estrellas, puesto como en ordenanza y como concertado por sus hileras, luce hermosísimo, y adonde cada una de ellas inviolablemente guarda su puesto; adonde no usurpa ninguna el lugar de su vecina [...] [antes] se hacen muestra de amor [...]

Pasajes iguales a éstos casi parecen escritos como un comentario a la poesía de fray Luis, y pueden resultar una ayuda importante para su comprensión puesto que se hacen explícitas ideas que están implícitas en ella, pero que no resultan fáciles de adivinar al lector moderno.

El libro está escrito en un estilo sencillo y elegante a la vez. En su dedicatoria del libro III, fray Luis defiende el haberlo escrito en castellano. Niega la superioridad del latín, pero insiste al mismo tiempo en que el buen español no es el que el vulgo habla sino el resultado de un constante cuidado:

[...] que el bien hablar no es común, sino negocio de particular juicio, así en lo que se dice como en la manera como se dice. Y negocio que de las palabras que todos hablan elige las que convienen, y mira el sonido de ellas, y aun cuenta a veces las letras, y las pesa, y las mide, y las compone, para que no solamente digan con claridad lo que se pretende decir, sino también con armonía y dulzura.

El fray Luis poeta está visible en su prosa no sólo por la vivacidad de muchas de sus imágenes, sino también por su preocupación en cuanto a la armonía del estilo.

La perfecta casada es una descripción de la esposa sin tacha, escrita en forma de extenso comentario de Proverbios, 31. Sus virtudes le mueven a una entusiástica elocuencia.

> Y, a la verdad, si hay debajo de la luna cosa que merezca ser estimada y preciada, es la mujer buena; y en comparación con ella el sol mismo no luce y son obscuras las estrellas.

(«Introducción»)

El tema de fray Luis es la mujer de carne y hueso, no la abstracción idealizada de la ficción romántica. La conocemos en sus tareas diarias, cocinando, limpiando, hilando. Al comentar el verso XIV escribe:

> Y verá que, estándose sentada con sus mujeres, volteando el huso en la mano y contando consejas —como la nave que, sin parecer que se muda, va navegando—, y pasando un día y sucediendo otro, y viniendo las noches y amaneciendo las mañanas, y corriendo, como sin menearse, la obra, se teje la tela y se labra el paño y se acaban las ricas labores; y cuando menos pensamos, llenas las velas de prosperidad, entra esta nuestra nave en el puerto y comienza a desplegar sus riquezas; y sale de allí el abrigo para los criados, y el vestido para los hijos, y las galas suyas y los arreos para su marido [...]

El entusiasmo de fray Luis asciende a una elocuencia casi poética. No sorprende que en un pasado aún cercano el libro haya sido quizá el más leído de los que escribió en prosa.

Fray Luis de Granada (1504-1588), dominico, llevó una vida más retraída que fray Luis de León, aunque desempeñó altos puestos en su orden y fue un predicador célebre. Sus obras figuraron entre las más conocidas en los Siglos de Oro: en especial *Guía de pecadores* (Lisboa, 1556-1557), *Introducción del símbolo de la fe* (Salamanca, 1583). La primera se leyó en países protestantes e incluso por convertidos del Lejano Oriente. Es una exposición de la doctrina cristiana desarrollada con elocuencia y una exhortación a seguir la senda de la virtud.

Introducción del símbolo de la fe tiene un interés mucho

mayor, que desborda de las estrechas orillas de la doctrina, especialmente la primera parte, que es una meditación sobre la grandeza de Dios tal como se nos revela a través de sus obras. El mundo, dice fray Luis, se creó no sólo para el uso del hombre, sino para que disfrutara su hermosura. Las múltiples bellezas del universo son enumeradas en lo que a veces parece un himno a la creación. Fray Luis de Granada cita y parafrasea el *De natura deorum* de Cicerón al hablar de la majestad del universo que revela la majestad de su creador, no sólo en la grandeza de los cielos sino en las montañas y mares de la tierra e incluso en los más pequeños detalles de la creación. Todas las cosas proclaman a Dios.

> Por cierto, Señor, el que tales voces no oye, sordo es; y el que con tan maravillosos resplandores no os ve, ciego es; y el que vistas todas estas cosas no os alaba, mudo es; y el que con tantos argumentos y testimonios de todas las criaturas no conoce la nobleza de su criador, loco es [...] ¿Qué hoja de árbol, qué flor del campo, qué gusanico hay tan pequeño, que si bien considerásemos la fábrica de su corpezuelo no viésemos en él grandes maravillas?
>
> (I, II)

Fray Luis, después de exponer su tema, elogia ahora las varias partes del universo sucesivamente: primero los cuerpos celestes en sus esferas, luego el mundo sublunar compuesto de los cuatro elementos (tierra, aire, fuego y agua) cuyo apacible ayuntamiento fue ordenado por Dios.

> y desta manera se traban y dan la mano unos elementos a otros, y hacen una como danza de espadas, continuándose amigablemente por esta forma los unos con los otros.
>
> (I, VI)

Luego describe cada elemento de la tierra, enumerando la abundancia de vida con que la ha llenado su creador. Habla de la infinita variedad de los peces de la mar:

Pues ¿qué diré de las diferencias de mariscos que nos da la
mar? [...] Y allende desto, ¿qué diré de las conchas de que se
hace la grana fina, que es el ornamento de los reyes? ¿Qué
de las otras conchas y veneras y figuras de caracoles grandes y
pequeños, fabricados de mil maneras, más blancos que la
nieve, y con eso con pintas de diversos colores sembradas por
todos ellos? ¡Oh admirable sabiduría del Criador! ¡Cuán
engrandecidas son, Señor, vuestras obras!

(I, VIII)

Pasa revista a las criaturas de la tierra con tiernos detalles tomados de la observación personal así como de los libros, deduciendo
un beneficio moral de ellos siempre que puede:

Porque el Criador no sólo formó los animales para servicio
de nuestros cuerpos, sino también para maestros y ejemplos de
nuestra vida: como es la castidad de la tórtola, la simplicidad
de la paloma, la piedad de los hijos de la cigüeña para con
sus padres viejos, y otras cosas tales.

(I, XIV, § iv)

Luego fray Luis describe al hombre, primero su cuerpo y sus
funciones, después su inteligencia y alma. Finalmente, explica
los seis días de la Creación para mostrar cómo nacieron todas las
maravillas del universo.

En todo esto fray Luis sigue la enseñanza marcadamente neoplatónica de Hugo de San Víctor y san Buenaventura (entre
otros), según los cuales la providencia de Dios puede leerse en
la belleza y bondad de la naturaleza: lo que el poeta metafísico
inglés del siglo XVII Andrew Marvell llamaría "el libro místico
de la naturaleza".

La parte I (innegablemente la de mayor interés literario) habla del universo armonioso. La parte II trata de las excelencias de
la fe cristiana, las partes III y IV del misterio de la Redención
y la parte V es un sumario del conjunto, con un apéndice sobre
la mejor manera de instruir a los paganos. La obra puede ser
considerada como una enciclopedia de la religión cristiana.

El estilo de fray Luis de Granada es digno de su tema. Es

tan expresivamente elegante como el de fray Luis de León, pero
de una retórica quizá más consciente, mostrando la influencia de
Cicerón en sus frecuentes cuestiones retóricas, apóstrofes, ritmos
equilibrados, y otros procedimientos.

Pedro Malón de Chaide (¿1530?-1589), agustino, estudió en
Salamanca siendo su profesor fray Luis de León y, más tarde,
enseñó en otras universidades antes de llegar a ser prior de la
casa de los Agustinos en Barcelona. Sólo escribió un libro: *La
conversión de la Magdalena* (Barcelona, 1588) que, según declara
en el prólogo, había relegado y finalmente publicó por orden de
su obispo. Está pensado como una alternativa moralmente bene-
ficiosa contra aquellos "libros lascivos y profanos" que corrom-
pen y depravan.

> Porque ¿qué otra cosa son los libros de amores y las *Dianas* y
> *Boscanes* y *Garcilasos*, y los monstruosos libros y silvas de
> fabulosos cuentos y mentiras de los *Amadises, Floriseles* y *Don
> Belianís,* y una flota de semejantes portentos, como hay escritos,
> puestos en manos de pocos años, sino cuchillo en poder del
> hombre furioso?
>
> («Prólogo»)

Niñas que escasamente podían andar llevaban *Diana* en sus bol-
sillos. Otros leían libros de caballerías con preferencia a la Sa-
grada Escritura. (En este puritanismo literario representa a la
época: fray Luis de León, creyendo —como afirma en "Monte"
en *De los nombres de Cristo*— que la poesía es "una comunica-
ción del aliento celestial y divino", sostenía que sólo lo sagrado
era un tema propio para la poesía, ya que todo lo demás estaba
corrompido y era corruptor.)

La obra es una meditación digresiva, discursiva, sobre la vida
de María Magdalena que se ofrece como guía de pecadores oca-
sionales. La primera parte empieza con un relato, de inspiración
neoplatónica, del poder del amor, que se difunde por todo el
universo desde su manantial en Dios y es devuelto a él por sus
criaturas para completar un círculo de amor.

Es el amor un círculo bueno, que perpetuamente se revuelve del bien al bien. Necesariamente ha de ser bueno el amor, pues, naciendo del bien, vuelve otra vez a parar en el mismo bien donde nació; porque el mismo Dios es aquel, cuya hermosura desean todas las criaturas, y en cuya posesión hallan su descanso.

(I, III)

La vida de la Magdalena es una vida de amor, descarriada al principio en los caminos de la lujuria hasta que encuentra su verdadero objeto.

El libro está escrito en un estilo vivo que se mueve con facilidad entre lo coloquial y la retórica adornada, empleando todos los procedimientos adecuados para que el mensaje del autor penetre en el lector. Es un estilo que refleja el arte del predicador. Que Malón de Chaide estaba muy preocupado por las cuestiones de estilo resulta evidente en el prólogo, donde para justificar su decisión de escribir en lengua vulgar alude a *De los nombres de Cristo*,

un librito [...] puesto por un muy curioso y levantado estilo, y con términos tan pulidos y limados y asentados con estremado artificio, en quien se verá la grandeza y majestad de palabras de que nuestra lengua castellana está como preñada, y que tiene gran riqueza y copia y mineros, que no se pueden acabar, de luces y flores y gala y rodeos en el decir [...]

Esto le lleva a un apasionado (incluso nacionalista) panegírico del castellano contra sus detractores. Su preocupación por el lenguaje se extiende de forma no usual en la época a la ortografía, que creía debía de reflejar la pronunciación real y no la etimología.

Es un libro, pues, que ofrece momentos de variado y absorbente interés; pero es preciso admitir que son frecuentes los momentos de tedio, y sólo los muy devotos leerían la obra entera con gusto.

El misticismo (la experiencia de la unión con lo divino) que, si excluimos a Raimundo Lulio, no tuvo precedente medieval en España, llegó a una floración tardía en el XVI por razones que resultan obscuras. En la Edad Media, el misticismo franciscano desarrolló una filosofía del amor que había de ser posteriormente influida por los neoplatónicos del Renacimiento, según los cuales el verdadero amor, la búsqueda de la belleza, era una ascensión en la escala del amor que llevaba a la contemplación de Dios mismo como fuente conjunta de amor y belleza. Quizá el súbito florecimiento del misticismo en España debió algo a la influencia directa de esa doctrina; aunque entonces habría que explicar por qué ocurrió esto especialmente en España y no en otros países. Cualquiera que sea la razón, hacia 1520 empezaron a aparecer en España tratados místicos franciscanos, el más importante de los cuales fue el *Abecedario espiritual* (1525-1554) de Francisco de Osuna, que se compone de seis partes, siendo la más importante el *Tercer abecedario* (Toledo, 1527). Este libro y el de Bernardino de Laredo, *Subida del monte Sión* (1535), ejercieron gran influencia en santa Teresa. El misticismo español alcanzó su apogeo con santa Teresa y san Juan de la Cruz, pero los tratados místicos continuaron apareciendo hasta el final del siglo XVII.

Santa Teresa de Jesús (1515-1582) nació en Ávila en una familia próspera y respetada, aunque su abuelo paterno, un converso, había sido obligado por la Inquisición a hacer penitencia pública por recaer en el judaísmo. Recibió poca instrucción formal, pero fue una mujer activa que, luego de convertirse en monja carmelita en 1534, dedicó su vida a la reforma de la orden. Fundó su primer convento de carmelitas descalzas en 1562. Sus obras más importantes son *Camino de perfección* (Evora, 1583), *El libro de la vida* (Salamanca, 1588), *El castillo interior o tratado de las moradas* (Salamanca, 1588) y *Libro de las fundaciones* (Bruselas, 1610).

En todas estas obras la personalidad de la autora se nos aparece llena de vida. Escritas para sus compañeras de convento —en su mayoría mujeres de escasa instrucción— por encargo de sus superioras, tienen un lenguaje directo y coloquial apropiado, cuya caprichosa ortografía refleja la pronunciación popular. Santa Teresa no teoriza, intenta hacer llegar sus experiencias con la mayor vivacidad posible en una lengua rica en metáforas y giros populares tomados de la vida diaria. Con frecuencia la impresión de una persona determinada en un tiempo y lugar dados nos es comunicada en forma inmediata e ingenua. Pero no lo hace por conseguir este efecto; su intención es didáctica: alcanzar la imaginación de sus lectores lo mejor posible para llevarles por medio de la referencia a lo familiar a un mundo de experiencia que no lo es. Por ejemplo, en su *Vida*, al describir la contemplación y la oración, elige una imagen que es, según ella misma admite, muy tópica: cómo se hace y se cuida un jardín. Explica cómo debe ser regado.

> Paréceme a mí que se puede regar de cuatro maneras: u con sacar el agua de un pozo, que es a nuestro gran trabajo; u con noria y arcaduces, que se saca con un torno (yo lo he sacado algunas veces): es a menos trabajo que estotro y sácase más agua; u de un río u arroyo: esto se riega muy mijor, que queda más harta la tierra de agua y no se ha menester regar tan a menudo, y es a menos trabajo mucho del hortelano; u con llover mucho, que lo riega el Señor sin trabajo ninguno nuestro [...]

Habiendo llegado de esta manera a la imaginación de sus lectores, aplica a continuación la analogía, con la que en los capítulos 11-22 instruye sobre los cuatro niveles de la oración.

La *Vida* (acabada en 1562) es una autobiografía espiritual, con momentos de profundo autoanálisis, escrita con tanta viveza como sus cartas. Impresionó profundamente a sus confesores que la estimularon a escribir una obra más sistemática para uso de sus monjas. Fue entonces cuando compuso *Camino de perfección* (empezado en 1562). El *Libro de las fundaciones* (escrito en 1573) es un relato de la fundación de sus conventos que rivaliza en interés biográfico con su *Vida* y las cartas. *Las moradas* (escrita en 1570) es la más interesante de sus obras espirituales. Describe las siete "mansiones" o habitaciones del castillo del alma. El

alma en su progreso hacia la unión mística pasa a través de tres
mansiones durante la vía purgativa, tres más durante la iluminativa hasta que alcanza la unión en la séptima mansión que es
la más profunda. El proceso es descrito con abundantes metáforas. Explica, por ejemplo, la disposición concéntrica de las
moradas comparándola con un "palmito":

> No habéis de entender estas moradas una en pos de otra como
> cosa en hilada, sino poned los ojos en el centro, que es la
> pieza u palacio a donde está el rey, y considerad como un pal-
> mito, que para llegar a lo que es de comer tiene muchas co-
> berturas, que todo lo sabroso cercan.

Al decir cómo el alma debe ser mortificada para el mundo antes
de aspirar a la unión, describe cómo un gusano de seda "muere"
en su capullo y renace en forma de falena:

> [...] y allí con las boquillas van de sí mesmas hilando la
> seda y hacen unos capuchillos muy apretados, adonde se encie-
> rran; y acaba este gusano, que es grande y feo, y sale del mes-
> mo capucho una mariposica blanca muy graciosa.

Incita a sus monjas a que hilen sus capullos con las oraciones y
penitencias; y el capullo es Cristo, en quien el alma ha renacido.
Esta imagen normal tiene una bella precisión.

No todas sus imágenes son de esta naturaleza sencilla: a veces revela una imaginación de calidad poco usual, como cuando
al describir la morada de "oración de recogimiento", describe
cómo está oración mana suavemente en el alma como una fuente
cuya agua en lugar de correr se convirtiese en la misma fábrica
de la morada:

> Ansí como se entiende claro un dilatamiento u ensanchamiento
> en el alma, a manera de como si el agua que mana de una
> fuente no tuviese corriente, sino que la mesma fuente estu-
> viese labrada de una cosa que mientras más agua manase más
> grande se hiciese el edificio [...]

Rara vez una experiencia tan remota puede haber sido comunicada con efecto tan íntimo y conmovedor.

También era poeta santa Teresa. El número de poesías atribuidas a ella en los manuscritos asciende a más de cuarenta, pero son muy pocas las que se le pueden atribuir con completa confianza. La bella poesía "Véante mis ojos" que aparece con su nombre en las antologías es de dudosa atribución; y, si hemos de excluir aquélla, entonces es forzoso reconocer que su inspiración poética fue mediocre: no encontramos en el resto de su lírica nada que se pueda equiparar con las muchas páginas conmovedoras de sus escritos en prosa [2].

San Juan de la Cruz (1542-1591), cuyo nombre de pila era Juan de Yepes, nació en la provincia de Ávila como santa Teresa. Se graduó en la universidad de Salamanca e ingresó en la orden del Carmelo en 1563. Su conexión con el movimiento de reforma iniciado por santa Teresa motivó su encarcelamiento en 1577 por culpa de los indignados residentes de un monasterio no reformado de Toledo, donde sufrió duro tratamiento. Escapó después de ocho meses, durante los que compuso la mayoría (quizá todos) de los poemas que le hicieron famoso.

San Juan permanece como poeta, y así será más apropiado reservar la mayor parte de la discusión de su obra para el capítulo siguiente. Sus obras en prosa son comentarios sobre su poesía y sólo a esa luz son considerados usualmente; pero tienen méritos intrínsecos y merecen estudiarse por derecho propio. Para su poema "Noche oscura" escribió dos comentarios: *Subida del monte Carmelo,* de un vuelo demasiado errante para poder servir de mucha ayuda a la compresión del poema, y *Noche oscura,* que se detiene en el primer verso de la tercera estrofa. Con ellos se publicó en 1618 *Llama de amor viva* (poema y comentario). *Cántico espiritual* apareció en Bruselas en 1627.

La obra de san Juan incorpora experiencias tan personales y profundas como las de santa Teresa. Inevitablemente, a causa

2. Véase santa Teresa, *Obras completas,* ed. Efrén de la Madre de Dios y Otger Steggink, BAC, Madrid, 1967, pág. 499; y BAE, LIII, pág. 507.

de la naturaleza de la experiencia, se vale de metáforas y símiles tanto como santa Teresa, pero sus imágenes evidencian una mayor cultura literaria. Por ejemplo, en su comentario sobre el verso "El canto de la dulce filomena" en el *Cántico espiritual* escribe:

> Lo que nace en el alma de aquel aspirar del aire es el canto de la dulce filomena; porque así como el canto de la filomena, que es el ruiseñor, se oye en la primavera, pasados ya los fríos y lluvias del invierno, y hace melodía al oído y al espíritu recreación, así en esta actual comunicación y transformación de amor, amparada ya la esposa y libre de todas las turbaciones y variedades temporales y desnuda y purgada de las imperfecciones y penalidades y nieblas naturales, siente nueva primavera en su espíritu [...]

Todo el pasaje es literario en sus asociaciones: el mismo nombre "filomena" indica el origen literario de la escena. El pasaje es hermoso, pero su belleza es de un carácter totalmente diferente comparado con la espontaneidad coloquial del estilo de santa Teresa. Al comentar el verso "Los valles solitarios nemorosos", escribe:

> Los valles solitarios son quietos, amenos, frescos, umbrosos, de dulces aguas llenos, y en la variedad de sus arboledas y suave canto de aves hacen gran recreación y deleite al sentido, dan refrigerio y descanso en su soledad y silencio. Estos valles es mi amado para mi.

Tales valles existen por cierto, pero el tono del fragmento sugiere que está describiendo un clisé paisajístico de la misma clase que podía haber encontrado en Garcilaso o en cualquier escritor pastoril del Renacimiento.

Inevitablemente, ya que su estilo está formado por la lengua literaria usual, la obra en prosa de san Juan no nos presenta a su autor con el vigor de la de santa Teresa, que traslada al papel la charla viva de una mujer del XVI como cuando escribe de recuerdos que vagan por la memoria, cuales "mariposicas de la noche, importunas y desasosegadas". La calidad de la prosa de san Juan es menos vívida, menos original, pero aun así hay momentos en que su prosa asciende casi, aunque nunca del todo, al nivel de su poesía.

De los otros escritores religiosos del período quizá el más interesante sea el místico franciscano fray Juan de los Ángeles (¿1536?-1609), cuyas obras más conocidas son *Diálogos de la conquista del espiritual y secreto reino de Dios* (Madrid, 1595) y *Lucha espiritual y amorosa entre Dios y el alma* (Madrid, 1600).

La Contrarreforma acentuó un fenómeno que antes de fines del siglo XV tuvo poca importancia en España, aunque mucha en algunos otros países: la parodia religiosa, o la reelaboración de la literatura profana a lo divino. Poetas como fray Ambrosio Montesino refundieron numerosos poemas ajenos, tradicionales o populares en general; Juan del Encina rehizo en ese sentido varios de los suyos. El movimiento aumentó en el siglo XVI alcanzando su cima en los últimos años del siglo y comienzos del siguiente, agotándose hacia 1625. En aquel tiempo innumerables poemas se refundieron, o fueron "contrahechos a lo divino", como se decía entonces. Se hicieron *contrafacta*[3] de toda clase de poemas, aunque predominaron villancicos, romances, y otras formas tradicionales ya que éstas eran cantadas y la música desempeñaba una parte crucial en el movimiento. Casi todas las *contrafacta* se compusieron para ser cantadas con melodías populares[4]. La mayoría de estas versiones fueron escritas por mediocridades, pero hay también muchos ejemplos logrados. Lope de Vega fue uno de los muchos buenos poetas que escribieron a lo divino.

No sólo la poesía tradicional fue reelaborada en este sentido. Un tal Sebastián de Córdoba publicó *Las obras de Boscán y Garcilaso trasladadas en materias cristianas y religiosas* (Granada, 1575), en las cuales las obras completas de estos poetas son re-

3. B. W. Wardropper, *Historia de la poesía lírica a lo divino en la Cristiandad occidental*, Madrid, 1958, pág. 6. La boga de la poesía a lo divino se examina desde otro punto de vista muy distinto por John Crosbie en su artículo «Amoral "a lo divino" poetry in the Golden Age», *MLR*, 66, 1971.
4. Wardropper, *op. cit.*, pág. 7.

modeladas. Córdoba hizo los menores cambios posibles en los textos, de tal manera que las voces originales no quedan enteramente ahogadas, y en su poesía expresa un auténtico amor por ella: "enamorado de su alto y suave estilo, vine a pensar si en devoción podrían sonar tan dulces". Mostró ingenuidad y hasta cierto buen gusto en sus nuevas versiones, pero es inevitable que el resultado sea desconcertante para los admiradores modernos de los dos poetas [5].

El movimiento a lo divino tomó letras de danzas populares (incluso bailes "indecentes" como la zarabanda y aun los "escarramanes"), y también fueron convertidos en alegorías, juegos y pasatiempos, como los *Juegos de Noche Buena* de Alonso de Ledesma (cf. más adelante, cap. 8). Nada fue considerado inapropiado: en una época de fe no hay barrera entre lo profano y lo divino, pues lo uno puede alimentar a lo otro. Una luminosa anécdota nos cuenta que san Juan de la Cruz cantaba, al tiempo que bailaba sosteniendo en sus brazos una imagen del niño Jesús cogida de una cuna, las palabras de una antigua canción de amor:

> Si amores me han de matar
> agora tienen lugar.

En esta extática mezcla de lo secular y de lo divino parece encarnar el espíritu de una época.

Se pretende que la Contrarreforma ha dejado su huella en otro aspecto de la poesía. Se ha discutido que la influencia de los *Ejercicios espirituales* de san Ignacio, que comprenden una técnica sistemática de meditación, puede ser observada en la poesía religiosa en los últimos años del siglo XVI y en el siglo XVII [6]. En los ejercicios se requiere ante todo del que medita que visualice claramente el tema de su meditación: la famosa "composición de lugar". Luego concentra las "tres potencias del alma"

---

5. Parte de la obra de Córdoba ha vuelto a reimprimirse: véase *Garcilaso a lo divino*, edición crítica de Glen R. Gale, Madrid, 1971.
6. Véase Louis L. Martz, *The Poetry of Meditation*, New Haven, 1954.

—memoria, entendimiento y voluntad— en los principales puntos seleccionados para la meditación. Ésta termina, finalmente, con un coloquio dirigido a Dios, al Hijo, o a la Virgen "hablando como un amigo habla al otro o un sirviente a su amo; una vez pidiéndole algún favor, otra censurándose por algun mal cometido [...]". Es indudable que los ejercicios ignacianos fueron ampliamente practicados (incluso fuera de los países católicos) y deben de haber contribuido a formar los esquemas meditativos de los poetas que experimentaron su influencia. Ésta sin duda ha sido también exagerada: ver "composición de lugar" en toda escena claramente visualizada en la poesía devota, o coloquio ignaciano en todo llamamiento poético a la deidad, es no saber discriminar. Sólo cuando todos los elementos ignacianos están unidos en una meditación poética, queda justificado alegar la influencia de los ejercicios, pero tales ejemplos son poco corrientes. El famoso soneto anónimo (y sin fecha, aunque es probable que sea del siglo XVII) "A Cristo crucificado" ("No me mueve mi Dios para quererte") es un ejemplo de un poema que puede haber sido un texto para la meditación, pero no se puede relacionar con ningún esquema especial de meditación.

La Contrarreforma ha sido considerada por algunos responsable de una manera de percibir y representar la realidad en forma claramente "barroca" [7]. La evidencia es dudosa en el mejor de los casos y los argumentos frecuentemente son especiosos.

---

7. Véase, por ejemplo, Stephen Gilman, «An Introduction to the Ideology of the Baroque in Spain», *Sym*, I, 1946.

Capítulo 5

LA POESÍA DEL SIGLO XVI
DESPUÉS DE GARCILASO

En la dedicatoria a la duquesa de Soma con la que prologó sus poemas italianizantes, Boscán escribió:

> De manera que este género de trobas, y con la autoridad de su valor propio y con la reputación de los antiguos y modernos que le han usado, es dino no solamente de ser recebido en una lengua tan buena como es la castellana, mas aun de ser en ella preferido a todos los versos vulgares. Y así pienso yo que lleva camino para sello. Porque ya los buenos ingenios de Castilla, que van fuera de la vulgar cuenta, le aman y le siguen y se ejercitan en él tanto, que si los tiempos con sus desasosiegos no lo estorban, podrá ser que antes de mucho se duelan los italianos de ver lo bueno de su poesía transferido en España. Pero esto está aun lejos [...]
>
> (ed. cit., pág. 91)

Boscán vio el futuro con claridad. La aceptación del nuevo estilo entre "los buenos ingenios de Castilla" fue rápida. Al principio estos ingenios eran principalmente poetas cortesanos del círculo de Garcilaso y de Boscán, nobles instruidos cautivados por el prestigio de la cultura italiana [1]. Diego Hurtado de Men-

---

1. Para los poetas de los que se habla en este capítulo, es conveniente consultar A. Terry, *An Anthology of Spanish Poetry 1500-1700*, parte I,

doza (1503-1575), uno de los hombres más brillantes de su época, fue uno de los primeros convertidos y su amistad íntima con Boscán queda patente en las epístolas en *terza rima* que intercambiaron. El portugués Francisco Sa de Miranda (1481-1558), la mayoría de cuyas obras están escritas en castellano, fue otro de los primeros convertidos. Y el primer poeta portugués que escribió en el nuevo estilo, aunque no abandonó por completo el antiguo. Tenía un evidente conocimiento de primera mano de los poetas italianos, pero Garcilaso fue su modelo en gran parte de sus poemas y, como él, escribió poesías inspiradas por Isabel Freire a la que conoció en la Corte portuguesa. No consiguió un dominio completo del nuevo estilo: su poesía, aunque es conmovedora a veces, es a menudo defectuosa e inerte. En general, la primera generación de los que siguieron la dirección de Boscán y Garcilaso no captó con seguridad el nuevo estilo. Así sucede con Diego Hurtado de Mendoza, que escribió algunos poemas muy bellos en la métrica tradicional, pero cuyos poemas italianizantes, en especial sus sonetos, son con frecuencia torpes e inexpresivos, aunque sus canciones, quizá porque por su forma más suelta resulten menos crispadas, son mucho más expresivas. Gran parte de las mejores obras de muchos poetas como éstos fue escrita al estilo antiguo, que de ninguna manera quedó eclipsado (como muestran las ediciones sucesivas del *Cancionero general*) y había de volver al favor del público al final del siglo. Lope de Vega hablaba con orgullo de la poesía antigua en el prólogo a su *Isidro* (1599): "¿Qué cosa iguala a unas redondillas de Garci Sánchez, o don Diego de Mendoza? —perdone el divino Garci Laso [...]".

Sin embargo, a medida que el siglo progresaba, un número de poetas cada vez mayor de los que escribían para el público culto se cambió a la manera nueva. En efecto, después de Gar-

---

Oxford, 1965. A. Rodríguez-Moñino nos recuerda en su *Construcción crítica y realidad histórica en la poesía española de los siglos XVI y XVII* (Madrid, 1965) que la mayoría de los poetas españoles de los Siglos de Oro no vieron sus obras impresas en vida. Alguno de los poetas más valorados hoy fueron desconocidos para sus contemporáneos.

cilaso, todos aquellos poetas del siglo XVI (es decir, que murieron o compusieron lo mejor de su obra antes de 1600) que nos parecen los más sobresalientes de esa época, escribieron casi todo o todo en el estilo nuevo, procedente en su casi totalidad de Petrarca, cuya presencia se siente por doquier. La historia de la poesía "cortesana" española (distinguiéndola de la escrita en metros tradicionales), en el último período del XVI, es en gran parte la historia de la asimilación y adaptación de Petrarca. La victoria del petrarquismo no es difícil de comprender, porque Petrarca había creado un lenguaje poético rico y flexible a la vez. Podía expresar los sentimientos más profundos lo mismo que los más ligeros. Para los no italianos que conocieron a Petrarca en el siglo XVI significaba una vasta extensión de sensibilidad.

La imaginería característica de Petrarca se convirtió en el lenguaje poético convencional del amor que, en parte, persiste en nuestros días [2]. Cuando la mujer es perfecta sólo puede ser descrita con hipérbole: sus ojos son más brillantes que el sol, sus dientes más bellos que perlas, su frente más blanca que la nieve. Siendo un ideal, es inalcanzable, incluso desdeñosa: es toda nieve y hielo, el enamorado todo fuego sufriendo alternativamente esperanza y desesperación, y de este modo la antítesis es esencial en la retórica petrarquista, ya que la propia experiencia amorosa de Petrarca cayó dentro de lo que llamamos "amor cortés", aunque él enriqueció muchísimo su variedad de expresión y sensibilidad. El manantial de la imaginería petrarquista fue toda la naturaleza, el universo. Las imágenes que brotaban de la imaginación inventiva de Petrarca para expresar los sufrimientos del amor, la sumisión del enamorado a su destino, sus precarias alegrías —salamandras que sobrevivían al fuego, falenas buscando la muerte en una llama— se convirtieron en temas de infinitas variaciones durante los siglos XVI y XVII. En Italia, como más tarde en otros países, los poetas petrarquistas trataron de reanimar la tradición buscando nuevos efectos sorprendentes, de

2.   Véase L. Forster, *The Icy Fire. Five studies in European Petrarchism,* Cambridge, 1969.

manera que hubo una tendencia constante hacia una explotación más ingeniosa de los temas antiguos, o de extensión de la imaginería a nuevos campos. Por ejemplo, la mariposa (o falena) de Petrarca cegada por los brillantes ojos de Laura sugirió numerosos poemas por toda Europa en el siglo XVI sobre insectos cuya muerte era causada por la belleza de una dama; en Tasso es un mosquito el que pica su pecho, en otros (incluyendo más tarde Lope de Vega) una pulga [3]. Pero este culto de la ingeniosidad no fue una tendencia marcada en el petrarquismo español hasta el siglo XVII. En el XVI los poetas se contentaban en general con lo familiar.

La poesía no era sólo un medio de expresión, tenía también un aspecto social, sobre todo en los círculos de la Corte donde el petrarquismo ocupó el lugar que había sido tomado antes por la poesía amorosa de métrica tradicional recogida en los cancioneros. Hubo por lo tanto mucha galantería vacía, pero también mucha poesía auténtica. Hernando de Acuña (1518-¿1580?) es un ejemplo típico. Escribió con abundancia y casi exclusivamente en el nuevo estilo. Sus sonetos, églogas y otros poemas pocas veces sobrepasan las limitaciones de una aptitud mediocre. Un puñado de sonetos sobresale por encima de los demás. El que más se recuerda (de manera justificada porque es una obra vigorosa) no es un poema amoroso: es "Al Rey nuestro señor", profecía dirigida a Carlos V prometiendo al mundo "un monarca, un imperio, una espada". Acuña tradujo *Le chevalier délibéré* de Olivier de la Marche por encargo de aquél, y parte del *Orlando* de Boiardo por su propia cuenta.

Gutierre de Cetina (antes de 1520-¿1557?), del que se sabe poco, escribió una poesía mucho más bella. Al igual que otros imitó y tradujo con libertad, principalmente del italiano pero, en ciertas ocasiones, del valenciano Ausias March cuya influencia no debe subestimarse en la poesía castellana del siglo XVI. Su antológico madrigal "Ojos claros, serenos" es encantador, pero

3. Véase R. O. Jones, «Renaissance Butterfly, Mannerist Flea: Tradition and Change in Renaissance Poetry», *MLN*, LXXX, 1965.

tiene poemas mucho mejores y más densos que éste. Sus sonetos son siempre fluidos y de unas imágenes que demuestran inventiva dentro de los límites de la poesía petrarquista. Algunos de ellos tienen además una fuerza lógica impresionante.

Gregorio Silvestre (1520-1569) empezó en el estilo antiguo y, como nos dice Pedro de Cáceres y Espinosa en el prólogo a las *Obras* (1582) de Silvestre, cambió al nuevo cuando vió su éxito. Su poesía es menos meliflua y de más fuerza que la de Cetina, y sus sonetos religiosos son mejores que los amorosos. Parte de lo mejor de su obra está compuesta en estilo antiguo. Otros poetas de segunda fila que contribuyeron al petrarquismo español del siglo XVI son Jerónimo de Lomas Cantoral (h. 1538-1600), Francisco de Figueroa (1536-¿1617?) y Pedro Laínez (h. 1538-1584). El portugués Luis de Camões (1524-1579) escribió cierto número de poemas castellanos en los estilos tradicional e italianizante. Son sensitivos, imaginativos e ingeniosos, aunque no se puede deducir de ellos la gran distinción de Camões en su propio idioma. Luis Barahona de Soto (1548-1595) es más interesante que la mayor parte de los poetas menores antes mencionados. Su poesía lírica incluye cierta cantidad de poemas amorosos acertados escritos en el estilo tradicional (entre los cuales diez *Lamentaciones*), así como poemas en el estilo italiano. Sus sonetos son inferiores a sus elegías, y éstas a sus canciones y sus cinco églogas, imitaciones de Garcilaso que captan algo de la atmósfera de su modelo. *Las lágrimas de Angélica* (1586), obra que quedó incompleta, es una imitación de Ariosto que contiene versos muy hermosos.

Uno de los más interesantes entre los petrarquistas menores de este período es Francisco de la Torre, cuyas obras fueron publicadas por Quevedo en 1631 a partir de un manuscrito que encontró y creyó ser del siglo XV. Nada se sabe del poeta, pero su estilo indica que escribió en los últimos años del siglo XVI. Su poesía es totalmente amatoria. Muestra predilección por dos escenarios: escenas pastoriles (tiene siete églogas) y la noche. Sus numerosos poemas a la noche han sido llamados románticos: son en efecto conmovedores y evocativos, pero una vez más sus temas derivan del petrarquismo italiano (indirectamente del "Hor che'l ciel e la terra e'l vento tace" de Petrarca).

Gran parte de la poesía del siglo XVI fue, pues, dominada por un modelo. La teoría poética de la época hizo de la imitación una regla esencial. Francisco Sánchez, "el Brocense", en su comentario a Garcilaso (Salamanca, 1674) escribió:

> [...] digo, y afirmo, que no tengo por buen poeta al que no imita los excelentes antiguos. Y si me preguntan por qué entre tantos millares de poetas como nuestra España tiene, tan pocos se pueden contar dignos de este nombre, digo que no hay otra razón sino porque les faltan las ciencias, lenguas y doctrina para saber imitar.

Éste era el punto de vista ortodoxo (si extendemos la palabra "antiguos" para incluir modelos modernos considerados dignos de imitación).

La teoría literaria del Renacimiento se apoyaba en la creencia fundamental, con frecuencia defendida sin precisión, de que aunque la poesía, cual las otras artes, había sido definida por Aristóteles como una imitación de la naturaleza, ésta no significaba imitación de los fugitivos aspectos particulares de la naturaleza, sino de lo ideal o de los principios más allá de lo visible y de lo efímero. Tasso proporcionó cierta precisión a esta idea cuando escribió en sus *Discorsi* (1594) que las imágenes o representaciones del poeta son de "cosas que subsisten". Continúa:

> Pero de qué cosas diremos que son subsistentes, ¿las inteligibles o las visibles? Las inteligibles con seguridad, y una vez más basándonos en la autoridad de Platón que colocó las cosas visibles en la categoría del no-ser, y sólo las inteligibles en la del ser.

Sería peligroso y hasta erróneo atribuir esto como creencia consciente a todo poeta de la época, pero sin duda algún aspecto de esta actitud estaba en cierto modo generalizado, aunque sólo sea en forma de la convicción de que el poeta trataba de lo ideal o lo universal, no de lo particular y local. Esto a la vez apoyaba la creencia de que la poesía se vinculaba a proposiciones generales, no las exclusivamente personales: un poema debido a una experiencia personal se dirigía casi invariablemente hacia una conclusión general, con frecuencia una máxima o una *sententia* o una deducción lógica. De este modo, incluso un poema lírico podía ser considerado como instructivo o beneficioso, cumpliendo por lo tanto el dicho de Horacio que el fin de la poesía era "prodesse et delectare" ("enseñar deleitando" como se decía en español). Esta última nota iba a ser acentuada por la Contrarreforma.

El apogeo del movimiento petrarquista del siglo XVI en España es alcanzado por la poesía de Fernando de Herrera (1534-1597), "el Divino", que nació en Sevilla donde transcurrió su vida. Era de nacimiento humilde y en 1565 había conseguido ya un pequeño beneficio lego en la iglesia de San Andrés. Era miembro de un círculo artístico y literario que se reunía en el palacio del conde de Gelves, en el que figuraban muchas de las figuras más conocidas de la vida cultural de la ciudad: Juan de Mal Lara, el pintor y poeta menor Francisco Pacheco, el historiador Argote de Molina, Juan de la Cueva y otros. La condesa de Gelves, doña Leonor de Milán, fue la inspiradora de la poesía amorosa de Herrera. Su amor puede haber sido en parte tema del convencionalismo cortesano, pero su poesía tiene resonancia de estilizada pasión y, en ciertos poemas, se representa a doña Leonor correspondiéndole en su amor. Parece que Herrera dejó de escribir poesía a la muerte de ella en 1581. Al año siguiente, quizá como tributo a su memoria, publicó *Algunas obras* (Sevilla, 1582), el único volumen de sus poemas publicado en vida. Pacheco editó una colección "corregida" y aumentada en 1619, pero se discute la autenticidad de los cambios que hizo.

Herrera fue un puro hombre de letras, a diferencia de la mayoría de los otros poetas de su siglo, que gozó de gran fama en su época no sólo como poeta sino como historiador y árbitro literario. Entre sus obras figuran una *Relación de la guerra de Chipre y batalla naval de Lepanto* (Sevilla, 1572) y *Tomás Moro*

(Sevilla, 1592). En poesía fue atraído al principio por lo heroico: una de sus obras perdidas fue una *Gigantomaquia,* sobre la rebelión de los Titanes, y otra de aquéllas, una historia del mundo.

Herrera publicó una edición y comentario de Garcilaso, *Obras de Garcilaso de la Vega con anotaciones* [...] (Sevilla, 1580), obra de inestimable importancia. Mostró gran interés por la teoría literaria y entre sus proyectos figuraba un *Arte poética.* Sus *Anotaciones* son algo más que notas a un clásico moderno: son también una exposición del punto de vista de Herrera sobre la poesía y la dicción poética. Su admiración hacia Garcilaso era inmensa, pero no acrítica: comenta agudamente lo que le parecen ejemplos de dicción no poética y de imágenes sin valor. Para Herrera la claridad es la suprema calidad en poesía:

> Es importantísimo la claridad en el verso, y si falta en él, se pierde toda la gracia y la hermosura de la poesía [...] porque las palabras son imágenes de los pensamientos, debe ser la claridad que nace della luciente, suelta, libre, blanda, entera; no oscura, ni intrincada, no forzada, no áspera y despedazada [...] Cáusase la claridad de la puridad y elegancia.

El objetivo es digno de elogio. Para alcanzarlo Herrera adopta una actitud esencialmente aristocrática en cuanto al lenguaje, ya que la poesía, según creía, requiere una dicción muy distinta del habla corriente. Al comentar la palabra "alimaña" en la canción V de Garcilaso escribe:

> Dicción antigua y rústica, y no conveniente para escritor culto y elegante. Porque ninguna cosa debe procurar tanto el que desea alcanzar nombre con las fuerzas de la elocución y artificio, como la limpieza y escogimiento y ornato de la lengua. No la enriquece quien usa vocablos humildes, indecentes y comunes, ni quien trae a ella voces peregrinas, inusitadas y no significantes; antes la empobrece con el abuso.

Puede que la palabra comenzara a considerarse arcaica, aunque todavía era perfectamente aceptable para fray Luis de León. Era casi con seguridad lo vulgar de la palabra lo que molestaba a

Herrera, del mismo modo objeta al verso 363 de la égloga III ("tener al pie del palo quien se duela"): "Metáfora sacada de lugar humilde y odioso". Del verso 186 de la elegía I escribe: "Aunque con este modo quiso moderar lo que decía, es humilde verso". Y en el verso 205 del mismo poema: "Común y humilde modo de hablar es el que usa aquí G. L.". Estos comentarios se compaginan con la reafirmación que hace Herrera de la antigua doctrina de los tres estilos de poesía: alto, medio y bajo. Un estilo apropiado a un tema era inadecuado a otro. Ésta es una opinión a la que en general Garcilaso mismo hubiera suscrito, pero sin duda sin la inflexibilidad de Herrera.

Comentarios como éstos crearon resentimiento en un lector por lo menos, cuya respuesta (que permaneció inédita hasta 1870) lleva el título de *Observaciones del Licenciado Prete Jacobín, vecino de Burgos, en defensa del Príncipe de los Poetas Castellanos Garci-Lasso de la Vega, natural de Toledo, contra las Anotaciones de Fernando de Herrera, Poeta Sevillano*. Ya el mismo título respira el orgullo castellano herido: las susceptibilidades regionales desempeñaron sin duda su papel en la controversia, pero el crítico —don Juan Fernández de Velasco, condestable de Castilla— tenía mucha razón por su parte cuando ridiculizaba la frecuente pedantería y falta de pertinencia y lógica de Herrera. Éste en su réplica (también sin imprimir hasta 1870) no se retracta; de hecho, afirma con mayor energía todavía la legitimidad de su crítica a Garcilaso, "porque más le sirvió el ingenio y naturaleza que el arte". Insiste en la doctrina de los estilos:

> Lícito es a todos [...] usar alguna vez de voces vulgares y despreciadas en sátiras y en epístolas familiares, pero en una canción levantada, en una elegía culta y en un soneto de argumento noble y amoroso, y en los poemas generosos y bien ornados, no es ni puede ser lícito, porque conviene que sean limpios y escogidos todos los vocablos con que aderezan y tejen sus versos los poetas más elegantes, y no se entorpezcan y afeen con la unión de voces bajas y humildes [...]

La mejor poesía de Herrera es la amorosa en la que se expresa en el lenguaje de Petrarca, aunque es perceptible la influencia de Ausias March y los cancioneros. Le da con apelaciones variadas un nombre poético a la dama a quien se dirige: Luz, Lumbre, etc., lo que le permite la misma clase de juego con las imágenes y la asociación que encontramos en Petrarca (Laura, *l'aura*, etc.). Luz puede ser asociada con el sol, con el fuego, con los cielos por lo general: se adapta al giro petrarquista y adquiere al mismo tiempo una significación cósmica.

Como Herrera es de una inspiración predominantemente petrarquista, su poesía tiene escasa originalidad temática: ésta reside en el vigor y en el color con los que Herrera impregnó la expresión que había tomado prestada. Da a las antiguas antítesis —fuego/hielo o nieve, esperanza/desesperación— una nueva vida. Su imaginería también es más vívida y más variada que en la mayoría de sus contemporáneos. Éste es un buen ejemplo:

> Cubre en oscuro cerco y sombra fría
> del cielo puro el resplandor sereno
> l'húmida noche, y yo, de dolor lleno,
> lloro mi bien perdido y mi alegría.
>> Ningún alivio en la miseria mía
> hallo; de ningún mal estoy ajeno;
> cuanto en la confusión nublosa peno,
> padesco en la rosada luz del día.
>> En otro nuevo Cáucaso enclavado,
> mi cuidado mortal y mi deseo
> el corazón me comen renovado,
>> do no pudiera el sucesor d'Alceo
> librarme de tormento no cansado,
> qu'ecede al del antiguo Prometeo.

El enamorado se lamenta noche y día; pero "luz" es también Luz: aun su presencia no ilumina su sufrimiento ya que es inaccesible para él. El dolor le consumirá del mismo modo que el águila come el hígado de Prometeo y Hércules mismo no podría aliviarle: Luz permanecerá alejada.

Herrera valoraba la dicción enérgica. Comentando a Cetina en sus *Anotaciones* escribió:

> En Cetina [...] se conoce la hermosura y gracia de Italia; y en número, lengua, terneza y afectos ninguno le negará lugar con los primeros, más fáltale el espíritu y vigor, que tan importante es en la poesía; y así dice muchas cosas dulcemente pero sin fuerzas [...]

Justamente como esos escultores —Herrera continúa— que esculpen la figura de un joven hermoso "no mostrando alguna señal de niervos y músculos". Herrera tiene "niervo y músculo" en su mejor poesía. El soneto IV empieza:

> El sátiro qu'el fuego vio primero,
> de su vivo esplendor todo vencido,
> llegó a tocallo; mas probó encendido
> qu'era, cuanto hermoso, ardiente y fiero.

La imagen tiene fuerza y vida, y es una notable variación sobre el tema común de los peligrosos fuegos del amor.

Pero el vigor no excluye la suavidad: el soneto XXVIII se inicia con la limpidez del mejor Cetina:

> Süave Filomena, que tu llanto
> descubres al sereno y limpio cielo
> [...]

En algunas ocasiones Herrera consigue también la nota patética, como cuando en la elegía III describe la ocasión en que doña Leonor correspondió a su amor en un momento de abandono:

> Cuando del claro cielo se desvía
> del sol ardiente el alto carro a pena,
> y casi igual espacio muestra el día,
> con blanda voz, qu'entre las perlas suena,
> teñido el rostro de color de rosa,
> d'honesto miedo, y d'amor tierno llena,
> me dijo así la bella desdeñosa

qu'un tiempo me negara la esperanza,
sorda a mi llanto y ansia congojosa:
«Si por firmeza y dulce amar s'alcanza
premio d'Amor, yo ya tener bien debo
de los males que sufro más holganza.
    Mil veces, por no ser ingrata, pruebo
vencer tu amor, pero al fin no puedo;
qu'es mi pecho a sentillo rudo y nuevo.
    Si en sufrir más me vences, yo t'ecedo
en pura fe y afetos de terneza:
vive de hoy más ya confiado y ledo».

No toda la poesía de Herrera es amatoria. Escribió también cierto número de odas patrióticas y heroicas. Una de las más conocidas es la *Canción a la batalla de Lepanto* (1571) donde las flotas cristianas combinadas bajo el mando de don Juan de Austria derrotaron a los turcos. Para su oda Herrera adoptó un tono deliberadamente bíblico, reflejando sin duda la creencia común en la España de la Contrarreforma que los españoles eran el pueblo elegido para defender a la Iglesia. En el poema se intercalan paráfrasis de los salmos. El efecto es con frecuencia sonoro y majestuoso.

    Cantemos al Señor, que en la llanura
venció del mar al enemigo fiero.
Tú, Dios de las batallas, tú eres diestra,
salud, y gloria nuestra.
Tú rompiste las fuerzas y la dura
frente de Faraón, feroz guerrero.
Sus escogidos príncipes cubrieron
los abismos del mar, y decendieron
    cual piedra en el profundo; y tu ira luego
los tragó, como arista seca el fuego.

El tono solemne se mantiene en toda la obra.

En 1578 Herrera escribió la *Canción por la pérdida del rey don Sebastián,* sobre la aplastante derrota que sufrieron los portugueses en Alcazarquivir, en el norte de África, donde la mal

planteada cruzada de Sebastián de Portugal fue abruptamente
detenida, su ejército aniquilado y muerto el rey Sebastián cuyo
cuerpo no se encontró nunca. Herrera considera la derrota como
castigo del orgullo. Una vez más adopta la actitud del salmista y
truena con la grandilocuencia de un Milton:

> Ay de los que pasaron, confiados
> en sus caballos y en la muchedumbre
> de sus carros en ti, Libia desierta;
> [...]
> Y el Santo d'Israel abrió su mano
> y los dejó, y cayó en despeñadero
> el carro, y el caballo y caballero.

La obra de Francisco de Aldana (1537-1578), uno de los
poetas españoles más notables del siglo XVI, pero hasta hace poco
uno de los menos leídos, aporta una nota muy diferente en la
poesía española de la época. Aldana nació en Italia, probablemente en Nápoles. En 1540 su familia se trasladó a Florencia,
donde vivieron bajo la protección de Cosme de Médicis. En la
obra de Aldana se disciernen con facilidad muchas huellas de su
contacto con el neoplatonismo florentino. Militar, combatió y fue
gravemente herido en los Países Bajos, y en 1578, como comandante en jefe del ejército portugués, murió en la batalla de Alcazarquivir junto al rey don Sebastián que había pedido permiso
a Felipe II para que Aldana le acompañase. Aldana, como el rey
Sebastián, desapareció sin dejar rastro.

La mayor parte de la poesía de Aldana se incluye temáticamente dentro del repertorio poético general del período: sonetos
amorosos, muchos de ellos de escenario pastoril; poemas mitológicos (Fábula de Faetonte); un episodio reelaborado a partir
de Ariosto (Medoro y Angélica); poemas religiosos (Canción a
Cristo crucificado); epístolas en verso; etc. Los elementos dis-
tintivos son la viveza y la originalidad de su imaginería, el peso
intelectual y el vigor concentrado de su expresión. Leyendo a
Aldana resulta evidente en seguida que procedía de un ambiente
más interesado por las ideas que la mayoría de sus contempo-

ráneos españoles, lo que debe hacernos recordar la deuda de
Garcilaso con respecto a Italia. Hay también en sus poemas amorosos una sensualidad arcádica cuya inocencia es nueva en la
poesía española. Algunas de estas cualidades pueden verse juntas
en uno de sus más memorables sonetos:

> «¿Cuál es la causa, mi Damón, que estando
> en la lucha de amor juntos trabados
> con lenguas, brazos, pies y encadenados
> cual vid que entre el jazmín se va enredando
> y que el vital aliento ambos tomando
> en nuestros labios, de chupar cansados,
> en medio a tanto bien somos forzados
> llorar y suspirar de cuando en cuando?»
> «Amor, mi Filis bella, que allá dentro
> nuestras almas juntó, quiere en su fragua
> los cuerpos ajuntar también tan fuerte
> que no pudiendo, como esponja el agua,
> pasar del alma al dulce amado centro,
> llora el velo mortal su avara suerte.»

El soneto tiene un tema filosófico —la doctrina neoplatónica que
sostiene que, puesto que el verdadero amor es espiritual, la unión
física no puede ser por sí misma enteramente satisfactoria—, pero
la intensidad de los cuartetos es notable. La misma atmósfera se
encuentra en el poema de Aldana *Medoro y Angélica,* donde el
poeta describe a Cupido mirando la belleza de Angélica dur-
miente:

> La sábana después quïetamente
> levanta al parecer no bien siguro,
> y como espejo el cuerpo ve luciente,
> el muslo cual aborio limpio y puro;
> contempla de los pies hasta la frente
> las caderas de mármol liso y duro,
> las partes donde Amor el cetro tiene,
> y allí con ojos muertos se detiene.

> Admirado la mira y dice: «¡Oh cuánto
> debes, Medor, a tu ventura y suerte!»
> Y más quiso decir, pero entre tanto
> razón es ya que Angélica despierte,
> la cual con breve y repentino salto,
> viéndose así desnuda y de tal suerte,
> los muslos dobla y lo mejor encubre,
> y por cubrirse más, más se descubre.

Varios otros sonetos tienen una atmósfera de menos explícita
sensualidad. Parte de la poesía más impresionante de Aldana es
religiosa y ascética, pero, al evaluarle, lo profano debe también
ser tenido en cuenta; y en efecto no hay contradicción necesaria
entre ellos, ya que para un neoplatónico las experiencias pueden
ser complementarias.

El conciso vigor del estilo de Aldana es una de sus más admirables y lozanas cualidades. Puede juzgarse en el excelente soneto donde declara su desencanto ante la guerra sin fin en la que
consume su vida:

> Otro aquí no se ve que, frente a frente,
> animoso escuadrón moverse guerra,
> sangriento humor teñir la verde tierra,
> y tras honroso fin correr la gente;
>   éste es el dulce son que acá se siente:
> «¡España, Santïago, cierra, cierra!»,
> y por süave olor, que el aire atierra,
> humo de azufre dar con llama ardiente;
>   el gusto envuelto va tras corrompida
> agua, y el tacto sólo apalpa y halla
> duro trofeo de acero ensangrentado,
>   hueso en astilla, en él carne molida,
> despedazado arnés, rasgada malla:
> ¡oh sólo de hombres digno y noble estado!

En una epístola a su amigo "Galanio", Aldana describe el
efecto del dolor en su corazón, donde se retiran sus espíritus vi-
tales, de manera que su cuerpo parece desvanecerse; hasta que,

viendo el peligro de su situación, su corazón los expele de nuevo
con un suspiro explosivo, de modo que el cuerpo recupera su
estado normal otra vez. Desarrolla una larga comparación con
un ejército acampado por la noche:

> ¿Vistes alguna vez en la campaña
> ejército español, fiero y lozano,
> cuando la noche con sus alas negras
> esparce por el aire tenebroso
> silencio, sueño, miedo y sobresalto?
> ¿Vístesle estar durmiendo y reposando
> debajo la despierta vigilancia
> de la real, nocturna centinela
> que está con recatado azoramiento
> mirando al derredor por sí y por otros?

El centinela percibe el peligro:

> mira y torna a mirar, se abaja y alza,
> echa adelante un paso y vuelve al puesto;
> se impone, se apercibe, se apareja,
> se empina, para, parte, prueba y pasa
> su paso a paso de una en otra parte
> [...]

Da la alarma; el campamento se ve envuelto en la agitación; pero
al final vuelve la calma:

> Estando en este error tumultuoso
> y los cuerpos de guardia más cercanos
> ya rebatido habiendo al enemigo,
> pasa la voz que cada cual se vuelva,
> y así, las centinelas reforzadas,
> el belicoso pueblo y las cabezas
> tornan a sus armados pabellones,
> sus viudas chozas, tiendas y barracas,
> y en lugar del rumor entra el silencio.

La descripción es en sí misma interesante y vívida, pero además
va más allá de lo pintoresco: muestra imaginación e inteligencia
actuando juntas con una coherencia que impresiona.

El poema de Aldana que persiste más tiempo en la memoria es otra epístola: su *Carta para Arias Montano sobre la contemplación de Dios y los requisitos della,* escrita en 1577. El destinatario, Benito Arias Montano, fue uno de los humanistas españoles que sobresalieron en su época, un erudito en estudios bíblicos destacado que dirigió la obra de la gran Biblia Políglota de Amberes (1569-1573) y amigo de fray Luis de León. La epístola es el más bello ejemplo español de este importante género del Renacimiento.

El poema —largo, pues se compone de 450 versos— exhibe todas las excelencias de Aldana: su vigor, concentración, imágenes vivas y fuerza lírica. Su tema es su deseo de dejar a un lado las preocupaciones mundanas y dedicarse a la contemplación de su Dios.

> Y porque vano error más no me asombre,
> en algún alto y solitario nido
> pienso enterrar mi ser, mi vida y nombre
> y, como si no hubiera acá nacido,
> estarme allá, cual Eco, replicando
> al dulce son de Dios, del alma oído.
>
> Y ¿qué debiera ser, bien contemplando,
> el alma sino un eco resonante
> a la eterna Beldad que está llamando
> y, desde el cavernoso y vacilante
> cuerpo, volver mis réplicas de amores
> al sobrecelestial Narciso amante;
> rica de sus intrínsicos favores,
> con un piadoso escarnio el bajo oficio
> burlar de los mundanos amadores.
>
> En tierra o en árbol hoja algún bullicio
> no hace que, al moverse, ella no encuentra
> en nuevo y para Dios grato ejercicio;
> y como el fuego saca y desencentra
> oloroso licor por alquitara
> del cuerpo de la rosa que en ella entra,
> así destilará, de la gran cara
> del mundo, inmaterial varia belleza
> con el fuego de amor que la prepara;

> y pasará de vuelo a tanta alteza
> que, volviéndose a ver tan sublimada,
> su misma olvidará naturaleza,
> cuya capacidad ya dilatada
> allá verá do casi ser le toca
> en su primera Causa transformada.

El neoplatonismo de Aldana es evidente. De Dios, el amante celestial, emana amor, que le es devuelto por su creación. Dios es como Narciso porque el mundo refleja su belleza. La mente perspicaz percibe la belleza espiritual en el mundo material igual que la esencia puede ser extraída de la rosa.

Aldana sigue describiendo su esperanza de unirse finalmente con Dios, en una imaginería llena de vida, como en este impresionante terceto:

> ¡Oh grandes, oh riquísimas conquistas
> de las Indias de Dios, de aquel gran mundo
> tan escondido a las mundanas vistas!

Continúa describiendo la retirada vida que espera llevar, dedicado no sólo a la contemplación sino también a la observación de las maravillas grandes y pequeñas de la creación. Invita a su amigo a pasear con él por la orilla.

> Verás mil retorcidas caracoles,
> mil bucíos istriados, con señales
> y pintas de lustrosas arreboles:
> los unos del color de los corales,
> los otros de la luz que el sol represa
> en los pintados arcos celestiales,
> de varia operación, de varia empresa,
> despidiendo de sí como centellas,
> en rica mezcla de oro y de turquesa.

La descripción expresa el asombro del poeta ante las múltiples bellezas de la existencia. Aldana, el neoplatónico, podía amar y admirar lo visible al mismo tiempo que anhelaba el más allá.

Fecha su epístola el siete de septiembre de 1577. Menos de un año más tarde había muerto.

Hasta ahora se ha hablado tan sólo de poetas profanos, pero dos de los mejores poetas del siglo son religiosos: fray Luis de León y san Juan de la Cruz. Son muy distintos uno del otro, en su estilo poético y también en cuanto al tema: la experiencia mística, el único tema de san Juan, asoma sólo una o dos veces en la obra de fray Luis.

La poesía de fray Luis no fue publicada en vida [4]. Fue menos conocido como poeta en sus días que como erudito y autor de obras tal como *De los nombres de Cristo* (cf. anteriormente, capítulo 4). Sus poemas —escasos en número: menos de cuarenta, aun incluyendo las atribuciones dudosas— fueron publicados por Quevedo en 1631 como ejemplos de buena poesía y de estilo puro para los escritores de aquel tiempo. La dedicatoria de fray Luis a don Pedro Portocarrero comienza: "Entre las ocupaciones de mis estudios en mi mocedad y casi en mi niñez, se me cayeron, como de entre las manos, estas obrecillas, a las cuales me apliqué, más por inclinación de mi estrella que por juicio o voluntad". No nos dejemos engañar, sin embargo, por la falsa modestia del poeta, pues muchos de los poemas son manifiestamente frutos de madurez y de cuidadosa aplicación.

El estilo de fray Luis deriva directamente del de Garcilaso, y en su poesía se encuentran algunos temas que son característicos del Renacimiento. "Vida retirada" es un ejemplo. A primera vista parece ser una variación más del "beatus ille" de Horacio, que inspiró tantas imitaciones durante el Renacimiento. Leída a la luz de otras obras de fray Luis, adquiere una significación más profunda. El poeta alaba la vida sencilla que se vive en el campo, lejos de las preocupaciones de la ciudad y de la Corte. El poema parece terminar en una nota casi hedonística cuando el poeta se describe a sí mismo:

4. Los mejores estudios sobre esta poesía son de Dámaso Alonso (en *Poesía española,* Madrid, 1950) y de Oreste Macrí (introducción a su edición; Salamanca, 1970).

A la sombra tendido,
de hiedra y lauro eterno coronado,
puesto el atento oído
al son dulce, acordado,
del plectro sabiamente meneado.

La paz y belleza de la naturaleza son contrastadas con las tormentas y los terrores que afligen al mercader en alta mar. Estos contrastes son expresivos por sí mismos, pero adquieren un significado más hondo en relación con el conjunto del poema. La idílica paz de la naturaleza es presentada por esta lira:

Oh monte, oh fuente, oh río,
oh secreto seguro deleitoso,
roto casi el navío,
a vuestro almo reposo
huyo de aqueste mar tempestuoso.

El poeta huye de un naufragio metafórico en un mar metafórico. La naturaleza en la que encuentra refugio tenía un sentido especial para el poeta, como vemos en un pasaje de la sección llamada "Pastor" en su *De los nombres de Cristo*. Allí, en unas líneas que ponen de manifiesto su neoplatonismo, cuenta cómo el amor de los pastores se hace puro por su aislamiento de las ciudades, y continúa:

Y ayúdales a ello también la vista desembarazada, de que contino gozan, del cielo y de la tierra y de los demás elementos; que es ella en sí una imagen clara, o por mejor decir una como escuela de amor puro y verdadero. Porque los demuestra a todos amistados entre sí y puestos en orden, y abrazados, como dijésemos, unos con otros, y concertados con armonía grandísima, y respondiéndose a veces y comunicándose sus virtudes, y pasándose unos en otros ayuntándose y mezclándose todos, y con su mezcla y ayuntamiento sacando contino a luz y produciendo los frutos que hermosean el aire y la tierra. Así que los pastores son en esto aventajados a los otros hombres.

La naturaleza es moralmente instructiva en cuanto que nos confronta con la armonía del universo. Es la lección que nos da la naturaleza en el poema: el arroyo parece ofrecerse al huerto en un acto de amor:

> Y como codiciosa
> por ver y acrecentar su hermosura,
> desde la cumbre airosa
> una fontana pura
> hasta llegar corriendo se apresura.
> Y luego sosegada
> el paso entre los árboles torciendo
> el suelo de pasada
> de verdura vistiendo
> y con diversas flores va esparciendo.

El poeta ha encontrado en la naturaleza la paz inspirada por el amor. Esto a la vez recuerda los pasajes en la sección "Príncipe de la paz" en *De los nombres de Cristo,* donde la paz descrita como "una orden sosegada o un sosiego ordenado", se alcanza solamente por el sometimiento de los sentidos a la Razón, y de la Razón a Dios. Todos los hombres buscan la paz, pero la mayoría por la senda equivocada. "Porque si navega el mercader y si corre las mares, es por tener paz con su codicia, que le solicita y guerrea." Pero sólo consigue alimentar su lucha interior. Sólo una armonía interior puede traer la paz.

> Porque no hay mar brava en quien los vientos más furiosamente ejecuten su ira, que iguale a la tempestad y a la tormenta que, yendo unas olas y viniendo otras, mueven en el corazón desordenado del hombre sus apetitos y sus pasiones.

La descripción que el poeta hace de la tormenta en la mar adquiere ahora su pleno sentido: es tanto la verdadera tormenta resistida por los que se aventuran por la mar y la tormenta interior sufrida por aquellos que no han encontrado la verdadera senda hacia la paz, la "escondida senda".

Por último vemos al poeta escuchando música echado debajo de un árbol. El cuadro es atractivo, pero una vez más puede ocultar tanto como lo que declara explícitamente. El poema ha descrito la armonía del huerto, donde los elementos conspiran para producir y emanar belleza. El hombre juicioso vive en armonía con esta armonía natural. *De los nombres de Cristo* puede ayudarnos otra vez. En "Príncipe de la paz" fray Luis habla de la necesidad de adquirir una paz interior que depende de la paz con Dios, antes de que pueda uno estar en paz con los demás, y continúa:

> Así que, como la piedra que en el edificio está asentada en su debido lugar, o por decir cosa más propia, como la cuerda en la música, debidamente templada en sí misma, hace música dulce con todas las demás cuerdas, sin disonar con ninguna, así el ánimo bien concertado dentro de sí, y que vive sin alboroto y tiene siempre en la mano la rienda de sus pasiones y de todo lo que en él puede mover inquietud y bullicio, consuena con Dios y dice bien con los hombres, y teniendo paz consigo mismo, la tiene con los demás.

El laúd que escucha el poeta sugiere implicaciones semejantes a cualquiera que conozca el neoplatonismo del Renacimiento: viene a punto para declarar en forma explícita el tema de todo el poema —armonía del hombre y del universo—.

Con el poema "A Salinas", una obra más explícita, estamos en un terreno más seguro, aunque de nuevo es necesario un conocimiento de la ideología del escritor, en especial de su neoplatonismo, antes de que el poema adquiera su sentido completo. Conviene no olvidar que Salinas, un famoso organista (aunque ciego), fue el autor de un tratado muy conocido sobre música, y familiarizado por lo tanto con las especulaciones metafísicas relacionadas con la armonía del universo que rodeaban el estudio de la música en el Renacimiento [5].

5. Para una breve noticia sobre estas especulaciones véase R. O. Jones, *Poems of Góngora*, Cambridge, 1966, págs. 30-31. Para una información más extensa véase Christopher Butler, *Number Symbolism*, Londres, 1970. Véase también el importante estudio de ese aspecto de fray Luis en F. Rico, *El pequeño mundo del hombre*, Madrid, 1970, págs. 170-189.

El poema se inicia con una descripción del efecto que la música de Salinas produce en el poeta, que lleva a su alma el recuerdo de su origen y la remota a la contemplación de Dios: el músico divino cuya música es el universo. El poeta se desvanece como si se ahogase en un mar de armonía. Estas experiencias están gobernadas por una lógica que no resulta visible a primera vista para el lector moderno.

El primer efecto de la música es despertar el alma del poeta hundida en el olvido, y hacerle recordar su "origen primera esclarecida". Ésta es la *anamnesis* de Platón, el recuerdo del alma de su origen celestial de donde había tomado sus ideas. La vista armoniosa de las estrellas por la noche —"este concierto y orden de las estrellas"— produce el mismo efecto sobre fray Luis en "Príncipe de la paz", donde describe cómo el alma, hecha armoniosa por la contemplación de ese espectáculo de armonía, toma a la Razón como soberana, la cual

> como alentada con esta vista celestial y hermosa, concibe pensamientos altos y dignos de sí, y cómo en una cierta manera se recuerda de su primer origen, y al fin pone todo lo que es vil y bajo en su parte y huella sobre ello.

En este estado de recuerdo, habiendo entrevisto la eterna belleza ideal —el mundo de las ideas de Platón, de las cuales las cosas terrenas son sólo un reflejo imperfecto—, el alma del poeta es incapaz de encontrar valor en la belleza de este mundo, "la belleza caduca engañadora". Entonces el alma vuela hacia la más alta esfera y oye allí otra clase de música,

> y oye allí otro modo
> de no perecedera
> música, que es la fuente, y la primera.

Esta música es la música de Dios, el gran Músico tal como fue imaginado por san Agustín y otros

> Ve como el gran maestro
> a aquesta inmensa cítara aplicado,

con movimiento diestro
produce el son sagrado
con que este eterno templo es sustentado [6].

La progresión —desde la música oída a la contemplación de
Dios— no es arbitraria. Para los que son como fray Luis, el universo entero es armonía, sus varias partes unidas de forma afín
por la armonía o el amor, que en última instancia emana de Dios
mismo. Nuestra música oída es sólo un pálido eco de la no oída
que subyace en todas las cosas. Así habla de ello sir Thomas
Browne en su *Religio medici* (1643):

> Porque hay una música dondequiera hay armonía, orden, o
> proporción [...] Quien esté armónicamente compuesto se de-
> leita con la armonía; lo que me hace desconfiar mucho de la
> simetría de esas cabezas que declaman contra la música de
> Iglesia. Por lo que hace a mí, no sólo por mi obediencia, sino
> por mi particular genio, yo la acepto: porque incluso la mú-
> sica vulgar y la música de taberna, que a unos alegra, y a otros
> enloquece, me produce un profundo acceso de devoción y me
> lleva a una profunda contemplación del Primer Compositor.
> Hay en ella algo de la divinidad que el oído no puede percibir:
> es una lección jeroglífica y fantasmal del mundo entero y de
> las criaturas de Dios; es una melodía tal para el oído como el
> Mundo entero, bien aprehendido, brindaría al entendimiento.
> En suma, es una percepción sensible de esa armonía que inte-
> lectualmente suena en los oídos de Dios.
>
>   (ed. Everyman, 1959, pág. 79) [7]

6. Esta lira no aparece en la edición de Quevedo, pero hoy se acepta
generalmente como auténtica.

7. Conservamos en esta edición española esta cita de Browne, pues expresa
con tanta claridad el modo de pensar de los que tenían este concepto del
mundo. Es el mismo concepto que se revela en este párrafo del *Marcos de
Obregón* de Vicente Espinel: «A los oídos deleita con grande admiración la
abundancia de los pajarillos, que imitándose unos a otros, no cesan en todo
el día y la noche su dulcísima armonía, con un arte sin arte, que como no
tienen consonancia ni disonancia, es una confusión dulcísima que mueve a contemplación del universal Hacedor de todas las cosas» (ed. S. Gili y Gaya,
CC, Madrid, 1959, I, pág. 222).

El alma, en sí misma una armonía (como enseñó Pitágoras y, más tarde, Platón), repite la música de Dios:

> Y como está compuesta
> de números concordes, luego envía
> consonante respuesta,
> y entre ambos a porfía
> se mezcla una dulcísima armonía.

Éste es el momento de la unión con Dios, en el cual la armonía más pequeña es absorbida por la mayor. El poeta, habiendo conducido de manera lógica nuestra comprensión a este punto, se abandona luego a las corrientes emocionales del éxtasis en las tres últimas liras.

El poema es uno de los más bellos de fray Luis. Es una ilustración característica de cómo pasa su mente de lo particular a lo general: de una particular experiencia de belleza a lo que es para él la fuente de toda belleza. Puede parecer extraño llamar poeta intelectual a alguien tan emocional y sensible a la belleza, pero el adjetivo está justificado: en último término, la belleza a la que fray Luis es sensible, es la del mundo invisible de las relaciones metafísicas —a veces matemáticas— que sostienen el mundo visible. A menos que el mismo lector abarque esas relaciones, el objeto de la poesía se perderá con frecuencia y el poeta será elogiado o censurado por razones inoportunas. Fray Luis reaccionó con entusiasmo ante la naturaleza, pero en fin de cuentas ésta era para él "but a spume that plays upon the ghostly paradigm of things" [8].

"Noche serena" ofrece un movimiento de ideas parecido. Empieza con una descripción del cielo por la noche, resplandeciente de estrellas. El espectáculo mueve al poeta a despreciar la tierra. Convoca a los hombres a contemplar los cielos y volver sus espíritus a la visión de la paz y belleza eternas. El poeta no es llevado a despreciar su cárcel terrena ante el grandioso espectácu-

---

8. Bello verso de W. B. Yeats: «sólo una espuma que se posa momentáneamente sobre el invisible paradigma de las cosas».

lo del cielo: el poema está ordenado por una lógica más precisa. "Príncipe de la paz" puede de nuevo ayudarnos. Allí Marcelo, emocionado por la visión del cielo estrellado, empieza:

> Cuando la razón no lo demonstrara, ni por otro camino se pudiera entender cuán amable cosa sea la paz, esta vista hermosa del cielo que se nos descubre agora y el concierto que tienen entre sí aquestos resplandores que lucen en él, nos dan de ello suficiente testimonio. Porque ¿qué otra cosa es sino paz, o, ciertamente, una imagen perfecta de paz, esto que agora vemos en el cielo y que con tanto deleite se nos viene a los ojos?

Las estrellas son una imagen de paz porque lo son de orden, pues la paz es "una orden sosegada o un sosiego ordenado". Son bellas en sí mismas, pero también en el orden que revelan: "el ejército de las estrellas puesto como en ordenanza y como concertado por sus hileras". En "Noche serena" es el espectáculo de la paz celestial así como el de la belleza el que mueve al poeta a despreciar la tierra, con su "bien fingido". Cuando convoca a sus amigos para contemplar los cielos, describe la matemática perfección del mecanismo celestial, un mecanismo al que no afectan los cambios, a diferencia de lo que ocurre en la tierra [9].

> Quien mira el gran concierto
> de aquestos resplandores eternales,
> su movimiento cierto,
> sus pasos desiguales,
> y en proporción concorde tan iguales.

El movimiento de los luceros del cielo es "cierto" porque es incesante. Se mueven a un ritmo desigual, pues la velocidad de revolución de cada esfera es proporcional a su distancia desde el centro del sistema. El último verso de la lira es una referencia

---

9. Su cosmología es ptolemaica, según la cual el Universo está compuesto de esferas concéntricas invisibles, sobre las que los planetas, incluyendo el sol y la luna así como las estrellas están fijos. En el centro —es decir, en el lugar más bajo— está la tierra, alrededor de la cual gira todo el sistema.

a la armonía de las esferas, cada una de las cuales según la teoría pitagórica emite una nota (inaudible para nuestro torpe oído) proporcionada a su distancia desde el centro; así como una cuerda vibrante tocada a la mitad de su extensión suena la octava superior, o tocada a los dos tercios de su extensión da la quinta superior, y así sucesivamente.

El poeta invoca a continuación los planetas particulares y, más allá de ellos, las estrellas fijas en su "reluciente coro", un término que recoge la alusión a la armonía del "gran concierto". ¿Quién puede ahora contentarse con la humildad de la tierra?, grita el poeta, que exclama en éxtasis al contemplar la inmarchitable belleza del cielo, donde están depositadas las eternas formas o ideas de las que sólo conocemos las sombras en la tierra. Ese eterno reino es gobernado por el amor.

> Aquí vive el contento,
> aquí reina la paz; aquí asentado
> en rico y alto asiento
> está el Amor sagrado
> de glorias y deleites rodeado.

El espectáculo de la armonía universal, visto en las esferas, ha llevado por un proceso lógico a la contemplación del amor, ya que para fray Luis, en quien la médula cristiana está fundida con el neoplatonismo, amor y armonía son términos sinónimos de la fuerza que gobierna el universo. Aquí tenemos una vez más un poema modelado por una estructura coherente de ideas; un poema nacido, podemos sospecharlo, de una excitación generada por la belleza de las ideas más que por la de las cosas.

En "De la vida del cielo" el poeta describe a Cristo, el Buen Pastor, conduciendo su rebaño por los pastos celestes. Les ofrece música:

> Toca el rabel sonoro,
> y el inmortal dulzor al alma pasa,
> con que envilece el oro,
> y ardiendo se traspasa
> y lanza en aquel bien libre de tasa.

La música aparta el alma de los valores temporales ya que es la armonía del universo hecha audible, y la armonía es amor, y el amor es Dios mismo. Un poema acerca de un pastor enamorado culmina en música: una vez más una lógica clara domina el poema.

No todos los poemas de fray Luis son de este carácter metafísico. Uno de los mejores, "Profecía del Tajo", es una reelaboración vigorosa de la *Oda I,* XVI, de Horacio, aplicada a un episodio de las leyendas españolas —la Cava seducida por el rey don Rodrigo y la invasión de España por los árabes—. El poema es enérgico y asciende hábilmente hasta un clima singularmente emotivo.

El estilo de fray Luis es conciso y vigoroso. Aprendió de Garcilaso (y lo reflejó en ocasiones), pero se inclinó hacia el estilo más seco y más epigramático de Horacio. Su estilo tiene una personalidad muy suya, que se encuentra en versos como éstos tomados de "En una esperanza que salió vana":

> No pinta el prado aquí la primavera,
> ni nuevo sol jamás las nubes dora,
> ni canta el ruiseñor lo que antes era.
> La noche aquí se vela, aquí se llora
> el día miserable sin consuelo,
> y vence el mal de ayer el mal de agora.

San Juan de la Cruz (1542-1591) es recordado principalmente por tres poemas: "Cántico espiritual", "Noche oscura" y "Llama de amor viva", los cuales, con sus extensos comentarios en prosa, fueron publicados después de su muerte (cf. anteriormente, cap. 4).

La poesía de san Juan presenta dificultades peculiares al lector. La principal es intrínseca al tema: la experiencia mística que, sea la que sea su base real, es inevitablemente ajena a la mayoría de los hombres. Toda la poesía de san Juan trata de esta experiencia, es decir, su imaginería simboliza la unión del alma del poeta con su Dios. Los comentarios en prosa constituyen una ayuda esencial si esperamos descubrir el significado del poeta,

aunque la complejidad de su exégesis crea otros problemas. En
"Noche oscura" la muchacha que simboliza el alma es descrita
como "segura" cuando se escapa para su cita con su enamorado.
San Juan nos dice que es "segura" porque está liberada de la
turbulencia de la carne y de los deseos terrenos, y también porque Dios es su guía. Pero además es "segura" pues sigue el camino del sufrimiento, "porque el camino de padecer es más seguro y aun más provechoso que el de gozar y hacer". Estamos
lejos de cualquier significado que el lector corriente pudiera adivinar tan sólo por intuición, aunque la exégesis es todavía lo
bastante elemental como para tenerla presente cuando volvemos
a la poesía. Pero el comentario va más allá; la muchacha está
también "disfrazada", lo cual, según vemos, significa que viste la
librea de Cristo.

> Y así la librea que lleva es de tres colores principales, que son
> blanco, verde y colorado; por los cuales son denotadas las tres
> virtudes teologales, que son fe, esperanza y caridad, con las
> cuales no solamente ganará la gracia y voluntad de su amado,
> pero irá muy amparada y segura de sus tres enemigos.

El lector corriente tiene derecho, al llegar aquí, a declarar que
esto es excesivo. Necesitamos la ayuda del poeta, pero debemos
reclamar el derecho de presindir del comentario cuando el poeta
de manera manifiesta empieza a tratar su poesía del mismo modo
que un predicador trata su texto; como ocasión de elucubracio-
nes sutiles que, por edificantes que sean, no tienen el apoyo necesario sobre el texto de donde surgen. Cada lector debe decidir
por sí mismo cuando se llega a este punto del comentario de
san Juan.

Casi sin disputa, el más bello de los poemas de san Juan es
"Noche oscura", que describe la unión del alma con Dios usando
la imagen de una muchacha que se escapa por la noche de su
casa ya en silencio para acudir a la cita con su enamorado. Tenemos que tener presente el tema aparentemente erótico cuando
lo leemos si hemos de captar algo de la emoción unida a la experiencia del poeta. El sentido "humano" es fácil de percibir, y

sólo un mínimo de información del comentario basta para permitir asomarnos al significado "real". La declaración de la primera lira nos pone en camino.

> Cuenta el alma en esta primera canción el modo y manera que tuvo en salir, según la afición, de sí y de todas las cosas, muriendo por verdadera mortificación a todas ellas y a sí misma, para venir a vivir vida de amor, dulce y sabrosa, con Dios; y dice que este salir de sí y de todas las cosas fue una noche oscura, que aquí entiende por la contemplación purgativa [...], la cual pasivamente causa en el alma la dicha negación de sí misma y de todas las cosas.

La sosegada casa es el cuerpo con sus pasiones acalladas: una imagen conmovedora y evocadora. El alma avanza con seguridad, guiada en la oscuridad por "la dicha luz o sabiduría oscura", la luz de la imaginación divina. La "secreta escala" por la que sale es la "sabiduría secreta" de la visión mística, y una escalera lleva hacia arriba así como hacia abajo: la contemplación puede llevarnos hacia arriba a Dios y hacia abajo a la humillación de sí mismo.

Esto es suficiente: el simbolismo del resto del poema no es difícil de penetrar. Lo que es importante es dejarse llevar por la urgencia del poema cuando fluye rápidamente hacia su apogeo. La repetición y el eco de ciertas palabras y frases aumenta el sentido de urgencia: "Noche oscura... oh dichosa ventura... a escuras... secreta... en secreto... luz y guía... guiaba... luz": una cadena de palabras que nos lleva adelante con rapidez hacia el clima en:

> ¡Oh noche que guiaste!
> ¡oh noche amable más que el alborada!
> ¡oh noche que juntaste
> amado con amada,
> amada en el amado transformada!

La unión sexual es alegórica, pero si no retenemos su sentido erótico literal, el poema queda privado de su efecto completo.

Las repeticiones de la palabra "noche" comunican una turbadora
exaltación que en los versos 4 y 5 da lugar a una embriaguez extática: "amado ... amada ... amada ... amado ... transformada";
es como si las palabras casi fallaran bajo el peso de la emoción,
como si la muchacha balbuceara en su éxtasis que raya en la in-
coherencia verbal. La emoción se apura, y la tensión cae en las
siguientes liras. El poema termina en la tranquilidad de la con-
sumación.

"Noche oscura" tiene una unidad y totalidad que se capta
fácilmente. Igual le ocurre a "Llama de amor viva" que tiene
también la apariencia de un poema de amor y, una vez más (quizá con la excepción de la tercera lira), el lector puede abrirse
camino sin el recurso constante al comentario. La emoción extática
se mantiene por todo el poema. San Juan incluso escribió pocos
versos de más delicadeza expresiva o de más entusiasmada intensidad que los extáticos oxymora de la segunda lira:

> ¡Oh cauterio sauve!,
> ¡oh regalada llaga!,
> ¡oh mano blanda, ¡oh toque delicado,
> [...]!

"Cántico espiritual" plantea mayores dificultades que los anteriores ya que, aunque su asunto es el mismo, el desarrollo es
más complejo y el simbolismo (tomado casi en su totalidad del
Cantar de los cantares) más esotérico por lo tanto.

El poema describe como el alma, la "amada", busca al divino
amante por el mundo hasta que, por fin, ve sus ojos reflejados en
una fuente en la que ella mira. Los dos llegan a la unión amorosa
en una atmósfera de ascendiente éxtasis. El poema describe tres
etapas del camino místico a las que san Juan llama: la vía purgativa (liras 1-12), la iluminativa (liras 13-21) y la unitiva (liras 22-final). Con más frecuencia que en el caso de los otros dos
poemas, el simbolismo resulta impenetrable sin el comentario;
pero igualmente el comentario puede a menudo enriquecer poéti-
camente una palabra o una frase por medio de una explicación

feliz. A veces hay que confesar que ésta, aunque sin duda edificante desde un punto de vista doctrinal, no consigue dar vida a la imagen, como en el caso de los versos:

> Nuestro lecho florido
> de cuevas de leones enlazado.

La explicación es bastante racional: el lecho florido es el pecho del Divino Amante, y las cuevas de los leones simbolizan la fuerza virtuosa del alma fortificada; pero, a pesar de eso, la imagen es poco feliz. En cambio, ejemplos hay muchos en los que el comentario enriquece; nos limitaremos a unos pocos. En la lira 3 el alma, en busca de su amante, declara:

> no cogeré las flores,
> ni temeré las fieras,
> y pasaré los fuertes y fronteras.

No será distraída por placeres terrenales (flores), no temerá a los enemigos (fieras-el mundo), pasará fuera del alcance del diablo (fuertes) y más allá de los límites de la carne (fronteras). La intuición pudiera haber sido una ayuda suficiente en sí, pero el comentario de san Juan a propósito de "fronteras" da a la imagen una súbita vivacidad.

> Dice también el alma que pasará las fronteras, por las cuales.
> entiende [...] las repugnancias y rebeliones que naturalmente
> la carne tiene contra el espíritu [...]

La palabra clave es "rebeliones". Para el poeta una frontera es un lugar de desorden, de escaramuzas, donde no rige la ley. Aunque España fue unificada antes de que san Juan naciera, quizá sintió algo —a través de la literatura: romances fronterizos y equivalentes— de la atmósfera creada por la antigua frontera de la guerra. La palabra "fronteras" adquiere una especial idoneidad.

Hay un ejemplo más complejo en la lira

Oh ninfas de Judea,
en tanto que en las flores y rosales
el ámbar perfumea,
morá en los arrabales,
y no queráis tocar nuestros umbrales.

La referencia a las ninfas en un poema de predominante inspiración bíblica ha sido considerada inapropiada por algunos. San Juan explica:

> Judea llama a la parte inferior del ánima, que es la sensitiva. Y llámala Judea, porque es flaca y carnal, como lo es la gente judaica. Y llama ninfas a todas las imaginaciones, fantasías y movimientos y afecciones de esta porción inferior. A todas éstas llama ninfas, porque así como las ninfas con su afición y gracia atraen para sí a los amantes, así estas operaciones y movimientos de la sensualidad sabrosamente procuran atraer a sí la voluntad de la parte razonal [...]

Aunque no lo dice en forma tan explícita, la razón de elegir "ninfas" en lugar de las superficialmente más apropiadas "vírgenes" o "doncellas" es evidente: necesitaba expresar el sentido de "muchachas leves" de la forma más clara, y encontró las seductoras ninfas de la literatura pastoril clásica y moderna más turbadoramente evocadoras que las doncellas de la Biblia. Para sentir la fuerza de las palabras del poeta el lector profano sólo necesita recordar sus lecturas de literatura profana.

Esto resulta también verdad en el caso de la lira

Mi amado, las montañas
los valles solitarios nemorosos,
las ínsulas extrañas,
los ríos sonorosos,
el silbo de los aires amorosos [...]

Los versos expresan las sensaciones del poeta ante las maravillas y misterios de la esencia de Dios. El extraño adjetivo "nemorosos" sugiere el pastor de Garcilaso a cualquier lector de poesía española (como Dámaso Alonso ha señalado)[10]: lleva consigo un mundo de asociaciones poéticas. Las "ínsulas extrañas" expresan los secretos y la singularidad de la unión del alma con Dios:

> Las ínsulas extrañas están ceñidas con la mar, y allende de los mares, muy apartadas y ajenas de la comunicación de los hombres; y así en ellas se crían y nacen cosas muy diferentes de las de por acá [...] que hacen grande novedad y admiración a quien las ve.

Sin duda las noticias de las exploraciones y descubrimientos españoles habían desempeñado un papel en la concepción de esta imagen. Pero ¿por qué "ínsulas" en lugar de la más usual "islas" (considerada apropiada por los mismos descubridores, como vemos por la primera carta de Colón de 1493)? Para la explicación —casi patente— basta recurrir a un conocimiento corriente de la literatura española. San Juan necesitaba una palabra evocadora de misterio y magia: "ínsula" trae consigo esa atmósfera de los libros de caballería, como mostrará este pasaje de *Amadís*:

> Este gigante que el doncel llevó era natural de Leonís y había dos castillos en una ínsula, y llamábase él Gandalás, y no era tan hacedor de mal como los otros gigantes, antes era de buen talante, hasta que era sañudo, mas después que lo era hacía grandes cruezas. El se fue con su niño hasta en cabo de la ínsula a do había un hermitaño, buen hombre de santa vida [...]

El mismo Amadís reina sobre la Ínsula Firme. Son las asociaciones literarias de esta clase las que necesita el lector de la poesía de san Juan, tanto como necesita el propio comentario del poeta. De todas maneras el lector debe de estar dispuesto a usar creativamente su imaginación, y de hecho san Juan le anima en cierto modo a hacerlo cuando escribe en el prólogo del *Cántico espiritual* dirigido a la madre Ana de Jesús, a petición de la cual fue escrito el comentario:

10. En *La poesía de San Juan de la Cruz*, 3.ª ed., Madrid, 1966.

> Por haberse, pues, estas canciones compuesto en amor de abun-
> dante inteligencia mística, no se podrán declarar al justo, ni
> mi intento será tal, sino sólo dar alguna luz en general [...];
> y esto tengo por mejor, porque los dichos de amor es mejor
> dejarlos en su anchura, para que cada uno de ellos se aprove-
> che según su modo y caudal de espíritu, que abreviarlos a un
> sentido a que no se acomode todo paladar. Y así, aunque en
> alguna manera se declaran, no hay para qué atarse a la decla-
> ración [...]

San Juan escribió también otros poemas: diez romances espirituales, y algunas piezas de las cuales sobresalen dos: "El pastorcico", versión a lo divino de una poesía lírica profana[11], y
"Aunque es de noche". Las fuentes de las imágenes de san Juan
en estos y en otros poemas han sido expertamente estudiadas por
Dámaso Alonso, que ha señalado posibles orígenes —aparte de
la Biblia— tan diversos como baladas tradicionales, poesía amatoria de cancionero, y la de Garcilaso reelaborada a lo divino por
Sebastián de Córdoba[12].

La poesía devota de un tipo más tradicional y menos esotérico continuó escribiéndose en abundancia por autores como Juan
López de Úbeda (finales del siglo XVI) que publicó su poesía y
la de otros en su *Cancionero general de la doctrina cristiana*
(1579) y *Vergel de flores divinas* (Alcalá, 1582); y Pedro de
Padilla (finales del siglo XVI), que publicó *Tesoro de varias poesías* (Madrid, 1580) y *Jardín espiritual* (Madrid, 1585), así como
algunas obras profanas. La poesía de autores de esta clase suele
ser bastante ingenua, y es con frecuencia trivial, pero tiene momentos de encanto.

Junto con la poesía culta de la que nos hemos ocupado hasta
ahora, existía otra popular, escrita en imitación de la poesía y de

---

11. Véase J. M. Blecua, «Los antecedentes del poema del «Pastorcico» de
San Juan de la Cruz», *RFE*, XXXIII, 1949.
12. Dámaso Alonso, *op. cit.* Pero véase E. A. Peers, «The Source and the
Technique of San Juan de la Cruz's Poem *Un pastorcico...*», *HR*, XX, 1952,
donde Peers demuestra definitivamente que el poema del «Pastorcico» no debe
nada a Sebastián de Córdoba.

la canción tradicionales o derivada de ellas. Históricamente es una característica importante de los Siglos de Oro españoles, aparte de que tiene valor poético por derecho propio.

El resurgir de la enseñanza clásica en el Renacimiento marchó a la par del crecimiento de una cultura cortesana que favoreció el refinamiento, la cortesía y la educación. Aumentó al mismo tiempo el interés por lo popular y lo primitivo como resultado de la nueva importancia dada a la naturaleza en la filosofía y en el arte. El auge de la literatura pastoril es uh reflejo de esto. Se creyó que el hombre nunca había estado mejor que en los míticos Siglos de Oro, un lugar común del Renacimiento repetidas veces tratado por generaciones de escritores. El nuevo interés por la poesía popular, evidente desde el final del siglo xv en adelante, estuvo relacionado probablemente con esta revaloración de lo natural. Las verdaderas canciones tradicionales empezaron a imprimirse en los primeros años del siglo xvi, primero en pliegos, más tarde en manuales de vihuela tales como los de Luis Milán, *El maestro* (Valencia, 1535); Luis de Narváez, *Los seis libros del Delfín de música* (Valladolid, 1538); Diego Pisador, *Libro de música para vihuela* (Salamanca, 1552), y libros de canciones como el de Juan Vázquez, *Recopilación de sonetos y villancicos* (Sevilla, 1560), y el llamado *Cancionero de Upsala* (Venecia, 1556).

En el siglo xvi un número creciente de poetas tomó los estribillos tradicionales como base de sus propios villancicos. Hacia finales del siglo muchos poetas cultos escribían con regularidad imitaciones libres de la lírica tradicional y, a partir de los últimos años del siglo xvi, las formas principales que utilizaban llegaron a ser la letrilla (realmente el villancico bajo otro nombre) y, sobre todo, la seguidilla (estrofas de cuatro versos donde alternan los de seis o siete sílabas con los de cinco, con rima o asonancia alterna *abab*) y los cuartetos octosilábicos. A los cambios formales correspondió también un cambio en cuanto a temática y estilo. "Aunque hay gran variedad de tipos entre las seguidillas, podemos encontrar fácilmente una serie de rasgos comunes: domina el ingenio, la «agudeza» muy Siglo de Oro; se busca la metáfora feliz, el juego de conceptos y de palabras, la expresión rebuscada, la antítesis y el paralelismo. Es un estilo epigramático, lúcido, consciente. Frente a él, el estilo de la canción popular medieval nos parece elemental e ingenuo, dictado por la emoción, lleno a menudo del misterio de lo irracional" [13].

Los villancicos y otros poemas de corte popular fueron recogidos en antologías que empezaron a aparecer con frecuencia cada vez mayor desde fines del siglo XVI en adelante. En colecciones que llevaron entre otros estos títulos: *Flor de enamorados* (Barcelona, 1562), *Flor de romances y glosas, canciones y villancicos [...]* (Zaragoza, 1578) y gran número que le siguieron. Desde 1580 los poemas de autores como Góngora y Lope de Vega, generalmente impresos en forma anónima, formaban el fondo de estas colecciones. Los temas eran muy variados. En el siglo XVII lo satírico y lo burlesco habían de desempeñar un papel importante.

La poesía tradicional alimentó la literatura de los Siglos de Oro también en otro aspecto. A lo largo del período, pero con frecuencia que fue en aumento a fines del siglo XVI y en el XVII, la poesía tradicional y la que la imitaba fue reescrita a lo divino. Además, numerosos poemas sobre la Natividad y otras festividades religiosas fueron escritos por Lope de Vega y otros autores en imitación de la lírica tradicional.

Al romance le ocurrió algo muy parecido. Empezó a ganar el favor cortesano en el siglo XV y su prestigio se hizo enorme en el XVI. A partir de los primeros años del siglo se imprimieron romances en pliegos sueltos, y de estos se tomaron la mayoría de los romances recogidos en el famoso *Cancionero de romances* (Amberes, sin fecha pero con probabilidad 1548). La colección tuvo un éxito inmediato y fue reimpresa varias veces. Después de 1550 abundan las colecciones, pero a medida que el siglo avanza su carácter cambia. El *Cancionero de romances* se componía sobre todo de romances tradicionales; en los años siguientes los nuevos romances artificiosos o artísticos aumentaron en popularidad y, en los últimos veinte años del siglo, vemos la vic-

---

13. Margit Frenk Alatorre, *Lírica hispánica de tipo popular*, México, 1966, pág. XXIII.

toria de este romancero nuevo, lírico y novelesco en sus temas y en su tratamiento. Los romances pastoriles estuvieron muy de moda como también los moriscos que cantaban la seducción romántica de los moros de Andalucía en los días de su independencia. En estos años Lope de Vega quedó firmemente asociado al romance morisco que le hizo famoso antes de serlo como dramaturgo.

Entre 1589 y 1598 un gran número de colecciones en obras como *Flor de varios romances nuevos* (Huesca, 1589) y sus partes sucesivas, recogieron los romances descritos por los poetas más jóvenes del momento. Estas colecciones fueron recogidas a su vez en el *Romancero general* (Madrid, 1600), que se transformó en 1604 en una segunda edición considerablemente ampliada. Ésta fue seguida de una *Segunda parte* (Valladolid, 1605). Nuevas ediciones de estas colecciones y las siguientes demuestran la popularidad siempre en aumento del romance artificioso. Sin embargo hubo cambios de moda y de gusto dentro de la boga general del romance: el romance morisco fue eclipsado a principios del siglo XVII, y el romance en general se apartó de lo novelesco hacia lo más puramente lírico, sin duda bajo la influencia de la música, que entonces adquiere más importancia por sí misma. Un desconcertante desarrollo inverso se ve en la afición creciente por los romances satíricos y los romances de la mala vida.

Un amplio campo de la poesía española no ha sido tocado hasta ahora: la tradición jocosa de una poesía ligera escrita por diversión, de carácter satírico con frecuencia, pero también a menudo simplemente una chanza, que abarca temas de todas las clases desde las bromas galantes a la indecencia procaz. Por lo general las mujeres son el objetivo de esta clase de humor, una forma atenuada de ese apéndice de la tradición cristiana, la misoginia medieval, que incluso en su versión "humorística" de los Siglos de Oro resulta repugnante a un lector moderno con

cualquier grado de sensibilidad. Muchísimos poetas dedicaron
su ingenio a esta moda: el poema jocoso fue una parte del rito
social como lo fue la poesía amorosa mencionada arriba. Diego
Hurtado de Mendoza fue muy conocido por sus poemas jocosos,
entre ellos su elogio de los cuernos y de las zanahorias, y su indecente "Fábula del cangrejo". Gutierre de Cetina también escribió este tipo de poemas, pero quizá el más conocido de los
poetas jocosos del siglo XVI es el sevillano Baltasar del Alcázar
(1530-1606), celebrado merecidamente por su ingenio y soltura.
Estos versos "A uno muy gordo de vientre y muy presumido de
valiente" muestran su ingeniosa habilidad:

> No es mucho que en la ocasión,
> Julio, muy valiente seas,
> Si haces cuando peleas
> De las tripas corazón.

Su "Cena jocosa" es con probabilidad su pieza más conocida.

El oscuro "Licenciado Tamariz" es otro de estos poetas jocosos. No se sabe nada de él, aunque su editor moderno supone que
debió de haber sido una figura muy popular en Sevilla y que pudo
morir alrededor de 1570. Lo que subsiste de la obra de Tamariz
comprende seis (quizá diez) historias picantes y graciosamente
contadas en verso, que es probable deriven de alguna colección
de *novelle* italianas[14].

Queda por mencionar un género: la epopeya. Los poemas
largos han tenido pocos admiradores desde que Poe declaró que
no eran intrínsicamente poéticos, basándose en que la inspiración,
esencia de la verdadera poesía, sólo puede ser mantenida por la
duración de un poema lírico corto. Ha habido una revolución
en el gusto a partir de los días en que Dryden pudo afirmar que
"un poema heroico, verdaderamente tal, es sin duda la obra más
grande que el alma de un hombre es capaz de realizar".

En los siglos XVI y XVII más de ciento cincuenta epopeyas

14. Véase *Novelas y cuentos en verso del Licenciado Tamariz,* ed. A. Rodríguez-Moñino, Duque y Marqués, VIII, Valencia, 1956.

fueron publicadas en España a imitación de una moda que había empezado en la Italia del Renacimiento. La epopeya, poema heroico de cierta longitud dividido en libros o cantos, siguió el modelo de la *Eneida,* no el de la poesía heroica de la Europa posclásica; aunque hubo también otra influencia clásica: la de Lucano en su *Farsalia* que contaba incidentes de su época (las guerras civiles entre César y Pompeyo). Dos obras italianas las igualaron en prestigio e influencia: *Orlando furioso* (1516) de Ariosto, y *La Gerusalemme liberata* (1580) de Tasso. Las dos tuvieron resonancia en España: Lope de Vega, por ejemplo, escribió *La hermosura de Angélica* (1602) en imitación de la primera, y *Jerusalén conquistada* (1609) siguiendo la segunda. Copiando la *ottava rima* italiana, la epopeya española se escribió por lo general en octavas reales (ocho endecasílabos que riman *abababcc*). El número de cantos variaba: a veces doce (siguiendo la *Eneida*), otras veces diez (como Lucano), a veces veinticuatro (imitando a Homero), o algún número arbitrario según preferencia del poeta.

Una de las más famosas epopeyas españolas es *La Araucana* (en tres partes: 1569, 1578, 1589) de Alonso de Ercilla y es probablemente la que merece más atención de los lectores modernos, aunque la más bella de estas obras, entre las escritas en la península Ibérica, sea sin duda *Os Lusíadas* (1572) del portugués Camões (pero ésta cae fuera de los límites de este estudio). Ercilla (1533-1594), un noble que además se casó con una mujer rica, luchó en la conquista de Chile que es el tema de esta epopeya. El asunto que narra es emocionante aunque horrorosamente brutal. Describe a los indios araucanos en tono elevado (ya que después de todo una epopeya requería que un tema noble fuera tratado de una manera noble), diciendo de ellos en su prólogo:

Y si a alguno le pareciere que me muestro algo inclinado a la parte de los araucanos, tratando sus cosas y valentías más extendidamente de lo que para bárbaros se requiere, si queremos mirar su crianza, costumbres, modos de guerra y ejercicio della, veremos que muchos no les han hecho ventaja, y que son pocos los que con tan gran constancia y firmeza han defendido su tierra contra tan fieros enemigos como son los españoles.

La dignidad con la que Ercilla reviste a los indios puede verse en la manera de tratar a Caupolicán, su jefe. Capturado por los españoles, es empalado, pero sólo tras su conversión y bautismo. Permite que se le siente en la afilada estaca.

> No el aguzado palo penetrante
> por más que las entrañas le rompiese
> barrenándole el cuerpo, fue bastante
> a que el dolor intenso se rindiese:
> que con sereno término y semblante,
> sin que labio ni ceja retorciese,
> sosegado quedó de la manera
> que si asentado en tálamo estuviera.

> En esto, seis flecheros señalados,
> que prevenidos para aquello estaban
> treinta pasos de trecho desvïados
> por orden y de espacio le tiraban;
> y aunque en toda maldad ejercitados,
> al despedir la flecha vacilaban,
> temiendo poner mano en un tal hombre
> de tanta autoridad y tan gran nombre.

(canto XXXIV, estrofas 28, 29)

Ercilla mantiene un nivel muy alto de poesía narrativa en esta epopeya. Es evidente que no es un poeta lírico, pero el tema no se presta al lirismo. En la historia de Dido que intercala en el canto XXXII, donde Ercilla intenta tocar la cuerda sentimental, no consigue hacer poesía. Ni tampoco es capaz de lograr una descripción poética de la naturaleza. Ercilla se mueve a gusto con hazañas, valor, fortaleza, narrando lo cual su verso puede mostrar una ruda grandeza. Las octavas reales iniciales del canto I muestran su vigor característico.

No las damas, amor, no gentilezas
de caballeros canto enamorados,
ni las muestras, regalos y ternezas
de amorosos afectos y cuidados;
mas el valor, los hechos, las proezas
de aquellos españoles esforzados,
que a la cerviz de Arauco no domada
pusieron duro yugo por la espada.

Cosas diré también harto notables
de gente que a ningún rey obedecen,
temerarias empresas memorables
que celebrarse con razón merecen,
raras industrias, términos loables
que más los españoles engrandecen:
pues no es el vencedor más estimado
de aquello en que el vencido es reputado.

El de Ercilla no fue el primer poema heroico español de asunto histórico moderno. Antes de él, Jerónimo Sempere escribió *La Carolea* (Valencia, 1560) y Luis Zapata su *Carlo famoso* (Valencia, 1566)[15]. Sin embargo, la primera epopeya de los Siglos de Oro no fue histórica o mitológica en su sentido usual. Fue un poema sobre la vida de Cristo compuesto por Juan de Quirós: *Christo Pathia* (Toledo, 1552). Una de las más bellas epopeyas de los Siglos de Oro se escribió sobre el mismo asunto: *La Christiada* (Sevilla, 1611) de Diego de Hojeda. Como es natural no hay precedente clásico para obras de esta clase: es probable que sean una fusión de dos tradiciones —la epopeya propia y las vidas de Cristo medievales en verso tales como la *Vita Christi* de fray Íñigo de Mendoza y la *Pasión trobada* de Diego de San Pedro—. Los poetas españoles religiosos vieron una oportunidad

---

15. *Carlo famoso* es una obra plúmbea y sin inspiración. Hoy se recuerda principalmente a Zapata (1526-1595) por su entretenida e incluso informativa *Varia historia*, miscelánea de anécdotas tomadas de una vida larga pasada en la Corte. La obra fue publicada primero como *Miscelánea* (Madrid, 1859) por Gayangos. Posteriormente se publicó en una edición por G. C. Horsman (Amsterdam, 1935). A. Rodríguez-Moñino publicó selecciones con el título de *Miscelánea, Silva de casos curiosos,* Madrid, 1931.

de sacar de la epopeya profana del Renacimiento un provecho moral: de ahí el gran número de epopeyas sobre temas religiosos, especialmente en el siglo XVII, que abunda en obras como *San Ignacio* (Valladolid, 1613) de Antonio de Escobar y Mendoza.

También se cultivó el poema heroico burlesco en España. Dos ejemplos sobresalientes fueron *La mosquea* (Cuenca, 1615) de José de Villaviciosa y *La gatomaquia* (Madrid, 1634) de Lope de Vega: la primera se refiere a una guerra entre hormigas y moscas, la segunda a la de los gatos.

Es corriente hacer en la historia de la poesía de los Siglos de Oro una distinción entre las llamadas escuelas de Salamanca y de Sevilla, distinguiendo a la primera por su sobriedad horaciana y a la segunda por su color y grandilocuencia. Fray Luis de León ha sido considerado como representante de la primera y Herrera de la segunda. La verdad es que no puede mantenerse una distinción válida y lo mejor es abandonar esta noción de "escuelas" [16].

16. Véase Henry Bonneville, «Sur la poésie à Séville au Siècle d'Or», *BH*, LXVI, 1964.

Capítulo 6

LA NOVELA PICARESCA

La palabra "pícaro", cuya etimología es todavía incierta, se encuentra por primera vez en un texto de 1525, donde significa "marmitón", sentido que conservó aunque en 1545 ya connotaba deshonestidad. Se ha sugerido que "delincuente" sería el equivalente moderno más apropiado, ya que la palabra "pícaro" en el uso moderno ha perdido mucho de su fuerza [1]. El pícaro típico en literatura es hombre sin escrúpulos y parásito, pero no es a menudo violento: es un descarriado que busca siempre la ventaja fácil, y siempre intenta evadirse de la responsabilidad.

Aunque es habitual incluir el *Lazarillo de Tormes* en el género, el primer personaje literario que fue llamado pícaro por su autor es Guzmán de Alfarache. El auge del pícaro en la novela nació de hecho por la publicación de la primera parte de *Guzmán de Alfarache* (Madrid, 1599) de Mateo Alemán, cuyo éxito ante el público queda patente no sólo por haber sido reimpresa en seguida, en ediciones legales además de otras fraudulentas, sino por la publicación en 1602 de una segunda parte por "Mateo Luján de Sayavedra" (seudónimo del abogado valenciano Juan Martí). La "Segunda parte" de Alemán apareció en 1604, seguida en los cincuenta años posteriores de gran número de obras picarescas que contribuían con sus variantes al tema de la pillería o de la delincuencia. El mismo Cervantes lo aprovechó

1. A. A. Parker, *Literature and the Delinquent,* Edimburgo, 1967, pág. 4.

en su novela *Rinconete y Cortadillo,* e insistió sobre él en otras obras suyas. La mayoría de las novelas picarescas, siguiendo el modelo de *Lazarillo de Tormes* y *Guzmán de Alfarache,* fueron escritas en forma de autobiografía. Son todas de carácter episódico, lo que ha llevado a que el término "picaresco" sea comúnmente aplicado a cualquier novela episódica, aunque esto sea un error: *Los papeles póstumos del Club Pickwick* no es una novela picaresca, y el término, si ha de conservar un significado, debe ser reservado para la biografía ficticia (usualmente autobiográfica) de un parásito delincuente. Dicho esto, debe añadirse que la picaresca no constituye un género claramente definido como la novela pastoril: las diferencias de forma y de intención son grandes y han de ser tenidas en cuenta en la interpretación. Hablar de un solo tema picaresco sería erróneo. El propósito de Quevedo no es el de Mateo Alemán.

Pocos historiadores literarios atribuirían ahora el éxito de la novela picaresca tan sólo a las condiciones sociales de España en los siglos XVI y XVII: esta opinión ingenuamente determinista no tiene en cuenta el hecho de que hasta 1600 España no era muy diferente del resto de Europa en sus condiciones sociales. Debe buscarse otro factor. Américo Castro ha adelantado la opinión de que la novela picaresca tuvo su origen en el amargo resentimiento de los conversos que, a causa de su ascendencia judía, se encontraban considerados como extranjeros en su propio país y, aunque su origen por lo general no era conocido, vivían en constante temor de ser sacados a la vergüenza pública y a sus consecuencias sociales. Esta explicación, que se apoya principalmente en los supuestos antepasados judíos de Mateo Alemán, ha sido extendida en forma retrospectiva al anónimo autor de *Lazarillo de Tormes,* del que se pretende ahora, sin pruebas serias, que fue un converso. El género así creado, según este argumento, fue luego explotado por escritores cristianos entre ellos Quevedo. Marcel Bataillon ha opinado recientemente que lo importante no son los antepasados de los autores, sino el papel —explícito o latente— de la limpieza de sangre en las novelas mismas, en las que la irónica interpretación del honor

"externo" (opuesto al valor real) se relaciona en cierto modo
con la tensión social entre la ambición del honor y el temor de lo
que pudiera revelar la investigación genealógica[2].

Cuando Guzmán es en Madrid mozo de cuerda o recadero se
regocija de su libertad: "No trocara esta vida de pícaro por la
mejor que tuvieron mis pasados" (I, 2, 11). Vuelve a hablar de
"el almíbar picaresco", la vida sin preocupaciones del que se
libera de la esclavitud de las apariencias. Para Guzmán el honor
deja de ser una preocupación e incluso percibe una virtud real
en este repudio del honor, fuente de valores falsos.

> ¡Oh, decía, lo que carga el peso de la honra y cómo no hay
> metal que se le iguale! [...] ¿Qué frenesí de Santanás casó
> este mal abuso con el hombre, que tan desatinado lo tiene?
> Como si no supiésemos que la honra es hija de la virtud y,
> tanto que uno fuere virtuoso, será honrado, y será imposible la
> honra, si no me quitaren la virtud, que es centro della.
>
> (I, 2, 11)

La desvergüenza del pícaro aparece aquí equiparada con la verdadera indiferencia del cristiano hacia el honor mundano. Pero
esto es una ingeniosa paradoja, no un serio elogio de la vida del
pícaro. En las obras picarescas serias, la libertad del pícaro es
representada como un abandono de la responsabilidad, no como
un bien[3].

Sin embargo, el tema de la libertad picaresca era sin duda tentador. Un poema sobre *La vida del pícaro* publicado en 1601 ilustra este atractivo.

> ¡Oh, pícaros cofrades!, ¡quién pudiese
> sentarse cual vosotros en la calle
> sin que a menos valer se le tuviese!
> ¡Quién pudiese vestir a vuestro talle,

2. A. Castro, *La realidad histórica de España*, México, 1954, págs. 514
y siguientes. M. Bataillon, *Pícaros y picaresca*, Madrid, 1969, págs. 184-185.
3. Parker, *op. cit.*, págs. 16-19.

> desabrochado el cuello y sin petrina
> y el corto tiempo a mi sabor gozalle! [4]

Incluso Quevedo aprovechó el tema en un soneto:

> [...]
> ¡Oh santo bodegón! ¡Oh picardía!
> ¡Oh tragos; oh tajadas; oh gandaya;
> oh barata y alegre putería!
> Tras los reyes y príncipes se vaya
> quien da toda la vida por un día,
> que yo me quiero andar de saya en saya.

Aunque tales poemas dan también una impresión de convencionalismo literario, probablemente está presente un deseo real de
irresponsabilidad, de liberarse de las preocupaciones. La mala vida
tenía un evidente atractivo para uno de los aspectos del complejo
carácter de Quevedo: sus jácaras (poemas escritos en germanía)
son una muestra suficiente de eso. Esa afición fue ampliamente
compartida incluso en los más altos niveles: en 1605 tuvo lugar
en la Corte una mascarada "disfrazada a lo pícaro" [5]. Lo picaresco se transformó muy pronto en un entretenimiento en el que
la gente respetable podía encontrar diversión contemplando la
mala vida y hay que pensar que los simpáticos golfillos de Murillo fueron pintados con este espíritu.

Aunque la novela picaresca debe su origen a algo más que a
las condiciones sociales, éstas fueron sin embargo una rica fuente de material novelesco. La vida del capitán Alonso de Contreras muestra cuán rica fuente era [6]. Abandonó su casa a los quince años en un estilo digno de cualquier protagonista picaresco:

> [...] quedé con mi madre, a quien dije:
> «Señora, vuestra merced está cargada de hijos; déjeme ir a
> buscar mi vida con este Príncipe».
> Y, resolviéndose mi madre a ello, dijo:

4. Igualmente tomado de Bataillon, *op. cit.*, pág. 183.
5. *Ibid.*, pág. 189.
6. Escrito en 1633, pero no se publicó hasta este siglo.

«No tengo qué te dar».

Dije:

«No importa, que yo buscaré para todos, Dios mediante».

Con todo, me compró una camisa y unos zapatos de carnero, y me dio cuatro reales y me echó su bendición. Con lo cual, un martes, 7 de septiembre de 1597, al amanecer, salí de Madrid tras las trompetas del Príncipe Cardenal.

Un novelista con preocupación por la verosimilitud hubiera vacilado en inventar el episodio en el que Contreras, que se decide, después de una vida de violencia despreocupada, a convertirse en ermitaño cuando sus esperanzas de ascenso resultan decepcionadas, por lo que hace la maleta, mete en ella el cilicio, el flagelo, la calavera y otros requisitos de la vida devota, y se retira durante siete meses al Moncayo. Es probable que fuese su pintoresquismo fanfarrón lo que le interesara a Lope de Vega que le acogió con afecto y le ayudó durante ocho meses. *La vida y hechos de Estebanillo González, hombre de buen humor. Compuesto por él mismo* (Amberes, 1646), casi con certeza una autobiografía auténtica, debe ser leída con el mismo espíritu. El autor cuenta con incesantes facetas y floreos la historia de sus aventuras al viajar por toda Europa en una variedad de ocupaciones de carácter picaresco o extravagante, para encontrar finalmente empleo como bufón del comandante del ejército imperial, Ottavio Piccolomini, y luego del príncipe-cardenal don Fernando, hermano de Felipe IV. Comenta con una desfachatez casi ingenua su cobardía y sus fechorías. Cuenta, por ejemplo, cómo, después de ocultarse con el fin de evitar la batalla en Nordlingen, apareció después del combate para dar lanzadas a los cadáveres suecos.

Sucedióme (para que se conozca mi valor) que llegando a uno de los enemigos a darle media docena de morcilleras, juzgando su cuerpo por cadáver como los demás, a la primera que le tiré despidió un ¡ay! tan espantoso, que sólo de oírlo y parecerme que hacia movimiento para quererse levantar para tomar cumplida venganza, no teniendo ánimo para sacarle la

espada de la parte adonde se la había envasado, tomando por
buen partido el dejársela, lo volví las espaldas, y a carrera
abierta no paré hasta que llegué a la parte adonde estaba nuestro bagaje [...]

El relato de su vida es probable que estuviera retocado, porque a
veces tiene un sabor muy literario y nos hace pensar que se diri-
ja conscientemente a un público que gusta de la peripecia no
heroica, probablemente el mismo que sustenta el éxito de la literatura picaresca de entretenimiento. Sin embargo, éste no es
un libro para moralizar; si es una autobiografía, los criterios apli-
cables a una obra de arte no pueden serlo aquí. El valor del *Estebanillo* es el de un documento humano que nos da una visión
de la dureza, con frecuencia horrorosa, de la vida diaria, que
subyace en la literatura y en el arte de la época.

La vida de Guzmán de Alfarache, atalaya de la vida humana [7],
aunque apareció en dos partes, fue concebida como un relato
único desde el principio. El mejor sumario es la propia "Declaración" con que Mateo Alemán presenta su libro:

Para lo cual se presupone que Guzmán de Alfarache, nuestro
pícaro, habiendo sido muy buen estudiante, latino, retórico y
griego, como diremos en esta primera parte, después dando
la vuelta de Italia en España, pasó adelante con sus estudios,
con ánimo de professar el estado de la religión; mas por volverse a los vicios los dejó, habiendo cursado algunos años en
ellos. Él mismo escribe su vida desde las galeras, donde queda
forzado al remo, por delitos que cometió, habiendo sido ladrón famosísimo, como largamente lo verás en la segunda
parte. Y no es impropiedad ni fuera de propósito si en esta
primera escribiere alguna dotrina, que antes parece muy lle-

7. Para darle su título completo, que apareció solamente en la parte II,
aunque —como aclara el privilegio real— estaba también pensado como título
de la parte I.

gado a razón darla un hombre de claro entendimiento, ayudado de letras y castigado del tiempo, aprovechándose del ocioso de la galera.

La obra es la narración que hace Guzmán de sus escapadas junto con su comentario moral sobre ellas, de manera que se nos da una doble visión de la peripecia. El comentario moral es parte íntegra de la obra tal como fue proyectada desde el principio, porque *Guzmán* no es en su esencia una obra de entretenimiento. El libro es una homilía dirigida a un mundo pecador, fue leído como tal, y por ello alcanzó una popularidad que llegó a ser inmensa. Fue una de las obras del siglo XVII más frecuentemente reeditadas: se hicieron tres traducciones separadas al francés que llegaron a alcanzar un total de dieciocho ediciones en el siglo XVII; la traducción alemana se cifra en diez ediciones en el siglo, y la traducción inglesa de James Mabbe (1622-1623) en seis. Hubo también inmediatas traducciones al holandés, italiano y latín. Es evidente que Mateo Alemán expresó en su *Guzmán de Alfarache* algo que importaba mucho a una muchedumbre de europeos occidentales, y el libro, a juzgar por el número de ediciones, debió de leerse por la mayoría del público instruido europeo de aquel siglo.

En el siglo XVIII las "digresiones" morales empezaron a considerarse tediosas por algunos lectores. Lesage publicó una nueva traducción francesa en 1732 "purgée des moralités superflues". Fue un éxito de público y, junto al *Gil Blas* de Lesage, contribuyó a establecer el punto de vista moderno de que la novela picaresca era esencialmente un relato de aventuras divertidas. Sólo en años muy recientes *Guzmán de Alfarache* ha llegado a ser considerado y apreciado de nuevo como una unidad.

Aunque no se sabe mucho de él, la vida y la personalidad aparente de Mateo Alemán han tenido cierta influencia en la interpretación de *Guzmán*. Nació en Sevilla en 1547, hijo de un médico, y estudió medicina durante algún tiempo. Llegó a desempeñar cargos de importancia dependientes de la Corona: fue juez de Comisión en 1583, encargado de comprobar ciertas cuentas de impuestos provinciales, y ocupó cargos semejantes durante algunos años. En 1593 fue enviado como juez a investigar las condiciones de trabajo en las minas de mercurio de Almadén. Horroriza leer la transcripción de las declaraciones. Mateo Alemán vio en Almadén, quizá por primera vez, las profundidades de la degradación y del sufrimiento humanos[8]. Más de una vez estuvo en la cárcel durante cortos períodos: en 1583 inculpado de abuso de autoridad, en 1602 por deudas. En 1608 se embarcó rumbo a México con su amante y algunos miembros de su propia familia. Nada se sabe de él después de 1613. Además de *Guzmán de Alfarache* publicó *San Antonio de Padua* (Sevilla, 1604), *Ortografía castellana* (México, 1609) y *Sucesos de D. Fray García Gera (Guerra), arzobispo de México* [...] (México, 1613).

Mucho se ha dicho de la supuesta ascendencia judía de Mateo Alemán. Recientemente se ha demostrado lo frágil y dudoso de la prueba[9], y no debe volver a afirmarse, a no ser que aparezca una evidencia nueva. Es casi cierto que *Guzmán de Alfarache* no derivó de una secreta angustia: los testimonios describen a Mateo Alemán como un hombre influyente y respetado.

Una de las modernas interpretaciones de la obra, que más repercusión ha tenido, es la de Enrique Moreno Báez, quien de manera incontrovertible ha restaurado la unidad del libro demostrando la inseparabilidad de los episodios y del comentario moral. Lo considera como una respuesta a los ideales didácticos de la Contrarreforma y una encarnación de lo que ésta opina del hombre. La médula de la obra es el concepto de culpa original, ilustrada con abundancia por ejemplos de flaqueza moral e infamia.

> Este camino corre el mundo. No comienza de nuevo, que de atrás le viene al garbanzo el pico. No tiene medio ni remedio. Así lo hallamos, así lo dejaremos. No se espere mejor

---

8. Los documentos han sido resumidos por Germán Bleiberg en *Actas II*, págs. 25-49.
9. Por E. Asensio en «La peculiaridad literaria de los conversos», *Anuario de Estudios Medievales*, 4, Barcelona, 1967, págs. 328-329.

tiempo ni se piense que lo fue el pasado. Todo ha sido, es y
será una misma cosa. El primero padre fue alevoso; la primera
madre mentirosa; el primero hijo ladrón y fratricida.

(I, 3, I)

Todos los hombres son enemigos, unidos solamente en su mutua
traición: "no hallarás hombre con hombre; todos vivimos en
asechanzas [...]" (I, 2, IV). Cuando Guzmán de mozo se encuentra en la carretera de Toledo con otro muchacho se interrogan
el uno al otro con precaución; Guzmán sabe que el otro miente,
"que por mis mentiras conocí que me las decía" (I, 2, VII). La
mentira es una constante en la sociedad humana, pero el engaño
es más universal.

Es tan general esta contagiosa enfermedad, que no solamente
los hombres la padecen, mas las aves y animales. También los
peces tratan allá de sus engaños, para conservarse mejor cada
uno. Engañan los árboles y plantas, prometiéndonos alegre flor
y fruto, que al tiempo falta y lo pasan con lozanía. Las piedras,
aun siendo piedras y sin sentido, turban el nuestro con su
fingido resplandor y mienten, que no son lo que parecen. El
tiempo, las ocasiones, los sentidos nos engañan. Y sobre todo,
aun los más bien trazados pensamientos. Toda cosa engaña y
todos engañamos [...]

(II, 1, III)

Pero aunque el mundo engaña, y los apetitos y pasiones del hombre son una trampa, un hombre es responsable de sus acciones:
no puede absolverse echando la culpa a su naturaleza corrompida.
"Querer culpar a la naturaleza no tendré razón, pues no menos
tuve habilidad para lo bueno que inclinación para lo malo" (I,
3, IX). Todo hombre tiene la posibilidad, por muy profundamente hundido que esté en el pecado, de salvarse por el arrepentimiento, como Guzmán se da cuenta de pronto al meditar un
sermón que había oído.

¡Válgame Dios!, me puse a pensar, que aun a mí me toca y
yo soy alguien: ¡cuenta se hace de mí! [...] Sí, amigo, me

respondía. A ti te toca y contigo habla, que también eres miembro deste cuerpo místico, igual con todos en sustancia, aunque no en calidad.

(I, 2, III)

Cualquiera que sea su posición, un hombre dispone de los medios para salvarse. "Procura ser usufructuario de tu vida, que usando bien della, salvarte puedes en tu estado" (I, 2, IV).

Éste es, pues, el tema fundamental del libro, que será ilustrado por todas las experiencias de Guzmán. Su madre fue una adúltera, su verdadero padre un malvado sin conciencia. Después de abandonar su casa, Guzmán cae con facilidad en una vida de deshonra y de ocio. Pasa con rapidez de los hurtos y trampas en el juego a robos mayores, cuyos productos dilapida en fingir buena apariencia. Pasa a Italia, donde llega a ser falso mendigo en Roma y donde un cardenal le toma a su servicio, pero Guzmán, incapaz de desprenderse de sus mañas, es despedido. Ayudado por Sayavedra, un cómplice al que contrata, Guzmán perpetra una ingeniosa estafa en Milán, saca con engaños una gran cantidad a sus parientes genoveses y vuelve a España con su dinero. Se establece en Madrid presentándose como un rico comerciante, se casa y, asociado con su suegro, se dedica a variados negocios deshonestos, con los que termina desacreditado y arruinado. Al morir su mujer, decide estudiar para sacerdote, pero sólo por interés: "tendré cierta la comida y, a todo faltar, meteréme fraile, donde la hallaré cierta" (II, 3, IV). En Alcalá se entrega a una vida virtuosa y continúa en ella durante siete años, pero casi a punto de licenciarse se enamora, abandona sus estudios y se casa de nuevo. El matrimonio afinca en Madrid, donde él vive de las inmorales ganancias de ella. Se trasladan a Sevilla y allí su mujer le abandona, llevándose todo el dinero del marido. Desesperado, se ve obligado a diversos expedientes, entre otros robar capas y ropa. Engañando la inocencia de un fraile, adquiere reputación de santidad, lo que le proporciona el puesto de mayordomo de una rica dama, a quien roba sistemáticamente; descubierto, es enviado a galeras, donde sufre los límites de la degradación y la miseria. Pero allí, paria sin amigos, se pone a reflexionar sobre su destino.

> ¿Ves aquí, Guzmán, la cumbre del monte de las miserias, adonde te ha subido tu torpe sensualidad? Ya estás arriba y para dar un salto en lo profundo de los infiernos o para con facilidad, alzando el brazo, alcanzar el cielo.
>
> (II, 3, VIII)

Un monte de miserias, desde cuya cumbre puede alcanzar el cielo: sorprendente paradoja.

Viendo la futilidad de su vida anterior se arrepiente, duerme y, al despertar, "halléme otro no yo ni con aquel corazón viejo que antes". Empiezan ahora nuevos sufrimientos: es acusado en falso de robo y castigado con brutalidad. Por último su virtud recién encontrada le trae su premio: invitado a unirse a la conspiración que prepara un motín, lo denuncia al comandante que "me mandó desherrar y que como libre anduviese por la galera, en cuanto venía cédula de su majestad [...]".

El pecado original no es, sin embargo, el único tema del libro. Es el fondo sobre el que tiene lugar la acción; pero, al cambiar Guzmán a diferentes medios de vida y niveles sociales, muchos temas distintos solicitan su atención o la de su autor. "Todo ha sido, es y será una misma cosa": sin duda, pero Guzmán, al denunciar los males de la sociedad de su época propone muchas reformas. Es evidente que Mateo Alemán creía que algunas cosas podían cambiarse. Cuando Guzmán es robado en Italia, hace un discurso sobre los ladrones y cómo deberían ser tratados. La sentencia usual de destierro es más que inútil ya que irán a robar a otro sitio.

> No, no: que no es útil a la república ni buena policía hacer a ladrones tanto regalo; antes por leves hurtos debieran dárseles graves penas. Échenlos en las galeras, métanlos en presidios o denles otros castigos, por más o menos tiempo, conforme a los delitos. Y cuando no fuesen de calidad que mereciesen ser agravados tanto, a lo menos debiéranlos perdigar,

como en muchas partes acostumbran, que les hacen señal fuego en las espaldas, por donde a el segundo hurto son conocidos.

(II, 1, VIII)

Las frecuentes discusiones a propósito de la justicia y de su desnaturalización reflejan sin duda la preocupación profesional de Mateo Alemán en relación con el crimen y el castigo. En la parte II, 2, II-III Guzmán discurre sobre los riesgos de los pleitos, la deshonestidad de los empleados de la justicia, la corruptibilidad de algunos jueces (y cómo precaverse contra ella) y la arbitrariedad de otros. Una desafortunada experiencia en Madrid le lleva a comentar las acusaciones falsas de violación y proponer un remedio contra las mujeres ligeras y sin escrúpulos: "Si así se les respondiese con una ley en que mandase que mujer de once años arriba y en poblado no pudiese pedir fuerzas, por fuerza serían buenas" (II, 3, II). Al describir las estafas en que se metió, propone un cambio en la ley de contratos y compara las leyes de Castilla que parecen desfavorables en relación con las de Barcelona, donde un hombre puede establecerse como comerciante sólo con el permiso de los cónsules que regulan el comercio. La venta de su casa le lleva a lanzar invectivas contra las iniquidades del censo perpetuo, por el cual una proporción exorbitante de los productos de una venta es pagadera al primer propietario, lo que le parece una imposición arbitraria.

Y como fueron los que gasté tres mil ducados, pudiera ser trecientos, treinta a treinta mil y aquella casa pudo venderse treinta veces en un año. Que fuera un excesivo y exorbitante derecho. Y aquesto ni lo es de civil ni canónico ni tiene otro fundamento que nacer del que llamamos de las gentes y no común, sino privado, porque lo pone quien quiere y no corre generalmente, sino en algunas partes y término de cuatro leguas lo pagan en unos pueblos y en otros no. En especial en Sevilla ni en la mayor parte del Andalucía no lo conocen, jamás oyeron tal cosa.

(II, 3, IV)

La experiencia y la indignación de Guzmán son sin duda las de Mateo Alemán ya que él mismo había comprado y vendido fincas en Sevilla y en Madrid.

Cuando Guzmán se convierte en un falso mendigo en Roma, sin duda hemos de ver en esto también el desenmascaramiento de un abuso, aunque esta vez no se propone ningún remedio preciso. Es interesante que una carta que se supone pertenecer a Mateo Alemán trata extensamente del problema de la vagancia y de la mendicidad [10]. Se da especial importancia al ejército de mendigos y vagabundos sanos, quienes, insiste el autor, deberían ser obligados al trabajo. "Estos de florida edad y mejores fuerzas, ágiles y con salud, ¿no esgrimieran mejor un azadón en las manos, que andarse danzando con unas espuertas en los hombros, el canasto en los brazos?"

Guzmán tiene algo que decir sobre la adecuada administración de los hospitales, donde los enfermos son con frecuencia sobrealimentados por "algunas piadosas mentecatas". "Mi parecer sería que no se consintiese, y lo tal antes lo den al enfermero que al enfermo. Porque de allí saldrá con parecer del médico cada cosa para su lugar mejor distribuida, pues lo que así no se hace es dañoso y peligroso" (I, 1, II). Habla a continuación del trato que debe darse a los sirvientes (I, 3, IX). En resumen, *Guzmán de Alfarache* es más que un sermón sobre el pecado original: es un estudio no sólo de la vida de un hombre, sino de la sociedad que le contiene. Sin duda Mateo Alemán esperaba llevar a los pecadores al arrepentimiento, pero como juez de larga experiencia tuvo la inteligencia de ver la importancia de la legislación; vio que el pecado original puede ser una constante, pero que muchas cosas deben ser rectificadas. Aunque el libro no trata en forma explícita de los mayores problemas sociales de la época de Mateo Alemán —el estancamiento de la economía, la decadencia de la agricultura, la despoblación del campo, etc.—, el

10. E. Cros, *Protée et le gueux*, París, 1967, págs. 436-442. Pero nótese que la carta aparece fechada en 1597 y, sin embargo, se refiere a «la primera parte del pícaro» quizá terminada pero sin imprimir todavía. ¿Es una carta auténtica de Mateo Alemán?

cuadro que nos da el autor es el producto de su propia observación del ocaso de una sociedad diagnosticada en los únicos términos que le son familiares, los de la teología cristiana. Personifica los males de la sociedad que conoce, en un hombre que con debilidad se abandona al pecado hasta que el pecar se convierte en su manera de vivir, pero que finalmente podrá ser virtuoso. Los moralistas de su tiempo, ciegos ante las realidades económicas, atribuyeron la decadencia de España a la pereza, pecado nacional; si se pudiera obligar a los vagos a trabajar de nuevo, la prosperidad volvería. En su elogio de *Guzmán de Alfarache*, Alonso de Barros muestra que leyó el libro como si fuese, entre otras cosas, un ataque contra el ocio, del cual nacen otros vicios:

> en la historia que ha sacado a luz, nos ha retratado tan al vivo un hijo del ocio, que ninguno, por más que sea ignorante, le dejará de conocer en las señas, por ser tan parecido a su padre, que ·como lo es él de todos los vicios, así éste vino a ser un centro y abismo de todos [...]

Del castigo de Guzmán puede deducirse lo contrario,

> el premio y bienafortunados sucesos que se le seguirán al que ocupado justamente tuviere en su modo de vivir cierto fin y determinado, y fuere opuesto y antípoda de la figura inconstante deste discurso.

El ocio voluntario, la inconstancia, la ganancia deshonesta preferida al trabajo honrado, tales son las características de la sociedad estudiada en el libro. *Guzmán de Alfarache* puede ser en parte el diagnóstico de Mateo Alemán sobre el estado de España.

No se puede negar que *Guzmán de Alfarache* es prolijo, pero Mateo Alemán impuso ilación en su heterogéneo material por el procedimiento ingenioso de hacer de ello la autobiografía de un pecador arrepentido, de manera que la aventura picaresca y el comentario moral se complementan como aspectos del personaje principal. A la objeción de que no podemos saber desde el principio su arrepentimiento, basta señalar la "Declaración" (citada anteriormente) del autor, que supondrá con razón que habremos leído. La prolijidad de los discursos morales no es menos apropiada al carácter de Guzmán, aunque sin duda es también un rasgo del mismo Mateo Alemán. Las repetidas excusas de Guzmán por las interminables moralizaciones no han de ser tomadas como si fuesen del mismo Alemán: el autor había calculado bien el apetito de su público por los discursos morales. De lo que se excusa Guzmán es de lo extraño que resulta encontrar la moralidad en la boca de un pícaro y esclavo de galeras. "Quiero callar [...] Pues aun conozco mi exceso en lo hablado: que más es dotrina de predicación que de pícaro" (I, 2, III). O en otra ocasión: "¡oh que gentil disparate! ¡Que fundado en teología! ¿No veis el salto que he dado del banco a la popa? ¡Qué vida de Juan de Dios la mía para dar esta dotrina!" (I, 1, II). A veces mantiene la ficción de que está escribiendo una obra de entretenimiento, en la que sus moralizaciones son digresiones (como las llama en II, 3, III). Escribe:

> ¡Oh, válgame Dios! ¡Cuando podré acabar comigo no enfadarte, pues aquí no buscas predicables ni dotrina, sino un entretenimiento de gusto, con que llamar el sueño y pasar el tiempo! No sé con qué disculpar tan terrible tentación sino con decirte que soy como los borrachos, que cuanto dinero ganan todo es para la taberna.
>
> (II, 2, II)

Pero no es más que una ironía: los lectores no se arredraron ante tanto moralismo y se precipitaron a comprar el libro. De todas maneras, Mateo Alemán tuvo cuidado de procurar entretenimiento suficiente como para mantener el interés en los espíritus más banales. Incorporó tres narraciones siguiendo el modelo de las *novelle* italianas: la de Ozmín y Daraja, la de Dorido y Clorinia, y la de Dorotea. Las tres pueden ser consideradas ejemplares pues la virtud es recompensada y la villanía castigada, pero el propósito principal es sin duda la distracción como se evidencia en el texto. El mismo cuerpo de la narración está diversificado con numerosas anécdotas que el autor aporta ingeniosamente para sostener el relato. Ya desde el capítulo primero se establece el esquema. Promete contar la historia sin adornos y en seguida la ilustra con la anécdota del hombre que encargó dos cuadros de un caballo, uno de los cuales rechazó porque el pintor le pidió un precio demasiado alto pues había pintado menos caballo que paisaje. Guzmán habla después algo de su padre, pero la eventual referencia a un escribano le lleva a ofrecer un sermón sobre éstos que oyó una vez en Madrid. Un discurso a propósito de los jueces corrompidos es ilustrado por una anécdota acerca de un labrador de Granada. Volvemos después al padre de Guzmán cuya afeminada apariencia le recuerda a su hijo la de un monstruo, nacido en Ravenna en 1512, que simbolizaba los vicios por los que Italia iba a ser castigada. Y esto a su vez le lleva a la reflexión de que aun siendo universal el pecado, lo es también la oportunidad para la redención, por donde volvemos a uno de los principales temas del libro.

El estilo de Alemán es rico y vigoroso. En conjunto es de vocabulario sencillo, pero lleno de variedad en sus figuras retóricas y también en la alternancia entre la concisión y períodos más amplios y más ciceronianos.

El éxito de la primera parte impulsó a Martí a escribir una continuación. Esta obra vale poco: es un evidente producto comercial pensado únicamente para aprovechar el éxito de la primera parte de Mateo Alemán. Éste se vengó: el Sayavedra que ayuda a Guzmán en su fraude en Italia se convierte en su fiel sirviente, denuncia a su desaprensiva contrafigura Juan Martí, y se vuelve loco en una tempestad en la mar, gritando "¡Yo soy la sombra de Guzmán de Alfarache! ¡Su sombra soy, que voy por el mundo!". Salta la mar y se ahoga sin que Guzmán le llore.

La obra picaresca que se publicó a continuación lleva por título *Libro de entretenimiento de la pícara Justina* (Medina, 1605) de Francisco López de Úbeda. A pesar de la afirmación del autor de que lo había escrito muchos años antes, el libro parece estar compuesto sobre el modelo de *Guzmán de Alfarache*: en la forma, ya que su contenido es muy diferente como lo sugiere el título. El autor pretendía que lo había escrito con intención moralizadora, y el hecho de que cada capítulo concluya con un aprovechamiento moralizador parece confirmarlo; sin embargo con frecuencia lo moral no guarda relación con el relato que en su conjunto es de carácter francamente entretenido. No obstante, hay rasgos intrigantes que han llevado a Marcel Bataillon a afirmar que el libro es un *roman à clef,* lleno de alusiones a figuras muy conocidas en los círculos de la corte, en el que satiriza la obsesión de la limpieza de sangre. Para llegar a una total comprensión del libro debemos esperar ulteriores investigaciones.

La *Historia de la vida del buscón llamado don Pablos,* de Francisco Gómez de Quevedo y Villegas, fue publicada (probablemente sin la autorización de Quevedo) en Zaragoza en ~~1526~~, 1626 pero hay indicaciones internas que sugieren que compuso un primer borrador antes de 1604[11]. Si así fuera, Quevedo debió sentirse estimulado a escribirla por el éxito de *Guzmán de Alfarache.*

Quevedo nació en Madrid en 1580 en una familia noble. Estudió en Alcalá y llegó a ser uno de los españoles más cultos de su época. Mantuvo correspondencia con el humanista neoestoico Justo Lipsio, se movió entre los círculos superiores de la sociedad y estuvo muy implicado en asuntos de estado. Al caer su protector, el duque de Osuna, en desgracia, Quevedo fue desterrado en 1620, pero su estrella ascendió de nuevo con el advenimiento al trono de Felipe IV en 1621. Más tarde incurrió en la enemistad del nuevo privado, el conde-duque de Olivares, que lo encarceló en 1639. A la caída de Olivares en 1643, quedó en libertad pero con la salud quebrantada y se retiró a su solar, la Torre de Juan Abad, donde murió en 1645. Se había casado en 1634, pero la pareja se separó dos años después. Escribió copiosamente en prosa y en verso y sobre una gran variedad de temas (cf. más adelante, caps. 7 y 9).

---

11. F. Lázaro en su edición de *El buscón,* Salamanca, 1965, págs. LII-LV. Esta fecha es discutida por A. A. Parker, *op. cit.,* págs. 56-57. Contra esta objeción, puede señalarse que *El sueño del juicio final* que parece haber sido compuesto en la primera década del siglo, tiene la misma madurez estilística.

En su prólogo a *El buscón* Quevedo escribe:

> Aquí hallarás en todo género de picardía (de que pienso que
> los más gustan) sutilezas, engaños, invenciones, y modos na-
> cidos del ocio para vivir a la droga, y no poco fruto podrás
> sacar dél si tienes atención al escarmiento [...]

Ésta no es en sí misma prueba de que el libro contenga una moral
seria: esta pretensión se vió en la mayoría de los de entonces,
incluso cuando estaba en flagrante contradicción con la verdad.
La de Quevedo, sin embargo, parece estar apoyada por el libro.
Sólo el que carezca de humor dejaría de ver que el libro es también una obra de entretenimiento extraordinariamente ingeniosa
aunque cruel.

Pablos, su protagonista, dice que su madre era una alcahueta,
bruja y prostituta. Su padre aparente era un barbero que combi-
naba su oficio con el robo. El hermanillo de Pablos murió en la
cárcel de una paliza de latigazos por robo. Pablos, sin embargo,
tuvo ambición desde la infancia para elevarse en la sociedad.

> Hubo grandes diferencias entre mis padres sobre a quién había
> de imitar en el oficio, mas yo, que siempre tuve pensamientos
> de caballero desde chiquito, nunca me apliqué a uno ni a otro.

> (I, I)

Es enviado a la escuela y allí hace amistad con el hijo de un
caballero, don Diego Coronel, cuyo favor Pablos intenta obse-
quiosamente alcanzar. La vergüenza de Pablos por su origen deshonroso, sentimiento frecuentemente expresado en el libro, le
impulsa a tratar de ascender por cualquier medio a su alcance
con el fin de escapar a su inconfesable pasado. De niño su vergüenza se muestra en un excesivo deseo de agradar, hasta el punto de que en una ocasión, "por darle gusto a mi amigo" (I, II)
hace travesuras y es castigado. Este deseo de agradar se convierte
más tarde en una decisión de seguir la corriente de hipocresía
del mundo y es el origen de su determinación de volverse pícaro.
Sus sufrimientos en Alcalá, donde acompaña a don Diego cuan-

do va allí a estudiar, le llevan a decirse: "«Avisón, Pablos, alerta.» Propuse de hacer nueva vida" (I, v). Éste es su momento crucial.

> «Haz como vieres», dice el refrán, y dice bien. De puro considerar en él, vine a resolverme de ser bellaco con los bellacos, y más, si pudiese, que todos.
>
> (I, VI)

Llega a ser el mayor tunante de Alcalá. Don Diego es obligado por su padre a despedir al cada vez más indómito Pablos. Éste, sin embargo, ha recibido una carta de su tío, el verdugo público de Segovia, anunciando la ejecución de su padre y el encarcelamiento de su madre y citando a Pablos a que venga a reclamar su herencia. Pablos replica a don Diego:

> Señor, ya soy otro, y otros mis pensamientos; más alto pico y más autoridad me importa tener.
>
> (I, VII)

El sentido de vergüenza de Pablos había revivido con la noticia —"No puedo negar que sentí mucho la nueva afrenta"—, pero se alegra de poder prescindir de sus parientes y decide recoger su herencia "y conocer mis parientes, para huir dellos". Al llegar a Segovia es saludado en la calle por su tío que se encuentra dando latigazos a una procesión de malhechores. "Penséme morir de vergüenza" (II, III). Consumido por ella y de impaciencia durante el tiempo que está en casa de su tío, Pablos se marcha secretamente a la mañana siguiente con dirección a Madrid.

> Consideraba yo que iba a la corte, adonde nadie me conocía —que era la cosa que más me consolaba—, y que había de valerme por mi habilidad allí.
>
> (II, v)

En el camino encuentra a un hidalgo empobrecido, don Toribio Rodríguez Vallejo Gómez de Ampuero y Jordán, que se ofrece a presentar a Pablos a la hermandad de la que es miembro, una hermandad de hombres que vivían de subterfugios y a costa de

otros, robando y manteniendo una apariencia de distinción por
los medios más fantásticos. "Somos gente que comemos un pue-
rro y representamos un capón" (II, VI). Pablos se une a ellos. Va
a la cárcel con ellos cuando son arrestados por robo, pero mediante soborno consigue su libertad. Está decidido ahora más
que nunca a elevarse e intenta hacer un matrimonio provechoso.
Alquila un caballo por horas, ya que un caballo es un signo necesario de nobleza. Haciéndose llamar don Felipe Tristán, consigue enamorar a una noble señorita que desgraciadamente resulta
ser pariente de don Diego Coronel que, al volver a reaparecer,
sospecha en seguida que Pablos es su antiguo sirviente a pesar
de las negativas de este último. Al día siguiente, Pablos se cae
de un caballo que ha tomado prestado frente a la casa de doña
Ana y pasa por la ignominia de ser reñido por el propietario
del caballo. Don Diego ve sus sospechas confirmadas y urde una
venganza. Se arregla con unos hidalgos amigos para que le den
una paliza a Pablos y unas cuantas cuchilladas en la cara. Al
dejar a Pablos sangrando uno de los caballeros exclama: "¡Así
pagan los pícaros embustidores mal nacidos!" (III, VII). El hun-
dimiento de Pablos es ahora rápido. Se pone a pedir limosna,
se une a un grupo de actores ambulantes, se hace galán de monjas, y finalmente va a Sevilla, donde forma parte de una pandilla
de maleantes. Participa en el asesinato de dos corchetes, se amiga con una prostituta, la Grajal, y al final de la narración habla
de su resolución de ir con ella a América en busca de mejor
fortuna.

> Y fueme peor, como v.m. verá en la segunda parte, pues nun-
> ca mejora su estado quien muda solamente de lugar, y no
> de vida y costumbres.
>
> (III, X)

Ésta es la única nota didáctica explícita en el libro, pero el
curso del relato deja al lector sin ninguna duda a propósito de
las intenciones de Quevedo. Las ambiciones inmorales de Pablos le llevan a castigo tras castigo a partir de su marcha a Ma-

drid. Además de los castigos que están a la vista tales como las palizas y las cuchilladas, sufre una humillación cada vez más profunda porque, en lugar de elevarse en el mundo, desciende a profundidades mayores hasta que al final va a parar al mismo fondo de la sociedad. El libro es claramente ejemplar. Pablos, alimentando una secreta vergüenza, va de fechoría en fechoría al mismo tiempo que, despreciando la humilde constancia, sigue la fascinación de la popularidad fácil y más tarde la esperanza del ascenso social.

La intención didáctica del libro no debe ocultar las ambiciones literarias de Quevedo. Hay insistentes reminiscencias del *Lazarillo*. Tanto Pablos como Lázaro son hijos de padres deshonrados. Igual que Lázaro casi se muere de hambre por culpa del cura de Maqueda, a Pablos le ocurre lo mismo en la academia del Dómine Cabra. El tercer amo de Lázaro fue un hidalgo orgulloso, decidido a no revelar su pobreza o rebajar su honor: está caricaturizado en don Toribio. Tanto Lázaro como Pablos tienen sueños de honor y de ambición. Hay diferencias, por supuesto. La sobriedad y el realismo del *Lazarillo* están ausentes en *El buscón,* pero las semejanzas permanecen. Es evidente que Quevedo tenía la intención de superar al *Lazarillo*: exhibir la brillantez de su estilo e inventiva eclipsando una reconocida obra maestra de la distracción. Todo lo que toma del *Lazarillo* emerge más brillante, más fantástico, después de pasar por el cerebro de Quevedo. El hambre de Lázaro es verosímil: el hambre que Pablos y sus compañeros sufren en la academia del Dómine Cabra es fantástica. Un muchacho ha olvidado cómo se come e intenta meterse la comida por los oídos y los ojos. Cuando Pablos y don Diego son llevados a casa y acostados, sus bocas tienen que ser desempolvadas de tan desacostumbrados que están a comer. El mismo Cabra es pura fantasía, un ejercicio de ingenio constante. Su nariz, medio comida por las "bubas de resfriado", es descrita como "entre Roma y Francia": chato pero parecía como si tuviese sífilis. El escudero de Lázaro se metía el palillo por los dientes en público para aparentar que había comido: uno de los miembros de la hermandad de don Toribio en Madrid llevaba migas en una caja para rociarse con ellas. El escudero estaba completamente vestido por menos: don Toribio está vestido solamente donde se puede ver. "Por la parte de atrás, que cubría la capa, traía las cuchilladas con entretelas de nalga pura" (II, v). Uno de la hermandad, don Lorenzo Íñiguez del Pedroso, había estado en cama durante quince días con "mal de zaragüelles" (III, i).. Todo esto exhibe una ambición literaria: el deseo de un joven (si la primera versión se remonta a 1604) de asombrar, y anular un modelo y un rival.

Esto es perfectamente compatible con una intención que es en lo fundamental seria y didáctica. *Lazarillo* representaba para Quevedo, como para Mateo Alemán, un ejemplo y una sugestión de ulteriores posibilidades narrativas. A juzgar por la portada de *La pícara Justina* (1605), se consideraba que el *Lazarillo* estaba relacionado con las obras picarescas nuevas aunque permaneciendo aparte como si fuese el precursor: el grabado muestra a Lazarillo en un pequeño bote remolcado por (o remolcando) "La nave de la vida pícara".

El hilo central de *El buscón* es la ambición de Pablos de ser un caballero. Esto era reprensible: Pablos debía, según las creencias de la época, aceptar su posición social y permanecer en ella. En aquellos años era una queja constante la de que todos los hombres querían ser "don". Como Pedro Fernández Navarrete se lamentaba en su *Conservación de monarquías* (Madrid, 1626):

> apenas se halla hijo de oficial mecánico que por este tan poco sustancial medio no aspire a usurpar la estimación debida a la verdadera nobleza [...]
>
> (BAE, 25, pág. 472)

El deseo de ingresar en las filas de la nobleza se fundaba en tres cosas: la perenne aspiración humana a los honores sociales, la exención que disfrutaba la nobleza del impuesto como pago del servicio real (impuesto que recaía solamente en los pecheros), y el creciente y obsesivo deseo de exhibir prueba pública de limpieza de sangre. Asociada a la última estaba la extendida repugnancia a dedicarse a trabajo manual o al comercio.

El mismo Quevedo era muy consciente de su ascendencia aristocrática. Esto resulta evidente en *El buscón*. El intento de Pablos de unirse a la nobleza es brutalmente castigado, y cuando le asaltan los amigos nobles de don Diego, uno de ellos exclama: "¡Así pagan los pícaros embusteros, mal nacidos!". Pablos es, por supuesto, totalmente inmoral y ni que decir tiene que no merece elevarse; pero la vehemencia de los sentimientos de Quevedo revelados en este incidente sugiere que lo que le molesta en Pablos y su especie es no sólo la inmoralidad del pícaro, sino la presunción de los de baja procedencia al intentar ingresar en las filas de sus "superiores". Desde el reinado de Fernando e Isabel la concesión de ejecutorias de nobleza permitía a los plebeyos convertirse en hidalgos. Esto produjo resentimiento en la nobleza antigua. Las Cortes de 1592 se lamentaban:

> Del venderse las hidalguías resultan muchos inconvenientes, porque las compran, de ordinario, personas de poca calidad y ricas [...] Y para todo género de gentes es odioso el vender las hidalguías, porque los nobles sienten que se les igualen con sólo comprarlo a dinero, personas de tan diferente condición, y que se oscurezca la nobleza [...], y los pecheros sienten que los que no tuvieron mejor nacimiento que ellos se les antepongan por sólo tener dineros [...][12].

La fuerza de los sentimientos de Quevedo refleja un rencor aristocrático general por la presión social que venía de abajo. En Pablos, Quevedo caricaturiza todo un movimiento de aspiración social con el fin de exponer lo que para él era su fealdad moral. Sobre Pablos, representante de una fuerza socialmente explosiva, se concentran todas las características morales y sociales indeseables. Quevedo, con Alemán, se ve obligado a tratar de una cuestión social en los únicos términos válidos para él, que son los de la moralidad cristiana.

Mucho de la sociedad de su época era desagradable para Quevedo, en especial el ascendente del dinero sobre el verda-

---

12. J. H. Elliott, *La España Imperial*, 3.ª ed., Barcelona, 1970, pág. 120.

dero valor. Trató el tema en términos cómicos en su letrilla "Poderoso caballero / es don Dinero", cuyo tema es que el dinero es el gran nivelador[13].

> Son sus padres principales
> y es de nobles descendiente,
> porque en las venas de Oriente
> todas las sangres son reales;
> y pues es quien hace iguales
> al duque y al ganadero,
> *poderoso caballero*
> *es don Dinero.*

Con dinero cualquiera puede ser noble, sin él nadie. El dinero incitará a combatir a los cobardes ("al cobarde hace guerrero") y pisar las leyes y los privilegios ("quebranta cualquier fuero"). Hace que el ganar dinero en tiempos de paz sea más estimado que el valor en la guerra:

> Más valen en cualquier tierra
> (mirad si es harto sagaz)
> sus escudos en la paz
> que rodelas en la guerra.

Quevedo, al lamentarse de que en sus tiempos de decadencia la riqueza fuese más fuerte que el mérito, y que los plebeyos pudieran mezclarse con sus superiores, añoraba su sociedad ideal de tiempos más pobres y austeros, se remontaba a la Edad Media tiempos en que el mérito no era eclipsado por el dinero. Éste es uno de los temas de su poema *Epístola satírica y censoria* (aproximadamente 1627) dirigida al conde-duque de Olivares.

---

13. Pero hay que estar sobre aviso de no conceder demasiado significado contemporáneo al poema, cuyo tema es tradicional. Incluso el nombre de Don Dinero puede ser tradicional: un poema inglés del siglo xv sobre «Sir Penny» lleva por subtítulo «Incipit narracio de domino denario» (*Secular Lyrics of the XIVth and XVth Centuries,* ed. R. Hope Robbins, Oxford, 1952, pág. 51).

Joya fue la virtud pura y ardiente;
gala el merecimiento y alabanza;
sólo se codiciaba lo decente.

No de la pluma dependió la lanza,
ni el cántabro con cajas y tinteros
hizo el campo heredad, sino matanza.

Y España, con legítimos dineros,
no mendigando el crédito a Liguria,
más quiso los turbantes que los ceros.

El ambicioso Pablos que llega a tener su oportunidad gracias al dinero, fue concebido, al parecer, como epítome de los españoles del siglo XVII, que sólo eran activos en·buscar honores y gloria inmerecidos. Pero para Quevedo no sólo los plebeyos eran degenerados; evidentemente pensaba que la misma nobleza, representada en la *Epístola* como infectada por la decadencia de la época, era incapaz de dar el ejemplo. Pablos es un indigno trepador social, pero en su escalada su senda se cruza con la del hidalgo don Toribio quien, al carecer de renta para sostener su situación y claramente reacio al trabajo, lleva en Madrid la vida de un parásito. Durante un corto espacio de tiempo, el ambicioso que asciende y el venido a menos que desciende viven juntos; ambos son el comentario de Quevedo sobre su tiempo, y vale la pena observar que incluso don Diego no está exento de fallos: después del intercambio de capas, Pablos es apaleado por unos matones "que lo aguardaban para cintarearlo por una mujercilla, entendiendo por la capa que yo era don Diego" (III, VII).

El buscón es una de las tres obras maestras de la novela picaresca española y aun puede afirmarse que la más bella de las tres. Es brillante pero cruel, ya que carece por completo de compasión.

Una vez que el público lector reconoció el atractivo de la picaresca, se explotó pronto con un propósito de mero entretenimiento como lo demuestra la próxima obra de la serie. *La hija de Celestina* (Zaragoza, 1612) de Alonso Jerónimo de Salas Barbadillo (1581-1635) es la narración bien contada de la historia de una mujer ligera, Elena, y su complaciente marido Montufar, que al final es asesinado por uno de los amantes de su esposa, por lo que Elena termina en el patíbulo. Es una aventura indecorosa escrita para entretener, aunque el autor hace la habitual reverencia a la moralidad en el prólogo: "Se pretende y muestra en la astucia y hermosura de Elena y trato de su compañía lo que ejecuta la malicia deste tiempo, y el fin que tiene la gente desalmada".

Vicente Espinel (1550-1624) —sacerdote, poeta y músico— publicó sus *Relaciones de la vida del escudero Marcos de Obregón* en 1618 (Madrid). Aunque muchos lo han llamado una novela picaresca, es la historia de un hombre prudente y respetable que cuenta las aventuras grandes y pequeñas que han llenado su vida, moralizando y haciendo digresiones libremente al tiempo que las narra. El libro es un retrato serenamente atractivo de un viejo estudioso de la naturaleza humana. Es muy autobiográfico en su contenido. Lesage aprovechó material de este libro para su *Gil Blas*. Aunque no es una gran obra de arte, es una de las más agradables de este período, lleno de curiosa doctrina y sagaz observación.

Alonso, mozo de muchos amos (parte I, Madrid, 1624; parte II, Valladolid, 1626) de Jerónimo de Alcalá Yáñez y Ribera (1563-1632) es la historia de Alonso, en la parte I hermano lego en un monasterio, y en la parte II un ermitaño, que cuenta su vida a un simpático sacerdote. Está escrita en forma dialogada. Tampoco esta novela es picaresca, aunque con frecuencia así se la considere. Alonso no es un tunante, es sólo un hombre gárrulo e inofensivo que ha vivido mucho al servicio de sus muchos amos. Como Marcos de Obregón, Alonso se dedica a moralizar sin contenerse: el libro se parece mucho al de Espinel en su estructura y estilo, aunque sea muy inferior en interés.

Pocos años antes un emigrado español, Carlos García, publicó *La desordenada codicia de los bienes ajenos* (París, 1619) donde el autor, al que se supone que está escribiendo en una cárcel francesa, compone la autobiografía de un compañero de prisión como si le fuese contada. Es una historia de robos continuos que el narrador, Andrés, prologa con un relato de "la nobleza y excelencias del hurtar" y concluye con "los estatutos y leyes de los ladrones". Virtualmente no se sabe nada de Carlos García, que dos años antes había publicado en París *La oposición y conjunción de los dos grandes luminares de la tierra,* donde discute la antipatía entre España y Francia, y expone sus esperanzas de futura concordia.

Quizá tratando de emular el libro de Carlos García, otro español emigrado, Juan de Luna, que enseñaba su idioma en París, publicó al año siguiente una *Segunda parte de la vida de Lazarillo de Tormes, sacada de las Corónicas antiguas de Toledo [...]* (París, 1620), que hizo aparecer con una edición "corregida" del *Lazarillo* original, cuyo estilo había "mejorado" en varios puntos. En su prólogo Luna lanza un tremendo ataque contra la tiranía de la Inquisición, y su *Segunda parte* está escrita con un espíritu anticlerical apasionado. Es un libro entretenido e imaginativo.

Quien contribuyó con mayor extensión a la literatura picaresca, y puede afirmarse que fue el autor más frívolo, fue Alonso de Castillo Solórzano (1584-¿1648?) que entre sus otras obras novelescas (cf. más adelante, cap. 8) tiene cierto número de novelas picarescas y relatos más cortos: *Las harpías en Madrid y coche de las estafas* (Barcelona, 1631), *La niña de los embustes Teresa de Manzanares* (Barcelona, 1632), *Aventuras del bachiller Trapaza, quinta esencia de embusteros y maestro de embelecadores* (Zaragoza, 1637) y *La garduña de Sevilla y anzuelo de las bolsas* (Madrid, 1642). La última, la más conocida, es una continuación de las *Aventuras del bachiller Trapaza.* Es representativa de todo el grupo en su monótono desfile de ingeniosas supercherías y en su general falta de profundidad.

Antonio Enríquez Gómez (¿1600?-¿1660?), un judío español que prefirió vivir en el extranjero (cf. también más adelante, cap. 7), publicó un estudio satírico de la vida, que pretende ser el relato de un alma que transmigra a través de muchos cuerpos: *El siglo pitagórico, y vida de don Gregorio Guadaña* (Rouen,

1644). La vida de don Gregorio Guadaña (en prosa, el resto de la obra está en verso) es una narración picaresca. Tiene algunos momentos entretenidos, pero en su conjunto es un fárrago aburrido.

Y así se agotó la picaresca como género distintivo en España, siendo absorbida en la masa miscelánea de ficción ligera que fue lo que más gustaba al público lector en el siglo XVII.

Capítulo 7

LA POESÍA EN EL SIGLO XVII

El acelerado ocaso económico de España que empezó a fines del siglo XVI coincidió hasta la mitad del siglo XVII con una extraordinaria floración de las artes, especialmente de la poesía. A la larga, sin embargo, la decadencia afectó a todos los aspectos de la vida: el período de gran brillantez literaria había terminado antes de 1650 (Calderón después de esa fecha es una eminencia solitaria), pues Góngora murió en 1627, Lope de Vega en 1635 y Quevedo en 1645, mientras que ningún poeta, ni siquiera de estatura remotamente comparable surgió para ocupar sus puestos. El alarde de ingenio creador en la primera mitad del siglo no es tan paradójico como pudiera parecer a primera vista. Los escritores más inteligentes de la época se daban clara cuenta de los síntomas de decadencia nacional, y el creciente desencanto en el ánimo del país se refleja a menudo en sus obras; pero el efecto decepcionante quedó compensado por otros factores tales como el mecenazgo concedido por la aristocracia para la cual la protección de las artes, aunque debido en parte a un interés artístico genuino, formaba parte de la vida de ostentación competitiva y dadivosa que se consideraba apropiada a la posición del noble en la sociedad. Por ejemplo, el conde, más tarde conde-duque de Olivares, se rodeó de escritores antes y después de su subida al poder como privado de Felipe IV. El florecimiento de las artes es, de hecho, otro aspecto del precario mundo brillante de la minoría gobernante de la España del siglo XVII.

La literatura fue fomentada también por las academias literarias que, a imitación de las de la Italia del Renacimiento, empezaron a aparecer en la España del siglo XVI y se multiplicaron en el XVII. Entre las primeras, que fueron famosas, figuró la Academia Imitatoria, establecida en Madrid quizá en 1586, y la Academia de los Nocturnos, que se reunió en Valencia desde 1591 a 1594. A principios del XVII se establecieron academias en la mayoría de las ciudades importantes que se reunían por lo general en los palacios de sus nobles mecenas. Aunque debe admitirse que gran parte de la poesía escrita para estas academias es banal, la existencia de un grupo de amigos afines debió suponer un estímulo para muchos escritores que, perdidos en una sociedad provinciana indiferente, hubieran carecido de proyección.

Otra clase de reunión literaria produjo un estímulo semejante con parecidos resultados equívocos: el certamen o justa poética, competiciones poéticas para la celebración de un acontecimiento, honrar a un santo o aprovechar alguna otra ocasión de ese tipo. Góngora, Lope y otros escribieron algunos poemas de calidad para los certámenes, pero el nivel general no fue alto.

La teoría literaria, que empezó a florecer en España hacia fines del siglo XVI, fue favorecida también por las academias literarias, aunque nada salió de ellas que pudiera rivalizar con las *Anotaciones* de Herrera o la *Filosofía antigua poética* (Madrid, 1596) de Alonso López Pinciano. Esta obra que es fundamentalmente un tratado aristotélico, pero con muchos puntos de originalidad, es interesante sobre todo para la teoría dramática.

Hay una clara continuidad en la evolución de la poesía española de los Siglos de Oro [1], pero ciertas tendencias se acentuaron en el curso del tiempo hasta tal punto que gran parte de la poesía del siglo XVII sorprende por sus diferencias con la de Gar-

---

1. Al lector le convendrá consultar A. Terry, *op. cit.,* II: *1580-1700,* Oxford, 1968. Para el culteranismo y conceptismo, discutidos a continuación, resulta útil y aclaradora —leída con cierta precaución— la obra de Andrée Collard, *Nueva poesía: conceptismo, culteranismo en la crítica española,* Waltham, Brandeis University, 1967.

cilaso y sus inmediatos sucesores. Dos movimientos, en especial, dan prueba de esto: el culteranismo y el culto de la agudeza, o, para usar un término moderno, el conceptismo.

El culteranismo, un término que se acuñó a principios del XVII, define un estilo de extrema artificiosidad que, en la práctica, equivale a una latinización de la sintaxis y del vocabulario, un uso constante de alusiones clásicas y la creación de una dicción poética distintiva lo más alejada posible del lenguaje diario. Herrera desempeñó un papel importante en este desarrollo. Los poetas cultos o culteranos del XVII fueron, sin embargo, mucho más allá que Herrera y escribieron en un estilo de dificultad deliberada con el fin de excluir a la generalidad de los lectores. Góngora se enorgullecía de resultar oscuro a los no iniciados, tal como escribía en una carta a un corresponsal desconocido, en 1613 o 1614, en respuesta a un ataque a sus *Soledades*: "Demás que honra me ha causado hacerme escuro a los ignorantes, que ésa es la distinción de los hombres doctos, hablar de manera que a ellos les parezca griego [...]". Sus opiniones no eran nuevas. En su *Libro de la erudición poética* (impreso en sus *Obras,* Madrid, 1611) Luis Carrillo de Sotomayor escribía palabras parecidas: "Eternidad y valor prometen las Musas, joyas por cierto bien preciosas [...] Presume el vulgo de entendellas, el mismo pretende juzgallas [...] Engañóse por cierto quien entiende los trabajos de la Poesía haber nacido para el vulgo". El estilo culterano desarrollado por Góngora llegó a ser una fuerza dominante en la poesía del período, y Góngora mismo se convirtió en objetivo principal de sus detractores. Lope de Vega atacó a Góngora y a sus imitadores (y Góngora, a su vez, critica mordazmente su llaneza), pero, como otros, Lope sucumbió también a la irresistible moda culterana. Incluso Quevedo, el más severo y el más ofensivo acusador de Góngora, no pudo evitar la contaminación del estilo de su enemigo.

Con mucha frecuencia, en el caso de escritores de segundo orden, el culteranismo fue sin duda síntoma de una moda vacua, pero en la poesía de Góngora y otros poetas con inteligencia e imaginación significó un enriquecimiento del poder expresivo del lenguaje. El hipérbaton (la separación de partes relacionadas de la oración: artículo del nombre, nombre del adjetivo, etc.) podía usarse para poner de relieve una palabra clave desplazándola de la posición esperada. La alusión clásica podía, cuando era usada con inteligencia y no era un adorno vacío, añadir fuerza y densidad a la poesía; así por ejemplo, en su *Polifemo*, Góngora describe con gran efecto erótico como Galatea elude delicadamente las caricias de Acis, que arde por ella con tanta pasión como Tántalo anhelaba el agua que continuamente retrocedía de su boca, y que intenta tocar sus pechos igual que Tántalo había intentado saborear la fruta que se le escurría de su mano.

> Entre las ondas y la fruta, imita
> Acis el siempre ayuno en penas graves:
> que, en tanta gloria, infierno son no breve
> fugitivo cristal, pomos de nieve.

La agudeza —el uso de los conceptos— fue conscientemente cultivada por la mayoría de los escritores de finales del siglo XVI y del XVII tanto en prosa como en verso. La agudeza de resistir a cualquier definición rigurosa. Incluso Gracián, cuya *Agudeza y arte de ingenio* (Huesca, 1648) es un manual de ingenio, fue incapaz de llegar a una definición que distinguiese con claridad un concepto de las metáforas y símiles corrientes. Escribió:

> Consiste, pues, este artificio conceptuoso en una primorosa concordancia, en una armónica correlación entre dos o tres conocibles extremos, expresada por un acto del entendimiento [...] De suerte que se puede definir el concepto. Es un acto del entendimiento que exprime la correspondencia que se halla entre las cosas.

Los tropos normales podían muy bien ser incluidos en esta definición que, de todas maneras, tiene su valor para subrayar el papel del intelecto. Los conceptos no eran en principio intentos de expresar imágenes sensoriales, sino un modo de multiplicar el contexto intelectual de lo mentado. Para la mente del siglo XVII, cuanto más extremados eran los términos así relacionados, más satisfactorio era el resultado. Un concepto afirmaba al mismo tiempo la semejanza (mediante lo apropiado de la comparación) y la diferencia (mediante la distancia entre las dos cosas o palabras comparadas). En el choque está la agudeza. Para nuestro propósito podemos tomar la agudeza como una explotación ingeniosa de una analogía inesperada. El concepto podía ser un chiste de lo más banal; podía incluso carecer de significado como la serie de juegos de palabras en el romance "Picarilla, picarilla", que se ha atribuido alguna vez a Quevedo [2], dirigido a una muchacha hermosa. El poeta describe sus pechos:

> En dos cumbres los divides,
> y las tienen coronadas
> dos pezones tan chiquitos
> que aún no saben decir «mama».

y luego sus manos:

> Tan transparentes las tienes
> que cualquiera luz las pasa,
> y en las puntas de tus dedos
> hasta las yemas son claras.

Son intencionadamente absurdos. Al otro extremo del espectro, el concepto serio podía ofrecer enorme compresión en el significado, así como belleza.

La agudeza no era un fenómeno nuevo. Está presente en la poesía del Renacimiento: Garcilaso tiene por lo menos un concepto en su canción V:

> Hablo de aquel cativo
> de quien tener se debe más cuidado,
> que está muriendo vivo,
> al remo condenado,
> en la concha de Venus amarrado.

2. Véase Quevedo, *Obras en verso,* ed. L. Astrana Marín, Madrid, 1943, pág. 320.

La imagen surge del nombre del amigo para quien escribe: Mario Galeota, cuyo apellido sugiere al galeote, un esclavo de amor condenado a remar en la concha de Venus. Hay ingenio de esta clase en Petrarca y, en tiempos posteriores, el petrarquismo alimentó el apetito europeo por la agudeza.

Este tipo de ingenio era una faceta de la expresión esencialmente analógica y metafórica de gran parte del pensamiento medieval, y probablemente tiene sus raíces en la exégesis bíblica tradicional en la cual, como en muchas obras medievales, se buscaban correspondencias entre las materias más dispares con el fin de sacar a relucir una verdad espiritual. Se encontraba edificación en el hecho de que la palabra "Eva" al ser invertida daba "Ave", el saludo del arcángel Gabriel en la Anunciación a la Virgen María por la que fue borrado el pecado traído por Eva al mundo. El concepto se encuentra en el bello himno del siglo IX *Ave maris stella*:

> Sumens illud Ave
> Gabrielis ore,
> funda nos in pace,
> mutans nomen Evae.

Detrás de la agudeza había una cosmovisión según la cual, en la Europa medieval y del Renacimiento, el universo era un sistema de signos, una especie de libro en el que podía leerse la grandeza de Dios. El jesuita Juan Eusebio Nierembeg (1595-1658) lo comparaba en su *Oculta filosofía* (Madrid, 1643) con los "laberintos" poéticos (acrósticos complejos) escritos por Porfirio en elogio de Constantino.

> Plotino llamó al mundo Poesía de Dios. Yo añado, que este poema es como un laberinto, que por todas partes se lee y hace sentido y dicta a su autor [...]
>
> Así imagino yo al mundo ser un panegírico de Dios con mil laberintos de sus excelencias, trabándose unas naturalezas con otras, publicando por todas partes sus grandezas, ahora se consideren por los grados genéricos, ahora por las diferen-

cias últimas, ahora por sus propios, ahora por sus accidentes; y de todas maneras hace su harmonía, y forman y componen algún himno divino.

(págs. 308-309)

Explicando otra analogía describe la estatua de Minerva de Fidias, compuesta de muchas piezas diferentes que por separado no tenían valor, pero al reunirse formaban un conjunto de asombrosa belleza, y aun resultaba que, donde coincidían las piezas en el escudo de la diosa, Fidias había esculpido su propia cara.

> Así pasa, que aunque cada naturaleza tenga mucho que admirar, pero juntadas todas, viendo cómo asientan y corresponden unas con otras, armada ya esta estatua del mundo, este simulacro de Dios, es cosa para pasmar, y mucho más cuando se considera que no sólo todas en una se eslabonan, sino todas en todas, y cada una en todas, y todas en cada una, respondiéndose de mil modos; y en cada una y en todas está esmaltado un bulto de Dios, un rostro de su Artífice, con diferentes visos de sus perfecciones, que por todas partes se ve y lee *Deus me fecit.*

(pág. 308)

Para aquellos que pensaban de este modo, un concepto podía dar expresión a través de sus analogías a las ocultas afinidades que se extienden por el universo y, por lo tanto, revelar el subyacente plano de las cosas; es decir, podía ser un medio de conocimiento, y no sólo dar placer.

El interés medieval por el símbolo y la alegoría dio lugar a las "empresas" —grabados simbólicos acompañados de un lema— que se pusieron de moda en las cortes europeas a finales del siglo XV. La incomprensión por parte del Renacimiento de la verdadera naturaleza de los jeroglíficos egipcios (que se creyó que era una escritura ideográfica por la que los sacerdotes de Egipto enseñaban su sabiduría) originó los emblemas, grabados alegóricos con versos aclaratorios (más largos que los lemas), concebidos con el propósito de enseñar una verdad moral [3]. Los primeros fueron impresos por el italiano Alciato en 1531 y, durante los dos siglos siguientes, Europa fue inundada por estas obras. Se creía que el emblema tenía la facultad de comunicar las verdades a la mente de un modo más directo que las palabras y que se imprimiría en ella de forma indeleble al mismo tiempo que la mirada vagaba sobre los detalles simbólicos del grabado. Se consideraba un instrumento poderoso de instrucción y, por esta razón, fue usado en ocasiones por los jesuitas (no la única orden que lo hiciera) que se aprovecharon de los emblemas con entusiasmo en el siglo XVII.

El emblema podía ser considerado como un concepto visual. El uno apoyó al otro en la formación de las mentes de generaciones de escritores y lectores. Para inteligencias formadas de esta manera, el mismo universo parecía estar compuesto de emblemas para nuestra instrucción, como Nieremberg una vez más ilustrará.

> Vengo pues al otro fin de la naturaleza, que es la enseñanza e instrucción de nuestro ánimo. En ella nos designió Dios toda la filosofía moral; ella es, como en otra parte probamos, un libro de virtudes y vicios, un sentenciario prudentísimo. Esto de dos maneras. Una es, muertamente en lo material de los animales, plantas y otras naturalezas, en su composición y fábrica. Otra es, vivamente en los ingenios de animales, propiedades y costumbres. Aquello es como una pintura y jeroglífico, esto como un ejemplo [...] Del primer modo nos enseñan, como en cifra, la condición de algún vicio o virtud, no de otra manera que cuando un pintor hace un jeroglífico.

(pág. 353)

Gran parte de la poesía del siglo XVII muestra la influencia del emblema en el uso de la imaginería simbólica, arreglada de tal

---

3. Véase Mario Praz, *Studies in Seventeenth Century Imagery*, Londres, 1939. Para la repercusión del tema en la pintura —y las letras— española de los Siglos de Oro, véase el importante libro de Julián Gallego, *Visión y símbolos en la pintura española del Siglo de Oro* (Madrid, 1971), estudio de iconología y sociología del arte en las huellas de Erwin Panofsky y Pierre Francastel.

forma que revela una verdad de modo implícito o explícito en la manera de yuxtaponer los elementos constituyentes. Puede demostrarse que muchas imágenes derivaron de emblemas conocidos; pero por lo general, incluso cuando no es éste el caso, las imágenes revelarán con frecuencia un hábito mental adquirido en el trato constante con los libros de emblemas [4].

Aún se sostiene a veces que el poeta segoviano Alonso de Ledesma (1562-1623) fue el primer poeta conceptista en España. Era sin duda un prolífico escritor de poemas conceptistas como muestran sus libros: *Conceptos espirituales* (en tres partes: Madrid, 1600, 1608, 1612), *Juegos de Noche Buena moralizados* (Madrid, 1611), *Romancero y monstruo imaginado* (Madrid, 1615), *Epigramas y hieroglíficos* (Madrid, 1625). Los mismos títulos indican su interés por la emblemática. Las estrofas, todas ellas devotas, están tomadas del más variado material. En los *Juegos,* por ejemplo, Ledesma extrae la doctrina cristiana moralizadora, de los juegos de los niños.

Este uso de material profano con fines doctrinales no era nada nuevo, incluso en España. Deriva de la técnica de predicar de los frailes medievales, en especial de los franciscanos [5]. Ledesma tampoco creó el concepto, pero puede concedérsele que fue más asiduo en su explotación de la alegoría excéntrica que ninguno de los que le precedieron. Por ejemplo, uno de sus romances espirituales describe a Cristo "en metáfora de un reformador de una universidad". Cristo inspecciona la cátedra de Gramática[6]:

4. Entre los libros de emblemas españoles figuraron: Juan de Horozco y Covarrubias, *Emblemas morales,* Segovia, 1589; Hernando de Soto, *Emblemas moralizadas,* Madrid, 1599; Sebastián de Covarrubias Orozco, *Emblemas morales,* Madrid, 1610; Diego de Saavedra Fajardo, *Idea de un príncipe político cristiano,* Amsterdam, 1659. Todos ellos están incorporados en *Emblemata. Handbuch zur Sinnbildkunst des XVI und XVII Jahrhunderts,* Stuttgart, 1967, de A. Henkel y A. Schöne. Véase K. L. Selig, «La teoria dell'emblema in Ispagna: testi fondamentali», en *Convivium,* XXIII, nueva serie, 1955.
5. K. Whinnom, «El origen de las comparaciones religiosas del Siglo de Oro: Mendoza, Montesino y Román», *RFE,* XLVI, 1965, págs. 263-285.
6. Todos mis ejemplos están tomados de BAE, 35.

> En la Gramática halló
> una mala concordancia,
> que es acusar a quien hizo
> cielo, tierra, cuerpo y alma.
> Y no es gramática buena,
> pues de solecismo pasa,
> donde la persona que hace
> en acusativo se halla.

Todo el poema tiene este tono. En otro, san Esteban, que fue muerto a pedradas, es presentado como un lapidario:

> Esteban, un lapidario,
> muerto por recoger piedras
> [...]

Esteban trabaja las piedras con su sangre (que se creía suavizaba las piedras preciosas) no con hierros ("yerros").

> Y no las labra con hierros;
> que este artífice profesa
> no tomar hierro en sus manos
> ni colgarlo de su tienda;
> sólo las labra con sangre
> [...]

Ledesma carecía sin duda del sentido de la medida, como vuelve a evidenciarse en estos versos escritos para acompañar un emblema: "A santa Águeda, cortados los pechos":

> Ya que no iguala la esposa
> al dulce esposo que espera,
> a lo menos no es pechera.

Por muy desagradables que resulten para una sensibilidad moderna, sus poemas fueron populares en su propia época, incluso para figuras como Cervantes, Lope de Vega y Gracián. El tipo de imaginación que poseía —mezclando toda clase de cosas en sus analogías— es el tipo que subyace en los mejores escritos del período.

Lo que en verdad se le puede objetar es la calidad de su imaginación, vulgar y superficial a la vez. En su poema sobre la concepción de Cristo describe a un rey que entra en una ermita llamada Santa María:

> Viene por cumplir un voto
> que prometido tenía,
> estando Adán a la muerte
> de achaque de una comida.
> No es voto de nueve horas,
> ni aun de solos nueve días,
> que nueve meses estuvo
> sin salir de la capilla.

Nos es difícil comprender ahora cómo poesía como ésta pudo leerse con tanta avidez. Los lectores del siglo xx han vuelto al conceptismo con placer y provecho; pero Ledesma, a pesar de su importancia histórica, ya no es más que una curiosidad literaria.

Abunda la variedad de formas poéticas en el siglo XVII. Continuaron usándose todas las italianizantes y, al lado de ellas, las tradicionales como el romance y la letrilla. Las estrofas antiguas como la quintilla (cinco versos octosílabos de rima variada) vuelven a estar en favor. Hay también gran variedad temática entre los dos polos del cada vez más alambicado refinamiento del verso culterano por una parte, y por otra la creciente afición por el verso satírico y burlesco, a menudo de extrema indecencia [7]. Continuaron floreciendo todos los géneros poéticos cultivados en el siglo XVI, incluida la epopeya (cf. anteriormente, págs. 180-184).

Por lo general, igual que ocurría en el siglo XVI, las obras completas de un poeta no se imprimían en vida. Sus contemporáneos podían leerlas ya en pliegos sueltos, donde mucha poesía nueva aparecía junto con poesía más antigua [8], o en uno de los

7. Algunos sólo escribieron poemas satíricos y burlescos como Jacinto Alonso Maluenda, autor de *Cozquilla del gusto* (Valencia, 1629) y *Tropezón de la risa* (Valencia, sin fecha) entre otras obras.

8. Véase E. M. Wilson, «Quevedo for the masses», *Atlante*, 3, 1955, págs. 151-166.

muchos romanceros impresos. Pedro de Espinosa, autor de la *Primera parte de las Flores de ilustres poetas* (Valladolid, 1605) fue casi el único en incluir poesía italinizante, que no volvió a aparecer en una antología impresa hasta pasado casi medio siglo, en la edición de *Poesías varias de grandes ingenios españoles* (Zaragoza, 1654), de José Alfay. Gran parte de la poseía más bella circuló en tiempos de sus autores sólo en manuscrito.

Aunque el culteranismo y la agudeza predominaron en la poesía española del siglo XVII, hubo tantas excepciones que su historia no puede reducirse a un esquema preciso. Madrid dominó la vida cultural de España en el XVII, pero aún quedó mucha vitalidad en las provincias. Sevilla disfrutaba de la prosperidad que le procuró el comercio con América y fue la capital cultural del sur. En otras ciudades la vida cultural florecía bajo el mecenazgo de algún noble culto. Es lícito por lo tanto el intento de agrupar por ciudades o regiones, mientras se reconozca que, aunque un grupo o círculo puede exhibir ciertas características comunes, la mayor parte de ellos son homogeneizables, y la noción de "escuelas" poéticas es en conjunto una excesiva simplificación que de nada sirve.

Juan de Arguijo (1567-1623), hombre inmensamente rico que gastó su fortuna en un extravagante patrocinio de las artes, fue el centro de la vida literaria en Sevilla en los primeros años del siglo XVII. Escribió algunos buenos poemas, en especial sonetos. Su estilo clásicamente depurado tiene una calidad lapidaria que a veces emociona, aunque a menudo es fría. En su mayoría los temas están tomados de las antiguas Roma y Grecia. El interés "arqueológico" de Arguijo fue compartido por otros poetas sevillanos de su época, entre ellos Rodrigo Caro (1573-1647), un anticuario en quien el interés "arqueológico" pudo tener su origen. Como poeta, Caro es recordado sólo por un poema, su *Canción a las ruinas de Itálica* que impresiona por su equilibrio clásico y su dicción sobria, así como por lo vívido de la evocación de pasadas glorias. Por supuesto su tema no es la arqueología sino lo efímero, lo mudable, sugerido por las ruinas —tema frecuente para la meditación poética durante el siglo— sobre las que el poeta moraliza. Otro sevillano, Francisco de Rioja (¿1583?-1659) aprovechó el tema en unos sonetos finamente trabajados, aunque hoy se le recuerda más por sus silvas [9] sobre flores. Su dicción es tan clásica como la de Rodrigo Caro. Itálica reaparece, por las mismas razones, en la famosa *Epístola moral a Fabio*, de otro sevillano, Andrés Fernández de Andrada, contemporáneo de Rioja, que escribe con concisión horaciana sobre la vanidad de las ambiciones humanas. Un sevillano, mayor en edad, mostró también esta mentalidad clásica: Francisco de Medrano (1570-1607) que salió de Sevilla joven para hacerse jesuita y volvió a ella al abandonar la orden el 1602. Su poesía es de espíritu clásico y consiste en su mayoría en traducciones o paráfrasis de originales clásicos. Sobresale por una sinceridad vigorosa y horaciana. Juan de Jáuregui (1583-1641) nació en Sevilla, pero se estableció más tarde en Madrid. Atacó a Góngora en su *Antídoto contra la pestilente poesía de las Soledades* (impresa por primera vez en 1899)[10] y en su *Discurso poético* (Madrid, 1624) pero, aunque sus primeros poemas suelen carecer de adornos, su brillante imitación de Ovidio en *Orfeo* (Madrid, 1624) muestra el impacto del culteranismo. Probablemente su mejor obra es *Aminta* (Roma, 1607), traducción de la original de Tasso.

En Sevilla floreció otra clase de poesía: la jocosa. Baltasar del Alcázar tuvo un digno sucesor en el ingenioso clérigo Juan de Salinas (¿1562?-1643), autor además de muy bellos romances artificiosos a la manera de Góngora[11]. Otro clérigo, Pedro de Quirós (¿1607?-1667), continuó en la tradición jocosa y dejó también algunos buenos poemas sobre temas morales.

Antequera fue otra ciudad donde floreció la poesía. El poeta sobresaliente en un grupo que incluyó al interesante Luis Martín de la Plaza (1577-1625) fue Pedro de Espinosa (1578-1650) quien, refugiándose en la religión, se retiró del mundo durante una temporada para vivir como un ermitaño. Describe los consuelos de la naturaleza y de la soledad en la hermosa *Soledad de Pe-*

9. La silva está compuesta de una secuencia irregular de versos de siete y once sílabas de rima variada.
10. En E. J. Gates, *Documentos gongorinos*, México, 1960.
11. Véase H. Bonneville, *Le poète sévillan Juan de Salinas*, París, 1969.

dro de Jesús, y vuelve al tema años más tarde en la *Soledad del gran duque de Medina Sidonia* (inferior a la primera). La primera *Soledad* muestra la imaginación que se encuentra también en su anterior *Fábula del Genil* y *A la navegación de san Raimundo,* esta última un *tour de force* de imaginería marina de una brillantez notable aun en época tan esplendorosa.

Granada tuvo su grupo, del cual el poeta más interesante es Pedro Soto de Rojas (1584-1658). Su poesía primera está escrita en la tradición de Garcilaso, pero sus obras posteriores muestran una asimilación completa de Góngora. Su obra más impresionante es *Paraíso cerrado para muchos, jardines abiertos para pocos* (Granada, 1652), un poema en siete "mansiones" que describe el jardín estilizado que Soto hizo para sí en su casa del Albaicín en sus últimos años. El poema se complace en los hermosos detalles de la naturaleza con un deleite sensual embriagador digno del mismo Góngora. Es sin disputa uno de los poemas mejores de su tiempo. En la última mansión el poeta revela su verdadero tema, pasando del elogio de la naturaleza a un panegírico de su Creador. El poema está escrito en la tradición de meditación sobre las criaturas como símbolos de la belleza y grandeza de Dios —"Libro místico de la naturaleza" en frase de Marvell—, una tradición que se remonta a través de fray Luis de Granada hasta el neoplatonismo de san Buenaventura y Hugo de San Víctor. Es una tradición que asoma también en la poesía de Espinosa[12]. Francisco de Trillo y Figueroa (¿1618?-¿1680?), amigo de Soto, escribió sonetos cultos, romances y letrillas, inspirados en Góngora y, entre otras obras más largas, *Neapolisea,* un poema gongorino heroico y aburrido sobre Gonzalo de Córdoba.

Otro andaluz desempeñó un papel importante en el movimiento culterano: Luis Carrillo de Sotomayor (1581/2-1610) un noble cordobés, cuatralbo de galeras, autor del *Libro de la erudición poética* ya mencionado. Escribió romances excelentes con reminiscencias de Góngora y algunos bellos sonetos culteranos. Es-

---

12.   Véase A. Terry, «Pedro de Espinosa and the Praise of Creation», *BHS,* XXXVIII, 1961, págs. 127-144.

cribió también una *Fábula de Acis y Galatea* de considerable vigor poético, aunque inferior al *Polifemo* de Góngora.

Salvador Jacinto Polo de Medina (1603-1676) nació en Murcia y volvió a ella después de algunos años en Madrid y quizá en alguna otra ciudad. Estimulado sin duda por su amistad con el humanista Francisco de Cascales (¿1567?-1642), autor de *Tablas poéticas* (Murcia, 1617) y *Cartas filológicas* (Murcia, 1634), importantes obras de crítica y teoría literarias, Polo de Medina se declaró anticulterano, aunque se detectan claras huellas de la influencia de Góngora en su obra. Ésta es de carácter predominantemente festivo e incluye sátiras sobre los poetas culteranos, pero su propia poesía culterana es con frecuencia bella e imaginativa.

En Aragón nacieron dos poetas de estilo y temperamento severamente clásicos, los hermanos Lupercio (1559-1613) y Bartolomé Leonardo de Argensola (1562-1631). Lupercio Leonardo hizo su carrera en la administración pasando los tres años de su vida en el puesto de secretario de Estado del conde de Lemos, virrey de Nápoles, donde Lupercio fundó la Academia de los Ociosos. Su poesía de un clasicismo intransigente, y a veces fría en exceso, tiene una fuerza vigorosa e impresionante. Bartolomé ingresó en la Iglesia, fue nombrado rector de Villahermosa, vivió durante una temporada en Madrid (donde conoció a Lope y a otros), fue capellán del conde de Lemos en Nápoles y, al final de su vida, volvió a Zaragoza. Llama la atención el parecido de su poesía con la de su hermano en sus características generales, aunque quizá sea menos fría. Ambos sobresalieron en la sátira pulida y en la epístola poética. Los dos fueron también historiadores: Lupercio escribió entre otras cosas, *Información de los sucesos del reino de Aragón en los años de 1590 y 1591* (impreso en Madrid, 1808), y Bartolomé *Conquista de las islas Malucas* (Madrid, 1609) así como continuó, en calidad de cronista de Aragón, los *Anales* de Zurita durante el período 1516-1520. Aunque sería exagerado hablar de una "escuela" aragonesa, es innegable la influencia de los Argensola en el clasicismo de Esteban Manuel de Villegas (1589-1669), cuyo único volumen *Las eróticas o amatorias* (Nájera, 1618) contiene muchas imitaciones de Horacio, Anacreonte y otros. Hubo, sin embargo, poetas aragoneses que prefirieron el ejemplo de Góngora. Uno de éstos fue Juan de Moncayo, marqués de San Felices (¿1614?-1656 o más tarde), cuyas *Rimas* (Zaragoza, ¿1652?) y *Poema trágico de Atalanta e Hipomenes* (Zaragoza, 1656) muestran la influencia evidente de Góngora. Otro de estos poetas fue el sacerdote Miguel de Dicastillo, autor, bajo el seudónimo de Miguel de Mencos, de un bello poema descriptivo *Aula de Dios, Cartuja Real de Zaragoza* (Zaragoza, 1637)[13].

En Madrid los estilos y tendencias más diversos coexistían a medida que un número cada vez mayor de escritores gravitaba hacia el centro de la vida cultural española. Entre la hueste de poetas menores figuró Vicente Espinel (1550-1624), que pasó sus últimos años en Madrid y dio su nombre a la espinela o décima, una estrofa de diez versos octosílabos. Pedro Liñán de Riaza (fallecido en 1607), importante en el desarrollo del romance artístico, fue otro de ellos. José de Valdivielso (¿1560?-1638), que vino a Madrid hacia la mitad de su vida procedente de su Toledo natal, escribió a lo divino, como muchos paisanos suyos, bellos villancicos y otros poemas de formas tradicionales.

Parte de la mejor poesía de la época fue escrita por poetas cortesanos, la mayoría de ellos relacionados con las academias literarias. Diego de Silva y Mendoza, conde de Salinas (1554-1630), compuso un conjunto considerable de poesía petrarquista elegante y bellamente expresada (la mayoría sin publicar todavía), exenta del culteranismo de su época. Francisco de Borja y Aragón, príncipe de Esquilache (1577-1658), casi, aunque no del todo, igual de refractario al culteranismo (dicen algunos que por la influencia de sus amigos los Argensola), combinó la elegancia y una relativa sencillez en sus poemas "cortesanos" y escribió además algunos romances artísticos y letrillas excelentes. Juan de Tasis y Peralta, conde de Villamediana (1582-1622), fue muy diferente de los anteriores, tanto por el brillo, no exento de escándalo, de su vida, y su muerte por asesinato, como por su poesía, la mayoría

13. Estoy en deuda con la doctora Aurora Egido por llamar mi atención sobre estos dos últimos. La señora Egido está preparando una edición de *Aula de Dios*.

de la cual fue impresa en sus *Obras* (Zaragoza, 1629). Escribió
poesía amorosa excelente en un estilo petrarquista relativamente
directo, pero, cautivado por el estilo nuevo, llegó a ser uno de los
más brillantes imitadores de Góngora, en especial en su muy difícil *Fabula de Faetón* (1617), uno de los poemas más ambiciosos
de aquellos tiempos. El tema es casi un símbolo de la propia vida,
aventurera hasta la temeridad, de Villamediana. No menos impresionante, aunque más atenuada, es su poesía de desengaño. En la
obra de Villamediana resuena una nota personal a través de todos
los convencionalismos, lo que también se puede decir de la poesía
de Francisco López de Zárate (1580-1658), un poeta menor, pero
cuyas *Obras varias* (1651) contienen unos cuantos poemas (en especial sonetos) memorables por su desnudez y en los que nos parece oír la voz del poeta mismo. Así es (para citar sólo un ejemplo)
el soneto "Después de una grande enfermedad". Antonio Hurtado
de Mendoza (¿1586?-1644) escribió con abundancia pero sin gran
profundidad. Sus poemas satíricos son mordaces. Debió mucho a
Góngora, a quien pudo imitar a veces con encanto sobre todo en
sus romances.

En la órbita de los más influyentes fueron atraídos hidalgos
menores como Jerónimo de Cancer y Velasco (¿-1655), que escribió ingeniosos y humorísticos poemas ligeros, y Antonio de Solís y Ribadeneyra (1610-1686), más conocido como historiador y
dramaturgo, que compuso con elegancia poemas divertidos y alguna poesía religiosa, ninguna de mucha profundidad. Otros talentos que no pertenecían a la aristocracia fueron también atraídos
a esta órbita, tales como Anastasio Pantaleón de Ribera (1600-
1629) que murió joven, de sífilis, antes de cumplir su temprana
promesa. Fue un discípulo entusiasta de Góngora que alcanzó mucho éxito en su poesía satírica y burlesca, aunque tiene además
unos cuantos poemas serios excelentes. Otro de ellos fue Gabriel
Bocángel y Unzueta (1603-1658) que hizo hincapié en la claridad y el buen sentido; como escribió en el prólogo de sus *Rimas
y prosas* (Madrid, 1627): "porque el boato de las oraciones es muy
ordinario ardid para suspender la atención en el sonido y paliar la
falta de sentencias que sólo deja ruido en los oídos, como el

trueno". No atacó al culteranismo sino la ostentación vacía que se hacía de él; él mismo fue un culterano que mostró la influencia de Góngora y de Jáuregui, sobre todo en su *Fábula de Ero y Leandro*. En su carácter sensorial, y sobre todo en sus imágenes nítidamente visuales, su poesía tiene una inmediatez alcanzada por pocos.

Conviene reunir en un grupo a varios poetas hispano-judíos. João Pinto Delgado (alrededor de 1575-después de 1633), de origen portugués, se reunió con su familia que vivía exiliada en Francia. Escribió en portugués y en español. Su poesía más importante está comprendida en tres largos poemas publicados a la vez: *Poema de la reina Ester, Lamentaciones del profeta Jeremías, Historia de Rut y varias poesías* (Rouen, 1627)[14]. Sobresale en la poesía meditativa, bañada a veces en un quieto lirismo. Antonio Enríquez Gómez (¿1600?-¿1660?) nació en España, sirvió en el ejército, vivió emigrado durante algún tiempo pero volvió a España. Escribió entre otras obras algunas de teatro así como poesía. La de género satírico es ingeniosa, pero donde sobresale es en la de tipo moral, cuya grave sencillez resulta conmovedora[15]. Miguel de Barrios (1635-1701) se estableció finalmente en Amsterdam. Fue un escritor muy prolífico, tanto en poesía (que refleja de forma clara la influencia de Góngora) como en obras de teatro y prosa. Escribió demasiado, pero su mejor lírica —por ejemplo, algunos pasajes del largo poema *Imperio de Dios en el teatro universal*— tiene momentos de brillantez. Sus "sonetos dobles fúnebres" a la muerte de su mujer son emocionantes[16].

Hay otros poetas españoles en el siglo XVII que no merece la pena de catalogar aquí. Algunos son meros nombres sin biografía. Uno de ellos es el notable Adrián de Prado, sin duda un fraile jerónimo, que en su *Canción real a san Jerónimo en Suria* (Sevilla, 1619) acude a los recursos pictóricos de la poesía culterana

---

14. Publicado por I. S. Révah, Lisboa, 1954.
15. Véase BAE, 42. Para su biografía ver I. S. Révah en *REJ*, CXXI, 1962.
16. Véase K. Scholberg, *La poesía religiosa de Miguel de Barrios*, Columbus, Ohio, 1962.

para evocar en forma viva la implacable dureza del desierto y de
su fauna como escenario del austero santo. Pocas veces el español
ha sido usado con un efecto tan brillante y horripilante. En ocasiones —por ejemplo, en su descripción de cómo los animales del
desierto hacen presa con voracidad unos de otros— el poema parece una respuesta a aquellos que como Góngora veían armonía y
belleza en la naturaleza: una Soledad escrita por un asceta que ha
renunciado al mundo.

Hasta aquí el cuadro de conjunto, porque los tres poetas más
grandes de la época requieren ser considerados por separado.
Don Luis de Góngora y Argote nació en Córdoba en 1561 [17].
Su familia era antigua y noble. Ingresó en la Iglesia con el fin de
aceptar una prebenda que su tío renunció en su favor. En 1617 se
trasladó a Madrid con esperanzas de un ascenso lucrativo que
habían de ser decepcionadas. En sus últimos años sufrió una pe-
nuria cada vez mayor que llegó a ser extrema. En 1625 tuvo una
apoplejía. En 1626 volvió a Córdoba donde murió al año siguiente. Su vida y sus obras le muestran como un hombre mundano,
amigo de la buena mesa y de los placeres, aficionado a la música
y en otros tiempos a las mujeres, inclinado a la compañía de escritores y actores, dado a las cartas, lejos de ser un hombre devoto,
excelente contertulio y entregado con generosidad a su familia.
Góngora escribió en diversas formas poéticas, a veces con sencillez, otras en un estilo de extrema complejidad. No debe de hacerse una distinción demasiado rígida entre los dos estilos: pocos
de los poemas "sencillos" lo son del todo, y ciertamente una división cronológica en época temprana y tardía sería muy errónea[18].
Sin embargo, es verdad que su poesía culterana se hizo cada vez
más difícil hasta que alcanzó su clima en los grandes poemas de
1612-1613.

17. Para una exposición más completa —y un intento de justificación—
de algunas de las interpretaciones esbozadas aquí, véase R. O. Jones, *Poems
of Góngora*, Cambridge, 1966.
18. Afortunadamente, hay una cronología digna de crédito de la poesía
de Góngora en el famoso manuscrito de Chacón.

Uno de los rasgos más característicos del estilo culterano de Góngora (descrito de modo general anteriormente) fue un uso intensificado de los lugares comunes de la poesía del Renacimiento. Cuando habla de los blancos miembros de una muchacha, transformando el símil en metáfora los llama "nieve" o "cristal": ella no es sólo como la nieve, es la nieve misma. Cualquier cosa blanca —copos de lana, piel, nieve— podía ser descrita con las mismas metáforas, que eran intercambiables, de manera que uno de los términos podía sustituir a cualquier otro. Igualmente, la sangre podía ser "rubí", los labios "claveles", el trigo "oro", etc. Este sistema podía llegar al abuso, pero de lo que fríamente descrito parecería estéril pedantería, Góngora compuso la más grande poesía del siglo XVII de Europa.

Dos temas destacan en su poesía: lo efímero y lo mudable en los asuntos humanos, y la permanencia y belleza de la naturaleza, aspectos que además están íntimamente relacionados.

Góngora tiene unos cuantos poemas sobre el primer tema, algunos ligeros otros más sombríos. Entre ellos figuran la letrilla "Aprended, flores, de mí" y el romance "Que se nos va la Pascua, mozas". La mudanza es también un tema básico en algunos de sus bellos romances sobre enamorados separados, como en "Amarrado al duro banco".

Para Góngora el refugio de las vicisitudes y de los males de la Corte era la naturaleza (una naturaleza muy idealizada), protectora de sus hijos y mansión de lo permanente. Los temas de la Corte y el campo son reunidos en el romance "En un pastoral albergue" (1602), que vuelve a contar un episodio de Ariosto. La época es la de Carlomagno. Angélica, princesa de Cathay, encuentra el cuerpo del joven sarraceno Medoro abandonado por muerto después de una emboscada cristiana. Le cuida y le hace recobrar la salud, se enamora de él y él de ella. Viven un breve idilio antes de emprender la huida de su perseguidor Orlando, quien en sus celos furiosos devasta el apacible escenario. El poema no es sencillo. En él Góngora usa su artificio poético para contrastar los valores de la Corte y del campo, la primera como fuente de lucha, el segundo como hogar del amor. Medoro deja a un lado sus armas, Angélica sus joyas; él sigue las banderas de Venus, ella, que era antaño un diamante por su dureza de corazón, ahora se adorna sólo con flores.

Este poema, como otros muchos, exalta el amor. Y entonces, ¿qué significan los brillantes temas burlescos, como los romances de Hero y Leandro y de Píramo y Tisbe, donde Góngora parece burlarse del amor? Que el objetivo de Góngora no es el amor en sí, sino la locura de inútiles y destructores ideales, se muestra en la letrilla "Ándeme yo caliente" (1581), donde escribe:

> Pase a media noche el mar,
> y arda en amorosa llama
> Leandro por ver su Dama;
> que yo más quiero pasar
> del golfo de mi lagar
> la blanca o roja corriente,
>   *y ríase la gente.*
>
> Pues Amor es tan cruel,
> que de Píramo y su amada
> hace tálamo una espada,
> do se junten ella y él,
> sea mi Tisbe un pastel,
> y la espada sea mi diente,
>   *y ríase la gente.*

Góngora hubo de permanecer fiel a una visión de la vida que sólo encontraba valor en lo natural y en lo humilde, y que se mofaba de la presunción y de lo inútil de lo heroico.

La suprema expresión de esta visión está en las *Soledades,* la primera de las cuales escrita, como el *Polifemo,* en 1613; la segunda no se completó nunca. Según algunos comentaristas contemporáneos las Soledades iban a ser cuatro y, de acuerdo con la versión más aceptable, habían de tratar de campos, riberas, selvas y yermo. El poema está escrito en silvas (una disposición estrófica irregular de versos de siete y once sílabas), aunque fuera mejor decir que todo él es una sola silva extensísima.

El hilo argumental es leve. En la primera Soledad un joven

noble, herido de amor y naúfrago, va peregrinando por el campo y asiste a una boda rústica; en la segunda, reside brevemente con un viejo pescador y su familia, antes de reemprender su camino. En apariencia la obra tiene poca unidad, y el joven es una figura muy desdibujada para que pueda convertirse en el centro de interés de toda la narración. Sin embargo, trata menos de él que del espectáculo de la riqueza, inocencia y permanencia de la naturaleza, donde el extraviado joven es sólo un elemento en este tema.

En una carta a la que se ha hecho referencia con anterioridad (página 215), Góngora pretende que su poema adquiere un contenido esotérico. Al decir que bajo la "corteza" de las Soledades se puede encontrar un significado, afirma que el sentido oculto una vez descubierto agradará y dará satisfacción al espíritu, tanto más, ya que la mente, al buscar la verdad y satisfecha en última instancia sólo por la "primera verdad", la encontrará aquí: "quedará más deleitado, cuanto, obligándole a la especulación por la obscuridad de la obra, fuera hallando debajo de las sombras de la obscuridad asimilaciones a su concepto". Las palabras de Góngora justificando su oscuridad son en sí mismas algo crípticas, pero parecen aludir a un tema general fundamental en la obra que se descubre en las asimilaciones a la idea o concepto de la Primera Verdad (que significa Dios). Góngora parece sugerir que, al intentar descifrar las imágenes del poema, el espíritu llegará a percibir el esquema subyacente del mundo.

El poema describe cómo el joven fue arrojado a la orilla por el océano, sugiriendo inevitablemente una analogía con Jonás (la Vulgata dice *evomuit*), cuya estancia en el vientre del pez fue interpretada tradicionalmente como un período transcurrido en el pecado. Cualesquiera que sean los errores del joven (la navegación parece estar entre ellos), el campo le mostrará el camino de regreso a la inocencia. Todo lo que ve es instructivo: un castillo, por ejemplo, que se está desmoronando dominado por árboles que antes estaban a su sombra es un emblema verbal de la caída de lo artificial y de la victoria silenciosa de la naturaleza, y, poco después, las pirámides y el Nilo fructífero en una yuxtaposición similar enseñan la misma lección.

Las aventuras marinas estimuladas por el afán de lucro son uno de los blancos de los dardos de Góngora. Las representa no sólo culpables (siendo motivadas por la codicia), sino finalmente inútiles: se ha roto un orden moral así como el físico, al aventurarse el hombre en un elemento extraño y el resultado no puede ser más que el desastre. Este tema implícito se hace explícito en las palabras del viejo serrano, que alude a mayores calamidades cuando describe las islas de las Especias.

> De firmes islas no la inmóvil flota
> en aquel mar del Alba te describo,
> cuyo número —ya que no lascivo—
> por lo bello agradable y por lo vario
> la dulce confusión hacer podía
> que en los blancos estanques del Eurota
> la virginal desnuda montería,
> haciendo escollos o de mármol pario
> o de terso marfil sus miembros bellos,
> que pudo bien Acteón perderse en ellos.
>
>   (I, 481-490)

Los versos expresan la embriaguez de belleza que sintieron los primeros europeos que vieron las islas, todavía virginales como Diana y sus doncellas, espiadas por Acteón. Éste fue transformado en una fiera por su curiosidad y perseguido por sus propios perros: tal como (según parece sugerir Góngora) los descubrimientos inspirados por la codicia destruyen a los descubridores.

La primera Soledad culmina en la boda. Góngora compara a la joven novia con el Fénix volando sobre el Nilo y las pirámides: un icono verbal de la vida de la naturaleza que renace incesante en contraste con las obras muertas del artificio.

La segunda Soledad vuelve a describir una vida de humilde concordia con la naturaleza. En el jardín, cuidado por las hijas del anciano pescador, se muestran al joven escenas a la vez naturales y simbólicas: las abejas, más seguras en su ciudad indefensa que Dido dentro de los muros de Cartago; un cisne moribundo que canta al tiempo que sus crías salen a nadar por primera vez.

Abundan las referencias a la música y al ritmo: las muchachas cantan o tocan la matraca; un bosquecillo se convierte en rústico templo donde la música es canto de pájaros (I, 556-561); el agua saltarina suena con la misma armonía que un laúd mientras que las aves —"confusamente acordes"— cantan en la hiedra (II, 349-357), y así sucesivamente. Con estas referencias Góngora parece aludir a la música del universo, la *musica mundana* de Boecio y a todos los que escribieron sobre música hasta el siglo XVII: la inmensa sinfonía que gobernaba los movimientos de los cuerpos celestes, el acoplamiento de los elementos y el desfile de las estaciones, la generación, el crecimiento y la muerte de todos los seres vivos. Quizá se encuentre aquí una respuesta a la aparente paradoja de que el elogio de Góngora a la naturaleza y a la vida sencilla es en sí una obra·de extremo artificio. Las armonías de la *musica mundana* que todo lo penetran, y los "laberintos" del universo descritos por Nieremberg, pueden ser tenidos en cuenta sólo en un poema que es en sí mismo espejo de sus complejidades. Su pretensión de que llevaba al lector a contemplar la Verdad Primera —el modelo que subyace bajo la aparente multiplicidad informe del mundo— no era injustificada.

La *Fábula de Polifemo y Galatea* (en octavas reales) nos vuelve a contar la historia de Acis y Galatea en las *Metamorfosis,* XIII de Ovidio. Es una historia sencilla: narra cómo Acis conquista el amor de Galatea, cortejada sin éxito por el cíclope Polifemo quien, furioso por los celos, mata a Acis al que los dioses compasivos transforman en un río. Góngora fue impulsado probablemente a escribir una versión de este tema tan tratado por la publicación póstuma de la *Fábula de Acis y Galatea* de Carrillo. Góngora no tomó nada de Carrillo, que siguió de cerca a Ovidio, sino que reelaboró el asunto de manera radical, de tal modo que la libertad con que lo trata y la originalidad de su estilo nos permiten considerar su poema como una creación personal que debe de interpretarse de acuerdo con esto.

El poema es complejo a pesar de la sencillez del relato. El centro es Galatea y el amor que inspira. Toda Sicilia arde por ella, que parece presidir como una diosa sobre el amor y la fertilidad: ella y Acis juntos tipifican el amor y la belleza.

Polifemo, por otra parte, es un monstruo: un cíclope para quien el pino más robusto es como un junco delgado. Su cabello está despeinado, su barba es tan negra como el Leteo, su único ojo rivaliza con el sol. Pero en su canción de amor a Galatea se humaniza sutilmente. El amor ha domado su ferocidad y el cíclope nos dice cómo ha llegado a conocer la compasión. Sigue siendo inhumano por su estatura, pero es humano en su indefensión ante el amor. Un momentáneo patetismo nos lo acerca. Aunque es un monstruo, es también un hijo de la naturaleza. Su riqueza —la riqueza del pastor y del granjero— le asocia a la abundancia de la naturaleza desde su primera aparición en el poema. No puede ser interpretado como representante del mal: es un tosco primo de Acis.

El poema es un himno a la vida. El amor, la belleza y la suculencia de los frutos de la naturaleza son descritos con la más bella poesía de Góngora. El poema respira una sensualidad inocente, aunque Góngora ahorra detalles carnales[19]. La naturaleza puede ser inocente, pero ¿cómo se explica la irrupción de la violencia? El poema alude a lo precario de la felicidad humana: la alegría momentánea de los enamorados es deshecha bruscamente. Por un momento todo es discordia, pero la discordia se resuelve: Acis es transformado en un riachuelo, bello en sí mismo y causa de belleza, y su llegada a los brazos de la mar culmina en una clara nota de triunfo:

> Sus miembros lastimosamente opresos
> del escollo fatal fueron apenas,
> que los pies de los árboles más gruesos
> calzó el líquido aljófar de sus venas.
> Corriente plata al fin sus blancos huesos,

19. La sensualidad de su imaginación puede verse en su aspecto más sorprendente y bello en el poema «Qué de invidiosos montes levantados». R. Jammes (*Études sur l'oeuvre poétique de Góngora,* Burdeos, 1967) tiene una discusión interesante de este aspecto de Góngora, especialmente en las páginas 533-547.

lamiendo flores y argentando arenas,
a Doris llega, que, con llanto pío,
yerno lo saludó, lo aclamó río.

Llega la muerte, pero la vida prevalece. En su *Polifemo* como en sus *Soledades,* Góngora evoca una poética atmósfera de optimismo en la que la muerte queda absorbida dentro de la invencible armonía del universo. Quizá entrevemos en esto un reflejo del neoplatonismo que dejó tan irresistible impacto en el espíritu y en la imaginación de la época.

Las obras completas de Góngora no fueron impresas en vida: la primera edición fue publicada por Juan López de Vicuña con el título de *Obras en verso del Homero español* (Madrid, 1627). El grado de interés que Góngora despertó, y su dificultad, incluso para sus contemporáneos, se comprueba por el número de comentarios que su poesía inspiró. Los principales son de: García de Salcedo Coronel, *Obras de don Luis de Góngora comentadas [...]* (3 vols., Madrid, 1636, 1644, 1648, aunque el comentario sobre el Polifemo ya había aparecido en 1629); José Pellicer de Salas, *Lecciones solemnes a las obras de don Luis de Góngora* (Madrid, 1630).

Entre los muchos imitadores de Góngora, uno de los que más éxito tuvo es el más inesperado: la monja mexicana sor Juana Inés de la Cruz (¿1648?-1695), un prodigio de belleza, cultura y talento. Además de las obras de teatro, los sonetos, las silvas y poemas en metros tradicionales, escribió un largo *Sueño* (una silva de 975 versos) en el que imita de manera deliberada el estilo de Góngora, reflejando no sólo sus característicos giros estilísticos sino también con frecuencia frases especiales. Su tema es ambicioso: describe cómo, cuando el cuerpo duerme por la noche, el alma vuela para contemplar y tratar, en vano, de abarcar el universo. El poema es una hazaña sorprendente de inteligencia e imaginación, y, a pesar de lo que sor Juana toma de Góngora, muestra una verdadera originalidad manipulando el estilo de aquél, tanto en la expresión de abstracciones y de procesos mentales como al explicar el mundo exterior. En esto tiene una auténtica resonancia gongorina, como en su descripción del mar en la noche:

El mar, no ya alterado,
ni aun la instable mecía
cerúlea cuna donde el Sol dormía;
y los dormidos, siempre mudos, peces,
en lechos lamosos
de sus obscuros senos cavernosos,
mudos eran dos veces;
[...]

(86-92)

Lope Félix de Vega Carpio (1562-1635), uno de los fenóme-
nos más asombrosos de toda la literatura española, fue tan prolífico en cualquier género que intentar describir su obra en pocas
páginas es una empresa imposible. Nació de padres humildes, aunque llegó a vanagloriarse de sus orígenes de hidalgo. Tuvo alguna
experiencia militar e incluso navegó con la Armada. Se casó dos
veces y mantuvo numerosas relaciones ilegítimas. En 1618 encontró a Marta de Nevares, su último amor. No pudiendo casarse, ya
que había sido ordenado sacerdote en 1614, vivió con ella hasta
que —ciega y quizá incluso loca— murió en 1632. Su fidelidad
hacia ella es uno de sus más nobles rasgos.

Sus últimos años fueron agobiados por algo más que la situación de Marta. Tuvo que sufrir la muerte de su hijo Lope Félix y
la fuga amorosa de su hija Antonia Clara. Llevaba entonces una
vida muy devota y era, y había sido durante mucho tiempo, un
hombre profundamente piadoso. Su última enfermedad fue corta,
causada por un enfriamiento que cogió, según el testimonio de un
coetáneo, mientras regaba su jardín.

La variedad de su poesía es grande [20]. Escribió varias epopeyas
(*La Dragontea,* 1598; *La hermosura de Angélica,* 1602; *Jerusalén
conquistada,* 1609), así como otros largos poemas tales: *Corona
trágica* (1627), *La Circe* (1624), *Isidro* (1599). Publicó varios vo-

20. Ésta no es una lista completa. No hay un estudio exhaustivo de la
poesía de Lope. Véanse los excelentes estudios parciales de Dámaso Alonso,
Poesía española; J. F. Montesinos, introducciones a los dos volúmenes de
Poesías líricas, CC, Madrid, 1926-1927; y J. M. Blecua, introducción a Lope
de Vega, *Obras poéticas,* I, Barcelona, 1969.

lúmenes de poemas más cortos: *Rimas* (Sevilla, 1604), *Rimas sa-cras* (Madrid, 1614) y *Rimas humanas y divinas del licenciado Tomé de Burguillos* (Madrid, 1634). Además, de su imaginación manaban sin cesar romances, así como poemas líricos diseminados en sus obras de teatro.

Es un tópico, pero no menos cierto por eso, que Lope derramó su vida en sus escritos. Desnudó su alma en público como ningún otro poeta de sus tiempos. Por esta razón, gran parte de su poesía tiene un patetismo peculiarmente emocionante, como si escuchásemos casi como intrusos la voz dolorida de Lope. En una epístola poética al doctor Matías de Porras en 1624, recuerda los tiempos felices cuando vivía aún su hijito Carlos que murió en 1612 (y a quien había dirigido con anterioridad una elegía conmovedora).

> Llamábanme a comer; tal vez decía
> que me dejasen, con algún despecho:
> así el estudio vence, así porfía.
>
> Pero de flores y de perlas hecho,
> entraba Carlos a llamarme, y daba
> luz a mis ojos, brazos a mi pecho.
>
> Tal vez que de la mano me llevaba,
> me tiraba del alma, y a la mesa,
> al lado de su madre, me sentaba.

En la égloga "Amarilis", una obra profundamente conmovedora que escribió a la muerte de Marta de Nevares, describe a Amarilis ahora privada de razón:

> Aquella que gallarda se prendía
> y de tan ricas galas se preciaba,
> que a la aurora de espejo le servía,
> y en la luz de sus ojos se tocaba,
> curiosa los vestidos deshacía,
> y otras veces, estúpida, imitaba,
> el cuerpo en hielo, en éxtasis la mente,
> un bello mármol de escultor valiente.

Lope fue uno de los creadores más dotados y prolíficos del romancero nuevo, especialmente asociado al principio con el romancero morisco [21]. En 1583 alcanzó su primer éxito popular con el romance sobre el moro Gazul que empieza "Sale la estrella de Venus" y que puede referirse a los amores de Lope con Elena Osorio, que empezaron por aquel tiempo. Es casi cierto, sin embargo, que su romance "La bella Zaida Zegrí" se refiere a ellos. El famoso "Mira Zaide que te aviso" (que ahora por lo general se atribuye a Lope) puede aludir a su destierro en 1588 por libelo contra la familia de Elena que había intervenido en el asunto.

Como la mayoría de los romances artísticos, éstos aparecieron en forma anónima, y así fueron impresos en las colecciones de aquel tiempo. Numerosos romances que se sabe son de Lope o pueden atribuírsele con confianza, aparecen en el gran *Romancero general* (Madrid, 1600), cuya segunda edición (1604) lleva un prólogo anónimo que le ha sido atribuido también [22]. En él se elogia al romance como poesía "natural":

> [...] porque como este género de poesía (que casi corresponde a la lírica de los griegos y latinos) no lleva el cuidado de las imitaciones y adorno de los antiguos, tiene en ella el artificio y rigor retórico poca parte, y mucha el movimiento del ingenio elevado, el cual no excluye el arte, sino que la excede, pues lo que la naturaleza acierta sin ella es lo perfecto.

Sean o no estas palabras de Lope, expresan una creencia que reiteró con frecuencia, en parte quizá para justificar su propia superabundancia y a veces descuidada prodigalidad de composición, y en parte, sin duda, por auténtica convicción. Porque, evidentemente, como parte de su ser creía que la mejor poesía era sencilla y natural. Durante su vida prodigó no sólo sus romances aparentemente espontáneos, sino también canciones y poemas líricos tan sensibles al espíritu de la poesía popular que con frecuencia es difícil decir lo que tomó prestado y lo que compuso.

21. Véase R. Menéndez Pidal, *Romancero hispánico*, II, Madrid, 1953, págs. 126-130.
22. *Ibid.*, pág. 159.

Pero Lope no sólo escribió poesía sencilla. Aguijoneado por el éxito ruidoso con que el "nuevo" estilo de Góngora en sus *Soledades* y *Polifemo* irrumpió en 1613, la primera reacción de Lope fue satírica; pero, herido quizá por la manifiesta seducción que Góngora ejercía sobre el público culto, y siempre ávido de mostrar su erudición, Lope sucumbió por fin a la moda y, como ha mostrado Dámaso Alonso [23], escribió a veces poesía tan hermética como cualquier poesía de Góngora. Fue un error: sus talentos eran diferentes. Pero, cuando no intentaba deslumbrar, podía componer poesía culterana y conceptista de peculiar belleza como por ejemplo en el soneto "Pastor que con tus silvos amorosos" (*Rimas sacras*), o el soneto "Ir y quedarse, y con quedar, partirse" (*Rimas*), cuyas antítesis expresan con mucho efecto el tormento del amante separado. La misma agudeza comedida contribuye al éxito de uno de sus más logrados poemas religiosos, el emocionante soneto:

> ¿Qué tengo yo que mi amistad procuras?
> ¿Qué interés se te sigue, Jesús mío,
> que a mi puerta, cubierto de rocío,
> pasas las noches del invierno escuras?
>
> ¡Oh, cuánto fueron mis entrañas duras,
> pues no te abrí! ¡Qué extraño desvarío
> si de mi ingratitud el hielo frío
> secó las llagas de tus plantas puras!
>
> ¡Cuántas veces el ángel me decía:
> Alma, asómate agora a la ventana,
> verás con cuánto amor llamar porfía!
>
> ¡Y cuántas, hermosura soberana:
> Mañana le abriremos —respondía—,
> para lo mismo responder mañana!

El último libro de poemas de Lope, aunque no su última obra, fue *Rimas [...] del licenciado Tomé de Burguillos,* un seudónimo que había usado a veces anteriormente. El volumen contiene sobre todo (pero ni mucho menos en forma exclusiva) poemas burlescos,

23. Alonso, *op. cit.,* págs. 472-487.

incluyendo la epopeya *La gatomaquia*. En general el humor es benigno, como corresponde a la actitud indulgente de un viejo.

Lope, "monstruo de la naturaleza" para sus contemporáneos, pródigo en todo lo que hizo, escribió demasiado sin duda; pero sus facultades de invención son asombrosas y, leyendo los muchos volúmenes de su poesía, uno queda continuamente sorprendido al ver el alto nivel que pudo mantener.

Francisco de Quevedo y Villegas (1580-1645; cf. anteriormente, pág. 201), uno de los más grandes poetas de España, dejó un gran y complejo conjunto de poesía que, igual que el hombre —culto, devoto, frívolo, amoroso y obscenamente grosero— no es fácil de enfocar [24].

En su estilo, Quevedo es por encima de todo un conceptista. Su poesía, tanto la ligera como la seria, exige una agilidad mental constante por parte del lector [25]. En sus momentos más característicos, incluso en gran parte de su poesía amorosa, su estilo epigramático, conciso, está en el polo opuesto de la luminosa sensualidad de Góngora. Aunque aquí y allí se captan ecos de Góngora en su obra, Quevedo fue el más severo crítico de aquél, satirizándole igual que a sus seguidores en algunos de los más mordaces poemas de esa época de desenfrenada guerra literaria. Cuando en 1631 Quevedo publicó la poesía de fray Luis de León, convirtió la epístola de su dedicatoria a Olivares en un ataque contra los culteranos. Parece como un manifiesto de sus propias intenciones poéticas, por lo menos en lo que atañe a su poesía seria.

> Todo su estilo con majestad estudiada es decente a lo magnífico de la sentencia, que ni ambiciosa se descubre fuera del cuerpo de la oración, ni tenebrosa se esconde —mejor diré

24. No hay estudio exhaustivo de su poesía. El estudio de Dámaso Alonso en *Poesía española,* así como la introducción a Quevedo de José Manuel Blecua, en *Obras completas,* I: *Poesía original* (Barcelona, 1963) son utilísimos, a pesar de limitarse a ciertos aspectos de la poesía de Quevedo. Véase también la introducción de R. M. Price a su *Anthology of Quevedo's Poetry,* Manchester, 1969.

25. Véase A. A. Parker, «La agudeza en algunos sonetos de Quevedo», *Estudios dedicados a Menéndez Pidal,* III, Madrid, 1952, págs. 345-360.

244   SIGLO DE ORO: PROSA Y POESÍA

que se pierde— en la confusión afectada de figuras, y en la
inundación de palabras forasteras. La locución esclarecida hace
tratables los retiramientos de las ideas, y da luz a lo escondido
y ciego de los conceptos.

La clave de alguna de las contradicciones de Quevedo y de
otros muchos de sus aspectos puede encontrarse en su estoicismo [26].
Aspiraba, sin conseguirlo, a librarse del apego a las cosas de este
mundo, como un previo requisito de la inmunidad contra el destino y como preparación para la muerte. No es exagerado ver en
el estoicismo de Quevedo la raíz de sus austeros ideales estilísticos y también de su antagonismo con Góngora. Si su ideal era el
despego de las cosas, no podía menos de ofenderle, moral y esté-
ticamente (si es que puede hacerse una distinción), el demasiado
evidente apego de Góngora a este mundo [27]. Sería equivocado insistir sobre esto en términos demasiado absolutos: hay momentos
en que Quevedo se muestra sensible a la belleza, como en la ex-
quisita silva "Éste de los demás sitios Narciso", y entonces su
lenguaje adquiere un matiz gongorino, pero una clara diferencia
de temperamento y de perspectiva separa a los dos hombres. Esto
aparece de forma expresiva en la canción tardía "El escarmiento",
uno de los poemas más austeramente impresionantes de Quevedo,
en el que se alegra con tono sombrío de haber aprendido a vivir
como si ya estuviera muerto. Por un momento la poesía se hace
cálida y parece ser un eco de la de Góngora cuando Quevedo describe los placeres de la naturaleza:

> Orfeo del aire el ruiseñor parece,
> y ramillete músico el jilguero
> [...]

26. Como lo sugiere A. Mas en su libro interesante (pero cuestionable en
ciertos aspectos) *La caricature de la femme, du mariage et de l'amour dans
l'oeuvre de Quevedo*, París, 1957. Para el estoicismo de Quevedo véase más
adelante págs. 282-284.
27. En relación con el neoplatonismo que se refleja en la poesía de
Góngora, es interesante ver a Quevedo atacando «la doctrina de Platón, con
la cual [...] todos los herejes informaron sus errores» (*Providencia de Dios*,
en *Obras en prosa*, ed. L. Astrana Marín, Madrid, 1932, págs. 1.042-1.043).

Pero bruscamente la dicción vuelve de nuevo a la fría sobriedad cuando Quevedo, rechazando el mundo que aquellas imágenes parecían por un momento acariciar, vira hacia su apóstrofe final:

> Vive para ti solo, si pudieres;
> pues sólo para ti, si mueres, mueres.

La momentánea confrontación de los dos estilos es la confrontación de dos actitudes ante la vida.

Uno de los más memorables poemas de Quevedo es su "Epístola satírica y censoria contra las costumbres presentes de los castellanos" dirigida a Olivares, donde su estilo severo y elíptico —antítesis del de Góngora— expresa de forma perfecta la áspera vida que Quevedo toma como su ideal. El poema, escrito con probabilidad alrededor de 1627, formula las esperanzas que Quevedo había puesto en el conde-duque, cuyos primeros años como favorito de Felipe IV parecían prometer una reforma y un resurgimiento nacional. Quevedo contrasta el presente degenerado con la idealizada virtud espartana de la Edad Media. Escribe con vigorizante concisión, como cuando elogia la frugalidad de aquellos tiempos.

> Caducaban las aves en los vientos,
> y espiraba decrépito el venado:
> grande vejez duró en los elementos.
> [...]
> No había venido al gusto lisonjera
> la pimienta arrugada, ni del clavo
> la adulación fragrante forastera.
>
> Carnero y vaca fue principio y cabo
> y con rojos pimientos, y ajos duros,
> tan bien como el señor comió el esclavo.

La concisión y el juego de palabras hacen difícil este poema, pero hay pocas dificultades en él que no cedan ante la paciencia y un conocimiento de la historia. Vale la pena perseverar, pues el poema es uno de los mejores que compuso Quevedo.

La resistencia de Quevedo al adorno poético le lleva en ocasiones a un enérgico coloquialismo que presta fuerza y urgencia a algunos de sus más memorables poemas, como ocurre en este impresionante soneto:

«¡Ah de la vida!»... ¿Nadie me responde?
¡Aquí de los antaños que he vivido!
La Fortuna mis tiempos ha mordido;
las Horas mi locura las esconde.

   ¡Que sin poder saber cómo ni adónde
la salud y la edad se hayan hüido!
Falta la vida, asiste lo vivido,
y no hay calamidad que no me ronde.

   Ayer se fue; mañana no ha llegado;
hoy se está yendo sin parar un punto;
soy un fue, y un será, y un es cansado.

   En el hoy y mañana y ayer, junto
pañales y mortaja, y he quedado
presentes sucesiones de difunto.

De una manera u otra, gran parte de la poesía de Quevedo intenta desnudar la vida de su peligroso encantamiento: "quitarle a la vida su peligroso hechizo". En un soneto que es un *tour de force* de rima cacofónica, Quevedo describe en términos sardónicos las edades del hombre. Dice así:

La vida empieza en lágrimas y caca,
luego viene la *mu*, con *mama* y *coco*,
síguense las viruelas, baba y moco,
y luego llega el trompo y la matraca.

   En creciendo, la amiga y la sonsaca:
con ella embiste el apetito loco;
en subiendo a mancebo, todo es poco,
y después la intención peca en bellaca.

   Llega a ser hombre, y todo lo trabuca:
soltero sigue toda perendeca;
casado se convierte en mala cuca.

> Viejo encanece, arrúgase y se seca;
> llega la muerte, y todo lo bazuca,
> y lo que deja paga, y lo que peca.

A Quevedo le fascina la fealdad que encuentra en la vida. Góngora también podía satirizar y ridiculizar, pero nunca se siente que la vida fuese odiosa para él: para Quevedo todo enseña desengaño, todo expresa la caducidad de las cosas de este mundo, y éste es el tema de uno de sus más famosos sonetos, "Miré los muros de la patria mía". En el romance "Son las torres de Joray", el castillo que se desmorona, descrito como un cadáver de su existencia anterior, es una lección en piedra que enseña la locura del amor y de la ambición. El humor sardónico del comienzo da paso por un momento a un suave estilo petrarquista, abruptamente desvanecido y que el estribillo hace irónico.

> Yo, que mis ojos tenía,
> Floris taimada, en los tuyos,
> presumiendo eternidades
> entre cielos y coluros;
>   en tu boca hallando perlas,
> y en tu aliento calambucos,
> aprendiendo en tus claveles
> a despreciar los carbunclos;
>   en donde una primavera
> mostró mil abriles juntos,
> gastando en sólo guedejas
> más soles que doce lustros,
>   con tono clamoreado,
> que la ausencia me compuso,
> lloré los versos siguientes,
> más renegados que cultos:
>   *«Las glorias de este mundo*
> *llaman con luz, para pagar con humo».*

Esto es característico: Quevedo es maestro del cambio súbito, el giro que vuelve las apariencias de dentro a fuera para revelar el reverso poco vistoso o ridículo. En la "Epístola a Olivares", Quevedo se burla de las corridas de toros en las que la juventud moderna malgasta su tiempo:

> Pretende el alentado joven gloria
> por dejar la vacada sin marido,
> [...]

¿Gloria en matar al marido de una manada de vacas? Minada de una manera abrupta, la altisonancia cae en el ridículo.

En sus poemas satíricos y burlescos, los objetivos de Quevedo son por lo general los fallos y las locuras de la humanidad, incluidos la falsedad y el engaño: mujeres de edad haciéndose pasar por jóvenes, fanfarrones cobardes, y así sucesivamente. Pero no toda su sátira tiene esta base moral: la debilidad humana y la desgracia atraen su ponzoña por igual. Casi podemos sospechar que Quevedo desconocía la compasión, pero su dominio de lo ingenioso dentro de lo absurdo hace que incluso algunos de sus poemas más malignos resulten divertidos. Un ejemplo sobresaliente debe bastar: su sátira "Corrido y confuso me hallo", sobre una mujer que le había rechazado por un tal, que según Quevedo era capón. El efecto acumulado de lo absurdo es abrumador a medida que, con inventiva relampagueante, va amontonando metáfora sobre metáfora[28].

> ¿De qué sirven tantos bríos,
> si en vuestro jardín de gloria
> han de subir de su noria
> los arcaduces vacíos?
> [...]
> Con más que palabras malas
> no hayáis miedo os acometa
> y si apunta la escopeta,
> reíos, que está sin balas.

28. Pero nótese que J. M. Blecua, a pesar de haber atribuido este romance a Quevedo en la primera edición, lo suprime en la segunda edición de F. de Quevedo, *Obras completas,* I: *Poesía original,* Barcelona, 1963; 2.ª ed., 1968.

Pese a todo, Quevedo escribió algunas de las más bellas poesías amorosas de la lengua española, sobre todo en el ciclo dirigido a "Lisi". Quevedo escribe dentro de la tradición petrarquista[29], cuyo vocabulario e imaginería reanima, de manera que su poemas se expresan con una voz que es claramente la suya. Un soneto dirigido a "Floralba" ofrece un buen ejemplo. Empieza así:

> ¡Ay Floralba! Soñé que te... ¿Dirélo?
> Sí, pues que sueño fue: que te gozaba.

El poema expone una experiencia bastante común en la tradición petrarquista, pero Quevedo da una nota original desde el mismo principio: su sueño de yacer con Floralba es sorprendentemente audaz y amenaza con hacer estallar los eufemísticos convencionalismos petrarquistas; pero, después de todo, era sólo un sueño, de manera que las convenciones quedan precariamente preservadas. La carnal inmediatez de la escena crea, sin embargo, una tensión entre el deseo real y el lenguaje discreto de la convención poética que hace surgir con fuerza a la vida todo el poema. Lo mejor de los poemas amorosos de Quevedo —por ejemplo, el soneto "Cerrar podrá mis ojos la postrera"— vuelve a usar elementos tradicionales de una manera igualmente creadora.

Pero la poesía amorosa de Quevedo se complica a veces con otros estados de ánimo. El soneto "A fugitivas sombras doy abrazos" expresa un sentido de futilidad al perseguir lo que nunca puede finalmente poseer. La conclusión del soneto "En crespa tempestad del oro undoso" es también un desesperante reconocimiento de la futilidad. Poemas como éstos expresan la tensión entre el enamorado y el estoico en Quevedo, anhelando la comunión en el amor, pero odiando lo que disminuye su propia suficiencia al atarle al mundo. El asco que yace no lejos de la superficie en poemas como éstos está en relación con la ofensivamente brutal desmitificación del amor en poemas obscenos como el soneto:

---

29. Véase Otis H. Green, *El amor cortés en Quevedo*, Zaragoza, 1955.

> Quiero gozar, Gutiérrez; que no quiero
> tener gusto mental tarde y mañana
> [...]

Quevedo escribió cierto número de jácaras, romances escritos en jerga de germanía, que fueron famosos en su tiempo [30]. Son característicamente ingeniosos y carecen por completo de contenido moral, expresando tan sólo el placer que se toma al inventarlos. Es evidente también que la mala vida tenía un gran atractivo en y por sí, expuesto de nuevo en el elogio de la picaresca en "Mientras que tinto en mugre sorbí brodio".

Durante su vida la poesía de Quevedo sólo circuló en antologías, pliegos y manuscrita. La primera colección de importancia fue publicada bajo el título de *El Parnaso español* en 1648 por su amigo José Antonio González de Salas. Una colección posterior, *Las tres musas últimas castellanas*, fue editada en 1670 por su sobrino Pedro Aldrete Quevedo y Villegas.

---

30. Para este género peculiar véase J. M. Hill, *Poesía germanesca*, Bloomington, 1945.

Capítulo 8

CERVANTES Y LA FICCIÓN
NOVELESCA POSTERIOR

Los libros y los artículos sobre Cervantes llenarían una biblioteca. Puesto que sería absurdo intentar abarcar aquí todo lo que se ha escrito sobre Cervantes, parece más útil prescindir de la mayoría de sus intérpretes y, en su lugar, trazar un esquema que con la mayor sencillez posible dé sentido a su trabajo, aunque la sutileza y el matiz hayan de ser inevitablemente sacrificados.

Miguel de Cervantes Saavedra (1547-1616) era hijo de un oscuro cirujano. Gran parte de su vida permanece borrosa. Marchó a Italia en 1569 o en una fecha aproximada, fue soldado y combatió en Lepanto (1571) donde resultó herido, perdiendo el uso de su mano izquierda. Los corsarios le capturaron en 1575 cuando desde Nápoles volvía a España, y fue rescatado cinco años más tarde después de varios intentos de fuga. Después de una temporada durante la que no pudo o no quiso buscarse un puesto fijo en la sociedad tratando mientras tanto de vivir de su pluma, le nombraron comisario encargado de comprar y requisar provisiones para la Armada. Estuvo en servicios similares del gobierno durante algunos años. Se vio en frecuentes dificultades en sus cuentas, por las que fue encarcelado varias veces; de las pruebas que existen parece claro que de lo peor que puede ser acusado es de imprudencia. Se casó en 1584; según todas las apariencias el matrimonio resultó desgraciado. Cervantes conoció la pobreza en gran parte de los últimos años de su vida, y todas sus esperanzas de ascenso fallaron. En sus obras no aparece la amargura como consecuencia de esto; el personaje que se refleja en ellas es de hecho singularmente atractivo, y mucho más compasivo que la mayoría de sus contemporáneos.

Cervantes había empezado a escribir estando aún cautivo en Argel, donde compuso obras de teatro para divertir a sus compañeros de cautiverio, y algunos poemas. A su regreso a España escribió cierto número de piezas teatrales, de las que sólo han sobrevivido dos (*Numancia* y *El trato de Argel,* ambas publicadas en el siglo XVIII). Durante toda su vida continuó publicando poesía; la mayoría de su poemas son elogios de libros de otros autores o están diseminados a través de sus obras en prosa. El *Viaje del Parnaso* (Madrid, 1614) es un estudio heroico-burlesco del estado de la poesía. Se enorgullecía de ser un poeta, pero no muchos de sus poemas sobresalen por encima de una respetable mediocridad.

Por orden de publicación sus otras obras son: *Primera parte de la Galatea* (Alcalá, 1585); *El ingenioso hidalgo don Quijote de la Mancha* (Madrid, 1605); *Novelas ejemplares* (Madrid, 1613); *Ocho comedias y ocho entremeses nuevos* (Madrid, 1615); *Segunda parte del ingenioso caballero don Quijote de la Mancha* (Madrid, 1615); *Los trabajos de Persiles y Sigismunda, historia setentrional* (Madrid, 1617).

Es evidente por sus escritos que Cervantes era un hombre muy culto, incluso libresco; pero fue también un hombre de acción citado por su valor en Lepanto, y mostró un ánimo poco frecuente en el cautiverio. Es una más de las paradojas de esta época que su primer libro fuera una novela pastoril, *La Galatea,* y aun más cuando resulta evidente que Cervantes sintió un afecto especial por ella: prometió una segunda parte en el prólogo de *Don Quijote,* parte II, y repitió la promesa en la dedicatoria de *Persiles,* cuando estaba ya en su lecho de muerte. El libro es un buen ejemplo de su género; es más serio y consistente que muchos otros, y tiene una estructura más lograda de lo que generalmente se ha creído [1]. Pero tiene también sus momentos de tedio, y ciertamente

---

1. Además de las obras reseñadas en la bibliografía, véase Jennifer Lowe,

no presenta el mejor aspecto de las facultades imaginativas de Cervantes.

Para él uno de los atractivos de la novela pastoril consistía probablemente en la oportunidad que ofrecía para intercalar numerosas narraciones cortas dentro de su maleable forma. Cervantes, que es casi seguro se interesó por la *novella* italiana durante sus años en Italia, permaneció apegado a la narración corta a lo largo de su vida. A pesar de *El Abencerraje* y los relatos de *Guzmán de Alfarache,* Cervantes tenía casi razón cuando pretendía en el prólogo de sus *Novelas ejemplares* que "yo he sido el primero que he novelado en lengua castellana". Fue el primero en demostrar un interés serio y sostenido por la *novella* como forma, y quien la estableció como género floreciente en España. Aunque sus *Novelas ejemplares* no fueron publicadas hasta 1613, algunas de ellas ciertamente se escribieron muchos años antes. *Rinconete y Cortadillo* es mencionada en *Don Quijote,* I, XLVII, y allá por los años 1605-1609 *Rinconete y Cortadillo* y *El celoso extremeño* fueron copiadas en una colección manuscrita de miscelánea entretenida debida a Francisco Porras de la Cámara. Hay novelas intercaladas en *Don Quijote* (*El curioso impertinente,* la historia del cautivo, etcétera), y se ha sugerido que el mismo *Don Quijote* iba a ser una novela corta hasta que Cervantes vio sus mayores posibilidades: ciertamente la primera salida del caballero, que ocupa los cinco capítulos iniciales, constituye una unidad por sí misma. Por estas razones parece apropiado discutir las *Novelas ejemplares* antes que *Don Quijote.*

En el prólogo Cervantes escribió:

> Heles dado nombre de *Ejemplares,* y si bien lo miras, no hay ninguna de quien no se pueda sacar algún ejemplo provechoso; y si no fuera por no alargar este sujeto, quiá te mostrara el sabroso y honesto fruto que se podría sacar, así de todas juntas como de cada una de por sí.

«The *Cuestión de amor* and the structure of Cervantes' *Galatea*», *BHS,* XLIII, 1966, págs. 98-108.

La afirmación de que hay un "fruto" oculto es común en las obras
de aquel tiempo, pero está apoyada por el carácter de las novelas
mismas. Lo que es difícil de decidir es el significado preciso de
"así de todas juntas". ¿Está afirmando Cervantes que se puede deducir una moral colectiva de la colección como conjunto?

Sea como sea, las novelas estaban pensadas como entretenimiento. Escribe:

> Mi intento ha sido poner en la plaza de nuestra república una
> mesa de trucos, donde cada uno puede llegar a entretenerse
> sin daño de barras [...]

El entretenimiento es una necesidad en la vida —"que no siempre
se está en los templos, no siempre se ocupan oratorios"—, pero
debe ser moral; y Cervantes afirma que antes que publicar novelas
que hubiesen de sugerir malos pensamientos o deseos se cortaría
la mano que las escribió.

Son doce novelas. No parece que su orden tenga ningún significado especial, excepto que *El coloquio de los perros* que presenta un amplio panorama de la vida, ocupa con propiedad el último lugar. Todas las novelas se refieren en cierto modo al bien y
al mal, la mayoría de ellas al amor, o por lo menos a las relaciones sexuales. Son ejemplares en tanto que muestran ejemplos que
evitar o imitar, pero no en todas ellas la moraleja queda bien explícita. A Cervantes le molestaba predicar en las obras de entretenimiento, aunque también creía con firmeza que debían de ser
moralmente provechosas o por lo menos inofensivas. En el prólogo a *Don Quijote,* I, escribió sobre su libro:

> [...] ni tiene para qué predicar a ninguno, mezclando lo hu-
> mano con lo divino, que es un género de mezcla de quien no
> se ha de vestir ningún cristiano entendimiento.

Es probable que ésta sea una velada referencia a *Guzmán de Alfarache,* cuya excesiva familiaridad con el lector e insistente prédica
pudo parecer a Cervantes algo híbrido: en parte entretenimiento y
en parte obra de devoción.

Las novelas muestran la preocupación de Cervantes por la verosimilitud, que podemos tomar por un afán de credibilidad, aunque no de realismo. Se pensaba, siguiendo a Aristóteles, que mientras lo apropiado para la historia era lo particular (las cosas como eran, por singulares que fuesen), lo apropiado para el arte era lo probable, lo típico, lo universal. Esto se refiere tanto a los personajes como a los acontecimientos. Los personajes que pueblan las novelas no son individuos (aunque hay unos pocos toques de sicología individual): son característicos de sus tipos —el enamorado de alma noble, el joven fogoso, etc.— y lo que Cervantes tiene que decir a la humanidad es general no particular. La distracción que ofrece no hay que buscarla en el realismo sicológico, sino en los aspectos formales de la narración: extrañas pero no imposibles situaciones, sorprendentes y, por lo tanto, ingeniosas vicisitudes, inesperados encuentros y reconocimientos, ingeniosos esquemas narrativos, no visibles y por ello más agradables cuando son percibidos[2]. Es evidente que Cervantes proyectó su libro como un muestrario del arte de narrar, al que se suma el placer del estilo: elegante, variado —ya sencillo, ya retórico— solemne o humorístico según pedía el relato. Y, por último, el placer de la edificación, menos grata para los lectores modernos en general que la serena y compasiva actitud de Cervantes ante la vida.

Nueve de las novelas tratan del amor —su naturaleza y sus consecuencias, incluido el matrimonio— o parodias del amor. Tres describen el amor perfecto. *La gitanilla* es una de ellas. Cuenta cómo un joven noble se enamora de Preciosa, una gitanilla famosa por su belleza, su desenvoltura y su virtud. Ella promete casarse con él si durante dos años lleva la vida de gitano con el fin de darse cuenta de si su amor es real o simple capricho. Mientras tanto será como una hermana para él, y no aceptará restricción de su libertad: "Sepa que conmigo ha de andar siempre la libertad desenfadada, sin que la ahogue ni turbe la pesadumbre de los

2. Véase, por ejemplo, Jennifer Lowe, «The structure of Cervantes' *La española inglesa*», *RN,* IX, 1968, págs. 1-4.

celos". De este modo quedan anunciados algunos temas principales del libro: el amor no es temporal, y su final apropiado es
el matrimonio; es incompatible con los celos, y la virtud se pre-
servará de la corrupción de los ambientes menos propicios, si está
presente la voluntad de ser virtuoso, ya que la virtud es una cualidad positiva y no la mera ausencia de su opuesta. En cuanto a la
fuente de las ideas morales de Cervantes, no necesitamos ir a buscarla fuera de las enseñanzas del cristianismo, junto con los tratados neoplatónicos sobre el amor.

El joven, que adopta el nombre de Andrés, se somete a la
prueba. Cervantes prepara una situación en apariencia sin salida,
pero en el último momento Andrés se salva de la ejecución por
asesinato al descubrirse que Preciosa es la hija perdida del corre-
gidor el cual, al enterarse de que Andrés es en realidad don Juan
de Cárcamo, le libera sin más complicaciones (el alcalde, tío del
hombre muerto, recibe doscientos ducados por liquidar el asunto).

Preciosa es una de las más animadas creaciones de Cervantes
y, en su mezcla de desenvoltura y castidad, una perfecta encarnación de su concepto de la virtud activa. Es inmune a las tentaciones a que se expone por su manera de vivir, pero Cervantes se
niega a rodearla de un ambiente demasiado bajo; aunque presenta
a los gitanos como ladrones, también los presenta como más estric-
tos en cuanto a su moralidad que los que son más respetables en
el aspecto social. Observan total castidad y fidelidad; el adulterio
en las mujeres es castigado con la muerte; todo lo que poseen,
excepto las mujeres, es disfrutado en común. La explicación de su
vida natural y libre tiene una calidad pastoril. Como hijos de la
naturaleza muestran una virtud primitiva y austera. Sin embargo,
hay un código superior, y al final los enamorados se someten a la
ley más alta del cristianismo (por medio del sacramento del matrimonio) y de las obligaciones de la nobleza.

La ilustre fregona es una variación sobre el mismo tema. Narra
la aventura de dos nobles mancebos que se escapan para convertirse en pícaros. Uno, Avendaño se enamora de Constanza, una
bella muchacha criada en casa de un mesonero. Después de muchas
vicisitudes se descubre que Constanza es la hija natural del padre

de Carriazo (compañero de Avendaño) y de una dama de muy alta alcurnia a la que no se nombra. Los enamorados se casan y todo termina felizmente.

No hay novedad en el tema: Constanza y Avendaño son las contrapartidas de Preciosa y Andrés; pero las circunstancias son lo bastante diferentes para mantener el interés. Primero, a Avendaño se le da un compañero muy distinto de él: el espíritu de Carriazo es más basto —ciego ante la belleza, lo único que quiere es volver a las almadrabas—. Avendaño es el perfecto enamorado neoplatónico, tan susceptible a la belleza que la mera relación de la hermosura de Constanza le llena de deseos de verla. El contraste entre los dos mancebos subraya el tema y da a Cervantes su oportunidad para la invención del incidente.

La española inglesa vuelve a tratar de la doctrina neoplatónica al afirmar que el amor, aunque despertado en su comienzo por la belleza, se une a una belleza superior a la física. Isabel conserva el amor de Recaredo incluso cuando aquélla pierde por una temporada su hermosura.

El amante liberal trata de un amor imperfecto perfeccionado. El amor de Ricardo es viciado por los celos; el amor y la adversidad le enseñan el altruismo. Aunque es interesante en muchos aspectos, ésta es una de las novelas menos maduras de Cervantes. Fuerza la coincidencia, y el doble atractivo de la sorpresa y de la simetría le lleva demasiado lejos al hacer que dos embarcaciones cargadas de turcos se aniquilen entre ellas hasta casi el exterminio, mientras los enamorados y los cautivos cristianos recobran su libertad.

La fuerza de la sangre es una narración sobre el poder de la hermosura. Excitado por su belleza, Rodolfo rapta y viola a Leocadia. Años más tarde ésta identifica la casa a donde fue llevada y cuenta su historia a los padres de Rodolfo, que ordenan a éste, que se encuentra en Italia, que vuelva a España para casarse con una novia que han elegido para él. Le arreglan un encuentro con Leocadia sin que sepa que ella es la novia elegida. Su belleza le hace enamorarse de ella. Se casan y el matrimonio borra finalmente la mancha en el honor de Leocadia. Esta historia es la de un amor pervertido (la lujuria de Rodolfo) y luego redimido: un crucifijo que Leocadia ve al recobrar conciencia después de la violación y que se lleva consigo de aquella casa, sirve para confirmar su relato cuando lo expone a los padres de Rodolfo. Una imagen del amor divino ayuda a preparar el camino para una victoria del amor humano.

Unidos por el amor, Leocadia y Rodolfo formarán un matrimonio feliz. En *El celoso extremeño* se nos muestra una parodia del matrimonio. El rico indiano Carrizales vuelve a España a los sesenta y ocho años y se casa con una muchacha de apenas catorce. Celoso sin fundamento, y decidido a celarla a toda costa, la encierra en una casa que se convierte en su cárcel. A pesar de sus precauciones, un joben libertino, Loaysa, penetra en la casa. Arrepentida casi en última instancia, Leonora se resiste [3]. Al encontrarles durmiendo por la mañana, Carrizales teme lo peor y muere de dolor. Su error consistió en creer que la inocencia puede ser guardada mediante cerrojos y candados cuando la virtud no está alerta en su propia defensa, y en encerrar a Leonora en lugar de guiarla hacia la virtud. Apenas menos grave es el error de casar a una muchacha tan joven con un hombre viejo. Como a todos aquellos que en las obras de Cervantes cometen un grave error moral, no le queda otra solución que la muerte.

Las precauciones de Carrizales son ridículas (lo absurdo de ellas queda igualado por el juramento sin sentido por el cual Loaysa las elude) y él mismo está a punto de resultar divertido. Pero, al final, supera todo esto cuando en su lecho de muerte perdona a Leonora, posiblemente el primer ejemplo en la literatura española de la época, de un marido engañado que se abstiene de la venganza sobre su esposa aparentemente adúltera.

Rinconete y Cortadillo, muy diferente por su asunto de las anteriores, es a la vez una de las más entretenidas y más hábilmente didáctica de estas novelas. Es probable que refleje las observaciones de Cervantes durante una de sus muchas estancias en Sevilla.

---

3. En el manuscrito Leonora es seducida realmente. La explicación de la segunda intención de Cervantes dada por Casalduero en *Sentido y forma de las «Novelas ejemplares»* (Buenos Aires, 1943) es la más satisfactoria.

CERVANTES Y LA FICCIÓN NOVELESCA POSTERIOR   259

El argumento —que es rudimentario pues la novela es en realidad
una sucesión de cuadros— nos habla de dos jóvenes pícaros que,
a su llegada a Sevilla, son enrolados en una cofradía de ladrones
cuyo jefe es Monipodio. Los ladrones y las prostitutas que pertenecen a la cofradía son todos ellos, para sorpresa de los muchachos, muy devotos, e incluso son obligados por Monipodio a contribuir a mantener encendida continuamente una lámpara que arde
ante una imagen de su especial devoción. Sus devociones son
exageradas e irracionales: una prostituta dice de sus ganancias "que
el trabajo y el afán con que yo los había ganado ruego yo a los
Cielos que vayan en descuento de mis pecados". La piedad des-
caminada es efectivamente el tema central de la novela. Sería ingenuo creer que Cervantes está satirizando tan sólo a ladrones y
prostitutas: su objetivo es la piedad insensata en todos los niveles
de la sociedad. Por ejemplo, cuando su informador le dice a los
muchachos "ni tenemos conversación con mujer que se llame María
el día del sábado", es una clara alusión a la extrema y supersti-
ciosa devoción hacia la Virgen que caracterizaba a Sevilla en
aquella época. La doctrina de la Inmaculada Concepción fue apoyada allí con extraordinario fervor. Pedro de Castro, arzobispo de
Sevilla en 1610, compartía el fervor de su rebaño. "Incluso se
dice que a consecuencia de esta adoración mariana mandaba cerrar
los burdeles oficiales en los días consagrados a la Virgen y orde-
naba a las muchachas llamadas María no trabajasen allí" [4]. Esto
ocurrió algunos años después de la composición de *Rinconete,*
pero el ambiente ya existía allí. Aunque la vida real le suministró
material, es probable que el ataque de Cervantes contra las fórmulas y ceremonias vacías se deba en gran parte a Erasmo [5].

En la novela hay más que esto; más, incluso, que una exposición de la anarquía en Sevilla que era muy conocida. Posible-

4. Sir Thomas Kendrick, *St. James in Spain,* Londres, 1960, pág. 93.
Toda la información es instructiva. Evidentemente la vida superaba al arte.
Nada en Cervantes sobresale en comicidad a algunos de los incidentes contados
por Kendrick.
5. Véase Bataillon, *op cit.,* II. Pero A. G. de Amezúa expresa su desa-
cuerdo en su *Cervantes, creador de la novela corta española,* Madrid, 1956,
págs. 139-199.

mente Cervantes quería que viéramos la hermandad de criminales como la imagen de la sociedad respetable en un espejo deformante: tiene sus leyes, una parodia de impuestos y diezmos, hasta una especie de gobierno, y los rateros se muestran celosos de su honor y se llaman entre ellos "vuesa merced". Quizá la sátira se refiere a una sociedad que sólo vivía de acuerdo con formas externas, una sociedad en la que la sombra del honor, la devoción y el trabajo se confunde con la substancia.

El licenciado Vidriera trata de un joven inteligente, trastornado por un filtro de amor, que se hace famoso por las sentencias que dice mientras está loco. Cuando recobra la razón, ya no resulta divertido y le esquivan. Cualquiera que sea el propósito de Cervantes al escribir esta novela, debe de ser considerada como un fracaso: son elementos interesantes de una historia, pero no logrados.

Otras dos novelas, *Las dos doncellas* y *La señora Cornelia* son agradables, pero tienen poca profundidad.

Donde sobresale Cervantes es en las dos narraciones entrelazadas *El casamiento engañoso* y *El coloquio que pasó entre Cipión y Berganza* (más conocido por *El coloquio de los perros*). En la primera, Campuzano, de regreso de las guerras en Flandes, cuenta que intentó preparar su retiro casándose con doña Estefanía, rica en apariencia, atraída a su vez por los dos mil ducados que él dice tener. Después de la boda ella desaparece con la cadena de oro y otros objetos valiosos de Campuzano, que resultan ser falsos y no valer arriba de unos diez o doce ducados. Pero ella le ha dejado un recuerdo: la sífilis, de la que se estaba curando al iniciarse la historia. De una parodia de matrimonio —contraído fríamente con vistas al provecho material— los frutos que Campuzano recoge son una parodia de lo que normalmente consideramos como frutos del matrimonio.

Estando en el hospital de Valladolid, Campuzano escribió una conversación imaginaria entre los dos perros Cipión y Berganza (reales y muy conocidos en la ciudad). Berganza pasa revista a su vida, mientras Cipión comenta. La historia de Campuzano es un caso especial de una situación general, porque todos los humanos que Berganza ha conocido son engañosos e hipócritas (con la excepción de los padres jesuitas de Sevilla): los pastores matan a las ovejas que están encargados de proteger; un alguacil es cómplice de la perversión de la justicia. El peor hipócrita de todos es la bruja Cañizares, que adopta a Berganza, que por fin la saca a la vergüenza pública.

Cañizares había dicho a Berganza que era en realidad uno de los gemelos de su hermana bruja la Montiela, transformados en perros por las malignas artes de la Camacha. Unos versos profetizan su vuelta a la forma humana:

> Volverán a su forma verdadera
> cuando vieren con presta diligencia
> derribar los soberbios levantados
> y alzar a los humildes abatidos
> por poderosa mano para hacello.

¿Acaso el verdadero sentido de esto es que las cosas permanecerán siempre iguales? Probablemente: está de acuerdo con el punto de vista cristiano del siglo XVII. Al individuo le queda siempre el camino del arrepentimiento, pero en general los hombres no lo hacen: habrá injusticia y desigualdad mientras los hombres sean hombres. No hay duda de que los versos significan que los perros serán hombres cuando los hombres sean justos: lo cual es pedir peras al olmo.

El tema de la novela es la hipocresía. Las apariencias pesan más en el mundo que el valor real. (El comentario que hace Cipión sobre la suerte del pobre parece salir del corazón: Cervantes sabía lo que era ser pobre y abandonado.) La ironía fundamental de la historia recalca que los perros, aunque carecen de razón, son más cuerdos que el hombre, quienes, aun poseyéndola, han caído tan bajo que los animales parecen superiores a él. (Hay momentos en *Don Quijote* en que Cervantes hace una puntualización similar: la amistad ejemplar entre Rocinante y el asno de Sancho, o la prudencia del león en la parte II, XVII, que rechaza la provocación de Don Quijote y le replica mostrándole sus cuartos traseros.) Pero Cervantes aunque es un moralista, no moralizará con exceso. Cipión le está continuamente reprochando a Berganza su murmuración, incluso cuando sus críticas son generales. En una ocasión, cuando Cipión se extiende sobre la diferencia entre amos terrenales y el Señor de los Cielos, Berganza contesta:

Berganza. — Todo eso es predicar, Cipión amigo.
Cipión. — Así me lo parece a mí, y así callo.

Porque esto, después de todo, es entretenimiento, como Cervantes parece estar tratando, cada vez con más dificultad, de recordar.

Aunque el ejemplo en la mayoría de los casos está bastante claro, algunos permanecen dudosos. *Las dos doncellas* y *La señora Cornelia* pueden estar concebidas para ilustrar la indiscreción salvada por la discreción, pero esto no queda claro ni mucho menos; y *El licenciado Vidriera* (sobre el que se volverá más adelante) satiriza quizá la rápida disposición de la muchedumbre para reírse de un loco cuando en ciertos aspectos puede estar menos loco que ellos, pero, si lo que se propone es esto, permanece bien oculto. ¿Cuál es el "fruto" que puede ser recogido "de todas juntas"? Quizá en *El coloquio* esté nuestra guía. La sombría imagen que nos da de la vida apenas es tan sólo aliviada por la virtud de los perros. Como Cipión dice de ellos: "nos suelen pintar por símbolo de la amistad". Quizá sea éste el tema del libro. El amor es el guía más seguro del hombre en su oscuridad: el verdadero amor que busca, más allá de la posesión, la amistad, la *caritas*. Su ausencia lleva al desastre en la vida privada (*El celoso extremeño*) y al caos en la vida social (*Rinconete, El coloquio,* ambos, panoramas del egoísmo insolidario).

El manuscrito de Porras de la Cámara contiene otra novela que ha sido atribuida a Cervantes, *La tía fingida.* La atribución ha sido discutida con calor por algunos, principalmente sobre la base de que una historia tan inmoral no podía ser de Cervantes. No hay nada que impida la posibilidad: es una historia entretenida y bien narrada que podía muy bien haber escrito el autor del entremés *El viejo celoso.* La cuestión continúa planteada.

Don Quijote ha dado lugar a interpretaciones tan abundantes, variadas y contradictorias que casi impiden al profano una lectura personal e independiente de tanto prejuicio crítico, aunque Cervantes expusiera sus intenciones en términos inequívocos en el prólogo a la parte I, donde su amigo dice del libro que "todo él es una invectiva contra los libros de caballería", y lo puntualiza tres veces más. Cervantes nos recuerda de vez en cuando su intención, y la afirma de nuevo al final de la parte II. La obra es, pues, una burla de los libros de caballería que es para Cervantes una literatura de mentiras, y absurda además desde un punto de vista estético [6].

Don Quijote, un hidalgo ya mayor que lleva una vida monótona en un soñoliento pueblo de la Mancha, se vuelve loco a causa de su pasión por los libros de caballería, lo que le llevará a trasmutar todo en términos caballerescos. El caballero que toma por modelo es Amadís, pero el libro contiene alusiones o reminiscencias de muchas otras novelas. El nombre "Caballero de la Triste Figura" procede del tercer libro de *Don Clarián* (1524) y "Caballero de los Espejos" (el nombre aplicado a Sansón Carrasco) del cuarto (1528)[7]. Cuando Don Quijote habla de sus aventuras en la Cueva de Montesinos, describe cómo divisa a lo lejos a Dulcinea:

[...] me mostró tres labradoras que por aquellos amenísimos campos iban saltando y brincando como cabras [...]

(II, XXIIII)

La moza de Dulcinea brinca con tanta fuerza que "se levantó dos varas de medir en el aire". Brincan en la imaginación de Don Quijote porque la muchacha labradora a la que Sancho hace pasar por Dulcinea en la parte II, x, salta sobre su asno con singular agilidad; pero Don Quijote pudo también haber recordado algo que había leído en el *Cirongilio de Tracia* (1545) de Bernardo de

6. En *De Cervantes y Lope de Vega* (Madrid, 1940), R. Menéndez Pidal sugiere que la concepción de Don Quijote fue inspirada por un *Entremés de los romances* (aproximadamente 1591) en el que un simple campesino se vuelve loco después de leer demasiados romances.

7. F. Rodríguez Marín, *Estudios cervantinos,* Madrid, 1947, págs. 373-379.

Vargas —un libro al que Cervantes se refiere en dos ocasiones—
en el cual la Doncella de la Fuente, esclavizada por un caballero
malvado, es descubierta, "dando muy grandes saltos y deshonestos,
así que las piernas descubría por cima de la rodilla". Dos cosas
son evidentes para un lector del *Quijote*: que Cervantes había leído
muchos libros de caballería, y que el humor de Don Quijote depende en mucho de un conocimiento de estos libros. Los críticos
modernos que valientemente se dedican a interpretar *Don Quijote*,
ignorantes —o no haciendo caso— del ambiente literario inhe-
rente a él, es probable que oscurezcan en lugar de aclarar.

Todas las pruebas indican que en los siglos XVII y XVIII *Don
Quijote* fue sólo considerado como una obra maestra de la comicidad [8]. Hasta los románticos, Don Quijote mismo no fue visto
como un personaje de noble patetismo; para sus contemporáneos
—a quienes la expresión "triste figura" indicaba un objeto de ridículo— el Caballero de la Triste Figura era todo menos patético.
En cuanto al sentido general de la obra, gran parte de la interpretación moderna, desde los románticos hasta la actualidad, va más
allá de lo que es históricamente creíble, y muchas de esas interpretaciones son de un absurdo evidente [9]. Lo más prudente es orien-
tarse en primer lugar por la intención declarada de Cervantes, e
ir más allá de las palabras del autor sólo en cuanto dejen de cua-
drar con algún aspecto de la obra. Y efectivamente hay muchos
aspectos con los que no cuadran: por ejemplo, episodios como la
historia de Marcela en la parte I, o los muchos momentos aparentemente cuerdos de Don Quijote.

Don Quijote es la historia de un loco; parece necesario por lo
tanto determinar la opinión que sobre la locura tenían Cervantes y
sus contemporáneos. Es probable que Cervantes tomara algunas de
sus ideas del *Examen de ingenios* (1575, edición ampliada en 1594)

8. Véase P. E. Russell, «*Don Quixote,* as a funny book», *MLR,* 64,
1969, págs. 312-326, uno de los estudios más clarificadores que se hayan escrito
sobre el libro.
9. Hay críticos que discuten *Don Quijote* en términos que convienen más
a un tratado epistemológico. Cervantes ejerce un curioso efecto inhibitorio
sobre el sentido del humor de la mayoría de sus críticos.

del doctor Juan Huarte de San Juan quien, siguiendo una antigua tradición, explicaba la variedad de la sicología humana ateniéndose a la teoría de los humores. Se creía que el mundo estaba compuesto de cuatro elementos —tierra, aire, fuego, agua— que tenían sus contrapartidas en los humores constituyentes del cuerpo humano: melancolía, sangre, bilis y flema. Las diferencias de temperamento procedían, según esa creencia, de las diferentes proporciones en que los humores estaban mezclados en los individuos. Un equilibrio perfecto de los humores producía una aptitud general mediocre, mientras que alguna "destemplanza" o desproporción era necesaria para cualquier desarrollo mental o aptitud sobresalientes. De manera recíproca cualquier facultad mental destacada denotaba cierto desequilibrio:

> [...] por donde dijo Platón que por maravilla se halla hombre de muy subido ingenio que no pique algo en manía (que es una destemplanza caliente y seca del cerebro).

Para ilustrar cómo una gran inteligencia puede estar (y a la fuerza tiene que estar) asociada con el desarreglo de una de las otras facultades, Huarte cuenta que Hipócrates fue requerido para tratar al filósofo Demócrito que se había vuelto loco:

> el cual vino a tanta pujanza de entendimiento allá en la vejez que se le perdió la imaginativa, por la cual razón comenzó a hacer y decir dichos y sentencias tan fuera de términos que toda la ciudad de Abderas le tuvo por loco [...] Y haciéndole [Hipócrates] las preguntas que convenían para descubrir la falta que tenía en la parte racional, halló que era el hombre más sabio que había en el mundo [...] Y fue la ventura de Demócrito que todo cuanto razonó con Hipócrates en aquel breve tiempo fueron discursos del entendimiento y no de la imaginativa, donde tenía la lesión.

Esto es de hecho lo que encontramos en Don Quijote: manifiestamente loco, pero capaz de impresionar con su cordura a los que le encuentran en sus intervalos lúcidos[10].

10.   Véase M. de Iriarte, *El doctor Huarte de San Juan [...]*, Madrid, 1939.

Esta tradición está unida a otra: la antigua actitud hacia el loco, considerado por una parte como una entretenida figura de diversión, y por otra como receptáculo de cordura poco corriente[11]. Los bufones de la Corte tenían por lo general las dos funciones. Los bufones eran con frecuencia moralistas disfrazados, y solían tolerarse en boca de un loco críticas que no serían aceptadas procediendo de los hombres normales. En resumen, la anormalidad mental —y en esta relación se hacía poca o ninguna distinción entre locura y tontería— se miraba de un modo ambivalente: era cómica, pero al mismo tiempo se pensaba que el loco podía ser más cuerdo que su prójimo.

Esta actitud mixta es la base de una de las obras maestras del Renacimiento, el *Elogio de la locura* (1509) de Erasmo, que tuvo una gran e incalculable influencia en Europa. La Locura, personificada, elogia todas sus manifestaciones entre los hombres como actos de homenaje a ella, permitiendo con esto a Erasmo satirizar un amplio campo de la conducta humana. La Locura afirma que la mayoría de los hombres están locos: locos tienen que estar con seguridad los obsesionados con la caza, o el juego, o bien otras ocupaciones irracionales, aunque los más locos son aquellos que creen que por medio de prácticas religiosas vacías pueden salvar su alma sin hacer ningún esfuerzo por vivir de acuerdo con la ley de Cristo. "Pero entretanto verás que un loco se ríe de otro, y frecuentemente verás que el más loco se mofa del menos loco."

Éste es el núcleo del argumento de Erasmo: en efecto todos los hombres pueden estar locos, pero los menos locos son con frecuencia aquellos de quienes se burla el mundo. La Locura continúa afirmando que Dios prefiere los simples a los sabios (con lo que ella alude a los sabios en los asuntos mundanos). "Esto es confirmado por las palabras de San Pablo cuando dice que Dios le había elegido entre los que el mundo consideraba locos."

Visto a esta luz, aunque no es necesario suponer que Cervan-

---

11. Véase Enid Welsford, *The Fool, His Social and Literary History*, Londres, 1935. Hay interesantes (aunque a veces forzadas) reflexiones generales sobre la locura en W. Willeford, *The Fool and his Sceptre*, Londres, 1969, y en M. Foucault, *Histoire de la Folie*, París, 1966.

tes leyera a Erasmo, la mezcla de enajenación y cordura de Don
Quijote deja de ser contradictoria y adquiere un profundo sentido.
Es divertido cuando se engaña a sí mismo y es engañado por otros;
pero hay momentos en que los en apariencia cuerdos están más
locos que él. Cuando se lanza contra los molinos de viento, toma
un ventero por el gobernador de un ˙astillo, o confunde a la sucia
Maritornes (durante su cita amorosa a medianoche con un arriero)
con una doncella enamorada que tienta su virtud y pierde la propia, las situaciones y el humor carecen de complicaciones. Cuando
es burlado por otros la risa resulta incómoda, ya que es evidente
que alcanza mayor estatura moral que sus burladores. Como Marcos de Obregón observa en la novela de Espinel:

> y para mí tengo por mejor y más seguro el estado del en-
> gañado que la seguridad del engañador: porque al fin lo
> uno arguye sencillez y buen pecho, y lo otro mentira y mal-
> dad profunda.

Esto es especialmente verdad en la parte II, donde tanto engaño
padecido por Don Quijote tiene sólo por objeto un frívolo entretenimiento, lo que obliga a Cervantes (en función de "Cide Hamete Benengeli") a comentar:

> que tiene para sí ser tan locos los burladores como los burla-
> dos, y que no estaban los Duques dos dedos de parecer tontos,
> pues tanto ahínco ponían en burlarse de dos tontos.

(III, LXX)

Esto suena como un eco de las palabras de Erasmo: "y frecuentemente verás que el más loco se mofa del menos loco".

Sin duda alguna, Cervantes quiere que tomemos en serio muchos de los discursos de Don Quijote —sobre la Edad de Oro del
hombre, sobre las Armas y las Letras, etc.—. En estas ocasiones
Cervantes moldea los sentimientos del lector subrayando cuán admirables parecen las palabras de Don Quijote a sus oyentes. En
otras ocasiones, sus acciones no son menos admirables. Un episodio
al principio de la parte I (XI-XIV) le muestra cuerdo y loco a la

vez, en palabras y en actos. Unos cabreros le dan hospitalidad así como a Sancho. Dejándose llevar por la elocuencia provocada por lo que le rodea, Don Quijote coge un puñado de bellotas y dice:

> Dichosa edad y siglos dichosos aquéllos a quien los antiguos pusieron nombre de dorados, y no porque en ellos el oro, que en esta nuestra edad de hierro tanto se estima, se alcanzase en aquella venturosa sin fatiga alguna, sino porque entonces los que en ella vivían ignoraban estas dos palabras de «tuyo» y «mío».

Entonces el comercio y la injusticia eran desconocidos por igual, pero ahora reina la injusticia —y aquí vuelve de nuevo a su manía—, así pues la caballería andante se ha hecho necesaria para "desfacer entuertos". (Al mismo tiempo que los cabreros escuchan con estupefacción el discurso —"que se pudiera muy bien excusar"— Sancho bebe a escondidas.) El episodio sirve para introducir al día siguiente un episodio pastoril de la "vida real": el entierro de Grisóstomo, que se ha matado desesperado al ser rechazado por la hermosa Marcela, quien, como si intentara recrear la inocencia y la libertad de la Edad de Oro de que hablaba Don Quijote, se ha convertido en pastora. Ella aparece en el funeral para defenderse de la acusación de crueldad y reafirmar su libre voluntad. Se produce un movimiento de amenaza hacia ella por parte de los amigos del muerto, y entonces Don Quijote sale en su defensa con eficacia. El esquema de su discurso queda reflejado en sus actos: está loco (actúa como caballero andante), pero está lo bastante cuerdo para ver lo que otros no pueden, es decir que Marcela tiene razón.

Al instante Don Quijote estropea el efecto metiéndose en una aventura ridícula que empieza con su encuentro con los yangüeses, seguido por otros episodios que culminan en la batalla por el "yelmo de Mambrino". Sigue luego un incidente —la liberación de los galeotes— que contiene más de un momento desorientador. En general es un acto de locura, y por lo tanto divertido, pero el caso de un prisionero sobresale entre los demás: el de un alcahuete condenado a cuatro años en galeras. Como él mismo señala, ésta es, en efecto, una sentencia de muerte: tiene muchos años, está enfermo y es probable que no dure mucho tiempo con la cruel vida de las galeras. Incluso Sancho se apiada de él y le da un real. Impresionado, Don Quijote hace una solemne defensa del oficio de alcahuete. Quiera o no Cervantes provocar risa, parece que pretende decirnos que la justicia debe de ser templada por la misericordia, que algunos crímenes son castigados con una severidad injustificable, dado lo poco que en realidad perjudican a la sociedad.

Ésta no es la primera vez que ha aparecido el tema de la justicia. En la parte I, IV, Don Quijote rescata al muchacho Andrés cuando le están dando una paliza. Nos enteramos después que su intervención ha empeorado las cosas. Éste es Don Quijote, el loco que presume de más de lo que puede realizar: todo el asunto es una broma y aquí no hay cordura posible.

En la parte I, XXIII, Don Quijote llega a Sierra Morena y el libro entra en una nueva fase. Casi toda la parte restante (XXIII-LI) habla tanto de la historia de otros como de Don Quijote. Con muchos rodeos y muchas interrupciones nos lleva a la historia iniciada por el encuentro de Don Quijote en la Sierra con otro loco, Cardenio, cuyo encuentro posterior con Dorotea es la reunión de dos narraciones entrelazadas y el contraste entre cuatro personajes: el irresoluto Cardenio, Fernando impetuoso y sin escrúpulos, la tímida Luscinda y la discreta Dorotea audazmente emprendedora[12]. Es Dorotea quien con su discreción y elocuencia resuelve con acierto los asuntos de los cuatro. Entre el principio de esta historia y su solución final hay una novela intercalada, *El curioso impertinente* (quizá para dar un ejemplo del desastre que produce la indiscreción), que es interrumpida por la batalla de Don Quijote contra los pellejos. Este intrincado tejido de historias reales y ficticias, cómicas y serias, es un *tour de force* narrativo, un ejemplo de virtuosismo que es evidente que Cervantes inventó con el fin de exhibir su destreza de escritor, como un malabarista que mantuviese

12. Para el importante concepto de la «discreción» véase M. J. Bates, *«Discreción» in the Works of Cervantes: A Semantic Study*, Washington, 1945.

en el aire doce objetos a la vez. Concluida esta secuencia, empieza una historia nueva, la del cautivo huido. El tema es la prudencia y el valor recompensados. Don Quijote la presenta con un largo discurso sobre las Armas y las Letras, un tema común en el Renacimiento al que Cervantes da nueva vida con el calor de su estilo (el soporte autobiográfico está claro) y por la aplicación que hace Don Quijote del tema a su propio caso. Al final el discurso cae de nuevo en la locura, pero hasta ese momento las palabras de Don Quijote tienen una intención seria, y despiertan admiración por su "buen entendimiento y buen discurso".

En resumen, la parte I de *Don Quijote* —fundamentalmente una historia de un loco cómico con intervalos lúcidos— es una mezcla en cuya segunda mitad Don Quijote disminuye en importancia, ya que su historia forma un fondo de una serie de incidentes y cuentos entretejidos con ingenio, destinados claramente a ofrecer un ejemplo triunfante de artificio literario. Luego, de manera oportuna, sigue el discurso sobre la novela del canónigo de Toledo, que defiende una literatura racional y moral. La burla de las novelas de caballería —que no debemos perder de vista— es apoyada por una crítica razonada de ellas y una exposición de otra clase de ficción como alternativa, dirigida hacia "el fin mejor que se pretende en los escritos, que es enseñar y deleitar juntamente". Sin duda el mismo *Don Quijote* está concebido como un ejemplo.

La parte II es diferente, tanto en su tono general como en cierta medida en la forma. En la discusión sobre la parte I (que ahora estaba en letra de molde) que tiene lugar en II, II-IV, Cervantes contesta a la crítica hecha a la parte I y de una manera implícita se compromete a evitar lo fuera de lugar en la parte II. Aunque su éxito fue sólo parcial, la parte II está más unificada en cuanto que Don Quijote toma parte en, o por lo menos presencia, la mayoría de los sucesos importantes, y no hay novelas intercaladas. La unidad temática se consigue por una alternancia algo más lograda de los momentos de locura y lucidez de Don Quijote, y también —de manera más tenue— por la persistencia del tema del engaño: Don Quijote dos veces engañado por Sansón Carrasco (aunque por su propio bien), por Sancho, por el duque y la duquesa; Sancho también engañado cuando es nombrado "gobernador"; Doña Rodríguez y su hija engañadas por la cruel broma del duque. Es muy posible que esto ~~puede~~ no tenga un significado especial y que simplemente refleje una visión de la vida más desilusionada por parte de Cervantes, ahora diez años mayor, quizá más profundamente consciente de su propio ocaso y del de su país. Lo más probable es que sea una solución ante la dificultad de inventar material nuevo. Las "espontáneas" locuras de Don Quijote en la parte I no eran fácilmente repetibles; Cervantes puede haber intentado encontrar una fórmula que le ayudase a inventar. Una serie de bromas (para las cuales la palabra "engaño" quizá sea demasiado solemne, pues se proponen ante todo ser divertidas) puede haber parecido la solución más fecunda.

Cualquiera que sea la razón, la consecuencia es un aumento de la estatura moral de Don Quijote en contraste con sus burladores. Cuando Don Quijote es desafiado la primera vez por el disfrazado Sansón Carrasco y de una manera inesperada gana, Tomé Cecial comenta: "Sepamos, pues, ahora: ¿cuál es más loco: el que lo es por no poder menos, o el que lo es por su voluntad?" "Cide Hamete" hará más tarde un comentario semejante sobre el duque y la duquesa.

Triunfante y ufano después de su victoria sobre el Caballero de los Espejos, Don Quijote se encuentra con Don Diego de Miranda, "un discreto caballero de la Mancha", que representa en todo el justo medio, la *aurea mediocritas,* y es la encarnación de la prudencia y de la devoción racional. Cuando Don Quijote explica su vocación, el otro exclama con asombro:

> No me puedo persuadir que haya hoy en la tierra quien favorezca viudas, ampare doncellas, ni honre casadas, ni socorra huérfanos, y no lo creyera si en vuesa merced no lo hubiera visto con mis ojos.
>
> (II, XVI)

Don Quijote estropea el efecto desafiando a un león enjaulado que se niega a combatir:

Pero el generoso león, más comedido que arrogante, no haciendo caso de niñerías ni de bravatas, después de haber mirado a una y otra parte, como se ha dicho, volvió las espaldas y enseñó sus traseras partes a Don Quijote, y con gran flema y remanso se volvió a echar en la jaula.

(II, XVII)

Don Quijote discurre con lucidez sobre poesía en casa de Don Diego. Al marcharse es llevado a una boda, donde defiende (con manifiesta justicia) a los enamorados Basilio y Quiteria contra la ira de Camacho. Más tarde da un ejemplo de cordura y espíritu cristiano al tratar de reconciliar las aldeas que se han declarado la guerra, aunque (a causa de la estupidez de Sancho) acaban apedreándole. Exhibe la misma mezcla de locura y cordura en el palacio del duque. Aunque loco —quizá porque lo está— es la única persona que siente compasión por la hija seducida de Doña Rodríguez, cuyo estado sirve de ocasión a otra broma despiadada del duque.

Sancho es como su amo: cuerdo y loco. Aunque en general prevalece la segunda cualidad, muestra la primera en su breve reinado como gobernador de su "ínsula", donde dispensa justicia con una agudeza que asombra a todos, excepto al lector, preparado por alusiones previas, como en el diálogo de la parte II, XII:

—Cada día, Sancho —dijo don Quijote—, te vas haciendo menos simple y más discreto.
—Sí, que algo se me ha de pegar de la discreción de vuestra merced —respondió Sancho.

La salida de Sancho de la "ínsula" deja incluso a sus verdugos asombrados por su dignidad.

Por último, derrotado por el Caballero de la Blanca Luna, Don Quijote vuelve a su casa; y vuelve para morir. Pero antes de su muerte recobra su cordura. Quizá a Cervantes le parecía intolerable que un hombre, aun fictivo, se acercara a la muerte sin poder preparar su alma por haber perdido el juicio. Hay además una razón artística: Don Quijote empezó cuerdo, y la simetría requiere que termine cuerdo. Finalmente, por este medio Cervantes —a quien la apócrifa segunda parte de Avellaneda dejó rencor— impidió definitivamente cualquier intento de escribir otra continuación.

Así termina Don Quijote, no menos divertido que edificante en su locura. Quizá el licenciado Vidriera había sido concebido como otro loco, pero, si así fue, Cervantes falló en el intento de darle vida. Don Quijote tiene mucho que enseñar en sus momentos lúcidos, pero el libro sigue siendo cómico. Sin duda Cervantes hubiera coincidido con Demócrito, el filósofo burlón, que (como Juan Huarte dice en *Examen de ingenios*) explicaba a Hipócrates por qué se reía. Mirad a los hombres, dice: quieren gobernar a otros y no pueden gobernarse; aman y odian; guerrean; matan; excavan la tierra en busca de oro... ¿en qué se diferencia todo esto de la locura?

> Y concluyendo le dijo que este mundo no era más que una casa de locos, cuya vida era una comedia graciosa representada para hacer reír a los hombres; y que ésta era la causa de que se reía tanto.

Para Cervantes también, todo espectáculo humano le parecía más digno de risa que de llanto.

Es indudable que hay otros temas en *Don Quijote*. Es probable que Joaquín Casalduero tenga razón al ver en la persona de Don Quijote una evocación más que seminostálgica, aunque irónica, del pasado heroico (de España y del mismo Cervantes) que, después de alcanzar para ambos su apogeo en Lepanto, parecía ahora tan tristemente alejado y anticuado a la luz de la realidad más prosaica del siglo XVII. Puede haber otros temas, aunque es cierto serán muchos menos que la suma total de los propuestos por los exégetas del libro.

Las dos partes de *Don Quijote* alcanzaron un gran éxito entre los lectores, y se publicaron numerosas ediciones, seguidas pronto por las traducciones. Porque Cervantes había creado la obra de entretenimiento más ingeniosamente variada de las literaturas modernas. Don Quijote pertenecía a un tipo muy familiar a los estu-

diantes de sicopatología, pero Cervantes había hecho de él algo
más que una figura de libro de texto. Sancho tampoco era del todo
nuevo; el campesino astuto y necio era una figura familiar; incluso
la sarta de proverbios es un detalle cómico tomado de las imitaciones de *La Celestina* del siglo XVI. Pero al enviar juntos a los dos
locos por esos mundos a divertir, y suscitar disputas y dudas, Cervantes creó un libro que no sólo fue una obra maestra de entretenimiento en sí misma, sino un modelo para la futura novela europea.

El éxito de *Don Quijote* ante el público puede ser juzgado por
la aparición en 1614 de una segunda parte apócrifa, bajo el nombre de Alonso Fernández de Avellaneda, con toda probabilidad un
seudónimo. Es evidente que el autor no era amigo de Cervantes,
a quien critica e incluso insulta en el prólogo. La obra es de inventiva rudimentaria y carece de la chispa de Cervantes. El concepto del mismo Don Quijote es muy simple: su locura no es
aliviada por la cordura ni la erudición, sus aventuras son en su
mayoría meras payasadas, y termina en un manicomio. A Cervantes le irritó este libro hasta el punto de criticarlo en su propia
parte II y de enviar a Don Quijote a Barcelona en lugar de a
Zaragoza para subrayar la falsedad de la otra "historia".

Cuando en la parte I, XLVII, el canónigo de Toledo denunciaba
lo absurdo de los libros de caballerías, hablaba también de las
grandes posibilidades que ofrecía su forma —o falta de forma— a
la imaginación e inventiva del escritor:

> [...] que era el sujeto que ofrecían para que un buen enten-
> dimiento pudiese mostrarse en ellos, porque daban largo y
> espacioso campo por donde sin empacho alguno pudiese co-
> rrer la pluma, describiendo naufragios, tormentas, recuentros
> y batallas, pintando un capitán valeroso con todas las partes
> que para ser tal se requieren [...]; pintando ora un lamenta-
> ble y trágico suceso, ahora un alegre y no pesado aconteci-
> miento; allí una hermosísima dama, honesta, discreta y reca-
> tada; aquí un caballero cristiano, valiente y comedido; acullá
> un desaforado bárbaro fanfarrón [...] Ya puede mostrarse
> astrólogo, ya cosmógrafo excelente, ya músico, ya inteligente

en las materias de estado, y tal vez le vendrá ocasión de
mostrarse nigromante, si quisiere [...]

Con esto propone un proyecto literario que fue realizado por Cervantes en su *Persiles y Sigismunda,* una obra fundida en el molde
de la novela bizantina y que por lo tanto tiene por tema al amor.
Persiles es situado en el Norte lejano, y concluye en Roma, después de haber pasado por Portugal y España. Sus numerosos personajes y narraciones están entremezclados, y el conjunto está ma-
nejado con considerable habilidad. Cervantes fuerza sus talentos
de inventiva y narrativa hasta el máximo. Nunca pierde de vista
su ideal: "enseñar y deleitar juntamente". Porque la novela parece referirse en parte a la peregrinación espiritual del hombre,
ilustrada por profusos relatos e incidentes que ejemplifican la virtud y la depravación[13]. La obra no es realista excepto en la medida
en que trata de motivos y problemas humanos, a los que sin embargo se da un escenario irreal.

Persiles tiene momentos de verdadero interés, pero en conjunto
es decepcionante. No alcanza ni las esperanzas ni los temores que
Cervantes pone en él, expresados en la dedicatoria de la parte II
de *Don Quijote*: "el cual ha de ser o el más malo o el mejor que
en nuestra lengua se haya compuesto [...]". Está muy lejos de
ser "el más malo": posee inventiva, entretiene, está bien escrito y,
en ocasiones, es profundamente perceptivo; pero dista mucho de
ser el mejor, incluso si lo comparamos tan sólo con las novelas
de otros de su época.

Aunque *Don Quijote* fue muy leído, Cervantes ejerció una
influencia mayor sobre la literatura española con sus *Novelas ejemplares,* que naturalizaron la *novella* italiana en España. Hubo una
oleada de imitaciones reconocidas y no reconocidas, así como más
imitaciones directas de los *novellieri* italianos. Lope de Vega puso
mano en esta forma y escribió cuatro novelas, la primera impresa
en su *La Filomena* (Madrid, 1621) y las restantes en *La Circe*

13. Véase J. Casalduero, *Sentido y forma de «Los trabajos de Persiles y
Sigismunda»*, Buenos Aires, 1947. Y también Jennifer Lowe, «Themes and
structure in Cervantes' Persiles y Sigismunda», *FMLS*, III, 1967, págs. 334-351.

(Madrid, 1624). Fueron escritas para Marta de Nevares (llamada aquí Marcia Leonarda) en un estilo sencillo y familiar que a veces da la impresión de condescendencia. Los argumentos son muy complicados: es evidente que Lope esperaba eclipsar a su modelo; pero las tramas intrincadas llegan a cansar, y los relatos difícilmente pueden contarse entre las más inspiradas obras de Lope. Alonso Jerónimo de Salas Barbadillo publicó varias colecciones de cuentos, tal como *Casa del placer honesto* (Madrid, 1620), la primera imitación española del *Decamerón*. Juan Cortés de Tolosa publicó *Lazarillo de Manzanares, con otras cinco novelas* (Madrid, 1620). Entre otras colecciones figuran: Juan Pérez de Montalbán, *Sucesos y prodigios de amor en ocho novelas ejemplares* (Madrid, 1624); José Camerino, *Novelas amorosas* (Madrid, 1624); doña María de Zayas y Sotomayor, *Novelas amorosas y ejemplares* (Zaragoza, 1637) y *Desengaños amorosos* (Barcelona, 1647). Tirso de Molina había incorporado novelas en su intrincada miscelánea *Cigarrales de Toledo* (Madrid, 1621), e incluyó varias novelas religiosas en su *Deleitar aprovechando* (Madrid, 1635). Gonzalo Céspedes y Meneses (¿1585?-1638) se esforzó en dar novedad a sus *Historias peregrinas y ejemplares* (Zaragoza, 1623) situando cada una de ellas en una ciudad diferente de España, de la que da una breve descripción. Escribió también una larga historia de aventuras y desventuras amorosas, *Poema trágico del español Gerardo, y desengaño del amor lascivo* (parte I, Madrid 1615; partes I y II Barcelona, 1618) y *Varia fortuna del soldado Píndaro* (Lisboa, 1626). Alonso de Castillo Solórzano (1584-1648), sin duda el más prolífico escritor novelesco en la España del XVII, publicó numerosas colecciones de novelas. Los cuentos están colocados en un marco muy parecido al del *Decamerón,* como puede verse en los mismos títulos de las colecciones, por ejemplo: *Tardes entretenidas* (Madrid, 1625), *Jornadas alegres* (Madrid, 1626), *Noches de placer* (Barcelona, 1631), *Fiestas del jardín* (Valencia, 1634). Compuso también narraciones más largas aparte de las novelas picarescas ya mencionadas. Su obra, como la mayor parte de la novela del siglo XVII después de Cervantes, es escapista. La llamada novela cortesana es una incesante serie de variaciones sobre un solo tema, intriga amorosa del tipo más insípido. La banalización de la novela, a medida que va avanzando el siglo XVII, es un reflejo de la sociedad para la que fue escrita: una sociedad en decadencia que va sumiéndose en la irresponsabilidad y en la frivolidad, aunque asiéndose cada vez con más tenacidad a las apariencias y ceremonias sociales, incluido un cada vez más vacío sentido del honor.

Queda por mencionar una obra de ficción: *La Dorotea* (Madrid, 1632). No es una novela (Lope la llamó una acción en prosa): está dialogada y dividida en cinco actos, cada uno de los cuales termina con un coro, comentario moral versificado sobre la acción. La forma de la obra está inspirada en *La Celestina*. Su contenido es autobiográfico: los amores de juventud de Lope con Elena Osorio. Aunque Lope alega que la escribió "en mis primeros años", *La Dorotea* que ha llegado a nosotros es sin duda alguna una obra de los últimos años de Lope. Lo cierto es que Lope vivió obsesionado durante medio siglo con el recuerdo de Elena Osorio (y probablemente por su propio papel poco brillante en el asunto).

Cualquiera que sea su base autobiográfica, *La Dorotea* importa hoy como una obra de arte, no de historia. Cuenta como la hermosa Dorotea, que ama y es amada por Fernando, joven poeta egoísta y sin recursos, es impulsada por su madre y su celestinesca amiga Gerarda a los brazos del rico indiano Don Bela. Dorotea es abandonada por Fernando y pierde a Don Bela que es asesinado. El tema de la obra es la vanidad de las esperanzas y de los placeres terrenos como dice el último coro:

> todo deleite es dolor,
> y todo placer tormento.

Pero lo moral no es lo que da su valor a *La Dorotea*. Lope, al enjuiciarse, escribió un profundo, compasivo y conmovedor estudio de las motivaciones y desilusiones humanas. Los amantes, llevados por un sueño de amor e intentando vivir como si la vida fuese literatura, invitan a la decepción. Aunque la compasión de Lope abarca a todos los personajes, sus sentimientos más hondos están reservados a Dorotea, y su retrato es el más emocionante.

Dada su elección de la forma, Lope tiene que dialogar todo lo que un novelista expresaría mediante la descripción y el comentario: acción, análisis sicológico, su propia actitud hacia sus personajes. Puesto que todo ha de ser explicado en charla incesante, hay inevitables momentos cansados, pero a pesar de eso *La Dorotea* es sin disputa una de las obras maestras de su época. Pero es también sin discusión una obra defectuosa, levemente desfigurada por las pedanterías y los despropósitos que Lope no conseguía impedir por mucho tiempo que irrumpieran en sus escritos.

Capítulo 9

MORALISTAS Y SATÍRICOS

Dentro de ciertos límites doctrinales, el siglo XVI fue en España un período de considerable exuberancia intelectual que persistió hasta principios del siglo XVII. Cierto número de contribuciones características fueron aportadas al pensamiento europeo. Juan de Valdés dejó huella durante algún tiempo en la vida religiosa de Italia; la de Juan Luis Vives fue más duradera en varios campos del pensamiento en Europa. El doctor Juan Huarte dio a las tradicionales teorías sicológicas basadas en la clasificación de los humores de Galeno una aplicación original en su *Examen de ingenios para las ciencias* (Baeza, 1575)[1], que circuló ampliamente en sus traducciones francesa, inglesa e italiana. El resurgimiento tomista español del siglo XVI tuvo repercusiones importantes. Vitoria dio considerable impulso al desarrollo de un concepto del derecho internacional. El jesuita Francisco Suárez (1548-1617), "el único gran filósofo escolástico después de Ockam"[2], contribuyó de manera significativa a la filosofía europea en sus *Disputationes metaphysicae* (1609), en las que se impuso la tarea de sintetizar un sistema de metafísica (cuidadosamente separado de la teología) basado en Aristóteles e interpretado a la luz de la tradición escolástica. Las *Disputationes*, una obra de filosofía impor-

1. Véase M. de Iriarte, *El doctor Huarte de San Juan y su «Examen de ingenios»* [...], Madrid, 1948.
2. Julián Marías, *Historia de la filosofía,* en *Obras,* I, Madrid, 1958, pág. 203.

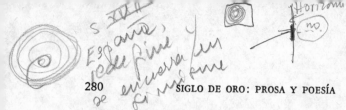

tante por sí misma, fueron muy estudiadas en las universidades europeas en los siglos XVII y XVIII. Con referencia a materias más concretas, los estudios de economía política, a menudo de gran originalidad, que empezaron a aparecer en el siglo XVI, continuaron en el XVII, y en el conjunto de arbitristas que propusieron variadas soluciones, algunas fantásticas, para los problemas económicos y sociales de España, figuraban hombres de sobresaliente preparación [3].

El cuadro cambió al avanzar el siglo XVII. Aunque en campos ajenos a la teología y materias afines no hubo barreras formales a la libre especulación, se generalizó una autolimitación, una aversión a ir más allá de los horizontes conocidos. Y esos horizontes empezaron a cerrarse. La curiosidad intelectual declinó, o estrechó su campo. Las nuevas exploraciones filosóficas y científicas de la Europa del siglo XVII dejaron a España a un lado. Hay poca constancia en la literatura de ese período de que el interés de los españoles por la filosofía y la ciencia se extendiera más allá de las ideas recibidas. A pesar de su brillantez artística, esta época no fue para España de novedad en la esfera de lo intelectual, sino de repetición y de volver a definir lo ortodoxo. España se había encerrado en sí misma [4].

Sin embargo, dentro de esos estrechos límites, la minoría instruida era culta. Tenía buena base de literatura clásica, con la que el estilo culterano de la época suponía una íntima familiaridad. El estudio de la historia —ocupación digna de hidalgos— atrajo el interés de muchos. De éstos, José Pellicer de Salas Ossau y Tovar (1602-1679) ha adquirido en la perspectiva de los siglos aspecto de figura representativa, "el siglo XVII hecho hombre" como

3. Véase sobre ellos el artículo de Pierre Vilar, «Los primitivos españoles del pensamiento económico: cuantitativismo y bullonismo», en *Crecimiento y desarrollo,* Barcelona, 1964, págs. 175-208.

4. Hubo señales de un resurgimiento nacional en los últimos años del reinado del desgraciado Carlos II. Es probable que hubiera una vida intelectual más activa en España en aquellos años de lo que se reconoce tradicionalmente, pero la información es escasa y debemos esperar una mayor investigación. Ver, por ejemplo, J. M. López Piñero, *La introducción de la ciencia moderna en España,* Barcelona, 1969.

ha sido llamado. Su erudición clásica aparece en sus comentarios sobre las obras de Góngora. Su erudición histórica, amplia y miscelánea, se manifiesta en sus obras genealógicas y otras, que muestran más el espíritu de un anticuario que el de un historiador, que además no es muy crítico y ni siquiera muy escrupuloso en cuanto a datos y pruebas. El aspecto más serio de la erudición del siglo XVII se ve mejor en el sevillano Nicolás Antonio (1617-1684), cuyas dos grandes bibliografías —*Bibliotheca hispana vetus* (que enumera obras de escritores españoles desde la antigüedad hasta 1500) y *Bibliotheca hispana nova* (obras desde 1500 a 1670) (Roma, 1672 y 1696)— son monumentos a una erudición seria que se manifiesta en forma diferente en su *Censura de historias fabulosas* (Valencia, 1742), que destruyó la autoridad de las crónicas apócrifas fabricadas a principios de siglo por el jesuita Jerónimo Román de la Higuera y otros [5].

Otro aspecto de la cultura literaria del período se despliega de manera impresionante en el diccionario de la lengua española compilado por Sebastián de Covarrubias y Orozco (1539-1613): *Tesoro de la lengua castellana o española* (Madrid, 1611), descrito con justicia por el humanista Pedro de Valencia [6] en su censura como "lleno de varia y curiosa lección y doctrina". Carece de sistema y por lo general sus etimologías son sospechosas, pero es todavía una obra de referencia de valor inapreciable. Igual preocupación por la lengua llevó a Gonzalo de Correas, profesor en Salamanca, a compilar su *Vocabulario de refranes y frases prover-*

5. Entre las historias y los historiadores del siglo XVII pueden mencionarse Juan de Mariana (1536-1624), *Historia general de España* (Toledo, 1601) traducido por Mariana de su propia *Historia de rebus Hispaniae (1592-1605);* Garcilaso de la Vega el Inca (1540-1615), *Los comentarios reales* (Lisboa, 1609); Francisco de Moncada, *Expedición de los catalanes y aragoneses contra turcos y griegos* (Barcelona, 1623); el portugués Francisco Manuel de Melo' que entre sus obras castellanas escribió una *Historia de los movimientos y separación de Cataluña [...]* (Lisboa, 1645); Antonio de Solís y Rivadeneyra, *Historia de la conquista de Méjico [...]* (Madrid, 1648). En cuanto a comentarios interesantes sobre la historiografía española de esta época ver Jesús M. Ruiz, «La primera acción literaria de la Academia de la Historia», *BBMP*, XLVI, 1970.

6. Una figura muy interesante. Ver M. Solana, *Historia de la filosofía española*, vol. 3, Madrid, 1941, págs. 357-376.

biales y otras fórmulas comunes de la lengua castellana (terminado
en 1627, pero impreso por primera vez en 1910) que es una mina
de giros y proverbios. Compuso también una gramática, *Arte de
la lengua española castellana* (fechada en 1625, impresa completa
por primera vez en 1954) y un breve tratado sobre reforma orto-
gráfica.

Aunque el genio de Francisco Quevedo fue demasiado grande y demasiado individual para que le consideremos como una
figura representativa, sus temas y actitudes, como moralista y satírico, son característicos de la época. Gran parte de sus escritos
son morales o devotos. Un ejemplo típico es *La cuna y la sepul-
tura para el conocimiento propio y desengaño de las cosas ajenas*
(Madrid, 1634) que, como su título bien indica, es una homilía
para recordar al hombre que piense a tiempo en la fugacidad de
la vida y en la necesidad de prepararse ante la muerte. Algunas
ideas estoicas pueden detectarse en el libro. Quevedo se sintió
atraído con fuerza por el movimiento neoestoico que nació en la
Europa del XVI; incluso intercambió unas cuantas cartas entre 1604
y 1605 con el que se reconocía como jefe del movimiento, el gran
erudito flamenco Justo Lipsio, de la universidad de Lovaina.
La atracción que sintió Quevedo por el estoicismo, evidente en
gran parte de su obra, resulta explícita en su traducción de Epícteto,
a la que añadió *Nombre, origen, intento, recomendación y descendencia de la doctrina estoica* (Madrid, 1635). Para Quevedo el
estoicismo se queda corto en su perfección tan sólo porque a sus
defensores les había faltado la revelación cristiana: "No saliera defectuosa la doctrina de nuestros estoicos si como Epícteto la escribió a la luz de su pobre candil la hubiera estudiado a los rayos
puros de la vida y palabras de Jesucristo Nuestro Señor" ("Carta a
un amigo"). Aunque como cristiano estaba obligado a rechazar
la *apathia* —el cultivo de la insensibilidad hacia las cosas fuera
de uno mismo—, la doctrina estoica era sin duda congénita a Quevedo: el áspero ascetismo de los estoicos casaba bien con la veta
de misantropía en su carácter y con su desconfianza general del
mundo [7].

7. Amédée Mas tiene interesantes observaciones sobre este aspecto de Que-

Quevedo fue un autor leído con avidez. Durante algún tiempo
por lo menos, una de sus obras más difundidas fue *Política de
Dios, gobierno de Cristo* (parte I, Madrid, 1626; parte II, Madrid, 1655), una obra sobre política cristiana cuya primera parte,
empezada alrededor de 1617, va dirigida a Felipe IV, y la segunda, escrita entre 1634-1639, al papa Urbano VIII. La parte I se
reimprimió más veces en su primer año que cualquier otra obra
española de su tiempo, ya que en 1626 aparecieron nueve ediciones. Es evidente que la obra fue considerada como oportunísima:
de hecho es un comentario apenas velado sobre el reinado de Felipe III, cuya ineptitud e indecisión Quevedo había tenido amplia
ocasión de observar. Aunque, por lo general, los tratados sobre
el arte de gobernar tomaban de los principios cristianos su orien-
tación general, Quevedo tomó con audacia la vida del mismo
Cristo como ejemplo a ofrecer al nuevo rey. Parte de la premisa
de que Cristo fue rey: el único rey verdadero, puesto que él solo
se dedicó por entero a su pueblo, y actuó libre del pecado y de
la tiranía de las pasiones.

> No admitió lisonjas de los poderosos, como se lee en el Prín-
> cipe que le dijo *Magister bone,* ni se retiró en la Majestad
> a los ruegos y a los necesitados, ni atendió a cosa que fuese
> su descanso o su comodidad; toda su vida y su persona fatigó
> por el bien de los otros; [...] Cristo solo supo ser Rey, y así
> sólo lo sabrá ser quien le imitare [8].

Quevedo toma citas de la Biblia y forma con ellas un esquema de
gobierno vigilante y justo que ofrece al rey. Algunas cualidades
de Cristo como rey tienen una aplicación directa; Quevedo emplea
otras en un sentido metafórico. Cuenta, por ejemplo, como Cristo
sintió que alguien tocaba su vestidura, y luego deduce la lección:

---

vedo. Véase *La caricature de la femme* [...] *dans l'oeuvre de Quevedo,* París,
1957.

8. *Política de Dios,* ed. James O. Crosby, Madrid, 1966, pág. 51. Todas las
referencias están hechas con respecto a esta edición.

El buen Rey, Señor, ha de cuidar no sólo de su reino y de su familia, mas de su vestido y de su sombra, y no ha de contentarse con tener este cuidado: ha de hacer que los que le sirven y están a su lado y sus enemigos vean que le tiene [...] El ocio y la inclinación no ha de dar parte a otro en sus cuidados [...] Quien divierte al Rey le depone, no le sirve.

(págs. 56-57)

Esto está lleno de intención: ni Felipe III ni su hijo desempeñaron un papel importante en su gobierno y ambos entregaron la responsabilidad a sus privados, cuya interposición rodeó al rey con una muralla invisible. Quevedo insiste constantemente en el deber del rey de hacerse accesible. Al comentar el texto "Dejad que los niños se acerquen a mí", escribe:

El Rey es persona pública, su Corona son las necesidades de su reino, el reinar no es entretenimiento sino tarea; mal Rey el que goza sus estados, y bueno el que los sirve. Rey que se esconde a las quejas, y que tiene porteros para los agraviados y no para quien los agravia, ése retírase de su oficio y obligación, y cree que los ojos de Dios no entran en su retiramiento, y está de par en par a la perdición y al castigo del Señor, de quien no quiere aprender a ser Rey.

(pág. 100)

La aplicación metafórica que hace Quevedo de las Escrituras es ingeniosa a veces. De los milagros de Cristo al sanar a los enfermos dice:

Verdad es que no podéis, Señor, obrar aquellos milagros; mas también lo es que podéis imitar sus efectos. Obligado estáis a la imitación de Cristo.

Si os descubrís donde os vea el que no dejan que pueda veros, ¿no le dais vista? Si dais entrada al que necesitando della se la negaban, ¿no le dais pies y pasos?

(pág. 165)

Política de Dios no es una obra teórica pues su intención es la de reformar. Sin embargo, puede ser que la elección de un modelo imposible de alcanzar expresara, bajo la energía del estilo, una invencible desesperación de la posibilidad de un cambio.

La mayoría de los tratados sobre el deber de los reyes y el arte de gobernar —género abundantemente representado en España— siguieron otro camino en cuanto que intentaban reconciliar principio y necesidad. Después del de Quevedo, el mejor ejemplo en la España del siglo XVII es sin duda *Idea de un príncipe político cristiano* (Munich, 1640) de Diego Saavedra Fajardo (1584-1648), aristócrata y diplomático. Es autor también, entre otras obras, de una historia de los godos, *Corona gótica, castellana y austríaca* (Munster, 1646) y *República literaria* (Madrid, 1655), gracioso panorama de la república de las letras, antiguas y modernas, provocado por el espectáculo de la marea creciente de impresos.

La *Idea* está escrita en forma de ciento una empresas o grabados simbólicos, cada una acompañada de un comentario, cuyo propósito es "criar un príncipe desde la cuna hasta la tumba" (página 172) [9]. Saavedra, preocupado con las realidades de la política y la diplomacia, y reconociendo que la prudencia en un gobernante significa astucia tanto como bondad, intenta trazar un camino entre principio y oportunismo. Un príncipe —afirma— debe aprender a separar la vida pública y la privada y aprender a desempeñar un papel casi como un actor.

> Entonces más es el príncipe una idea de gobernador que hombre; más de todos que suyo [...] Los particulares se gobiernan a su modo; los príncipes según la conveniencia común. En los particulares es doblez disimular las pasiones; en los príncipes, razón de estado.
>
> (pág. 199)

De esta manera la política puede llevar a veces el disimulo, pero sólo cuando no desacredita la majestad del príncipe. Saavedra concede que es permisible disimular la verdad, pero no sugerir una

9. Todas las referencias están hechas a *Obras completas,* ed. A. González Palencia, Madrid, 1946.

falsedad (excepto quizá para hacer una interrogación más eficaz; página 492); porque, aunque un príncipe debe de esforzarse por la gloria, ha de ser la gloria duradera basada sobre la virtud.

> No hay fiera más peligrosa que un príncipe a quien ni remuerde la conciencia ni incita la gloria; pero también peligra la reputación y el Estado en la gloria; porque su esplendor suele cegar a los príncipes y da con ellos en la temeridad [...] Ponen los ojos en altas empresas, lisonjeados de sus ministros con lo glorioso, sin advertilles la injusticia o inconvenientes de los medios; y hallándose después empeñados, se pierden.
>
> (pág. 239)

En todo esto, Saavedra es perfectamente ortodoxo. Su tratado puede ser considerado como una réplica cristiana a Maquiavelo.

La obra está escrita con luminosa inteligencia, pero como doctrina no tiene, después de todo, una novedad radical. Su valor para los lectores modernos reside no en lo que enseña, sino en la exhibición del discurrir de una fina inteligencia: su estilo en el sentido más amplio. Saavedra se enorgullecía de la forma ingeniosa del libro y de su estilo. De éste escribe:

> Con estudio particular he procurado que el estilo sea levantado sin afectación, y breve sin oscuridad; empresa que a Horacio pareció dificultosa, y que no la he visto intentada en nuestra lengua castellana.
>
> (pág. 168)

Su estilo es admirable: lúcido, conciso y enérgico. Estas cualidades pueden verse en este pasaje característico:

> Dudoso es el curso de la culebra, torciéndose a una parte y otra con tal incertidumbre que aun su mismo cuerpo no sabe por dónde la ha de llevar la cabeza; señala el movimiento a una parte, y le hace a la contraria, sin que dejen huellas sus pasos ni se conozca la intención de su viaje. Así ocultos han de ser los consejos y desinios de los príncipes.
>
> (pág. 370)

El estilo de Saavedra se inclina a lo epigramático, imitando al de Séneca que en el siglo XVII desplazó como modelo al más despacioso de Cicerón[10].

La intensa preocupación del siglo XVII por las inclinaciones pecaminosas de la ciega humanidad derivó fácilmente hacia la sátira, género en el que España es rica. Ya que había una disposición general para esquivar cualquier novedad radical, la crítica de la sociedad tomó necesariamente la forma de un ataque contra la conducta contemporánea, en lugar de postular un modelo social alternativo. No hay *Utopías* españolas puesto que éstas son en lo esencial productos de una mente que se plantea los problemas con libertad. La insatisfacción frente a la sociedad de la España del siglo XVII corrió por lo tanto por los canales de la homilía y de la sátira. Un cuadro muy interesante de la sociedad española, en especial de sus estupideces y vicios, se nos da en *El pasajero* (Madrid, 1617) de Cristóbal Suárez de Figueroa (¿1571?-¿1639?), autor de numerosas obras de carácter muy variado, entre las cuales una traducción de *Il pastor fido* (Valencia, 1609) de Guarini; *La constante Amarilis* (Valencia, 1609), una novela pastoril; *España defendida* (Madrid, 1612), poema épico sobre Bernardo del Carpio; *Plaza universal de todas las ciencias y artes* (Madrid, 1515), que es en su mayor parte una traducción del italiano. *El pasajero,* escrita en forma de conversaciones entre cuatro viajeros que van de Madrid a Barcelona y a Italia, es una miscelánea instructiva que trata gran variedad de temas. Buena parte del libro es de carácter satírico. Suárez de Figueroa ridiculiza el afán de hidalguía, la fatuidad, la presunción, y muchas otras grandes y pequeñas vanidades entre las que figuran la comedia nueva y el culteranismo. La elástica estructura del libro abarca una novela picaresca y algunas buenas poesías entre las que se incluye un exce-

10. No hay un estudio apropiado de este fenómeno en la literatura española. En cuanto a la crítica inglesa véase el excelente *The Senecan Amble* de George Williamson, Londres, 1951.

lente romance sobre la vida bucólica. En su prólogo, el autor se propone llevar a sus lectores al desengaño y conocimiento de sí mismos, con el fin de alcanzar "alguna reformación de costumbres". Cualquiera que fuese su éxito sobre este particular, su libro constituye un retrato de sus tiempos muy agradable de leer.

Algunos años después, Antonio Liñán y Verdugo publicó su *Guía y avisos de forasteros que vienen a la corte* (Madrid, 1620), en la cual tres interlocutores discuten los peligros de la capital, ilustrando sus discursos mediante novelas ejemplares. Aunque dista de ser brillante, el libro ofrece al lector un discreto entretenimiento. Una intención semejante inspiró otra obra más incisiva, *Los peligros de Madrid* (Zaragoza, 1646) de Baptista Remiro de Navarra. En la misma línea de descendencia apareció *El día de fiesta por la mañana* (Madrid, 1654) y *El día de fiesta por la tarde* (Madrid, 1660) de Juan de Zabaleta, en los que se mezcla lo satírico con lo pintoresco, tendiendo al predominio del segundo elemento. Francisco Santos, prolífico escritor satírico, continuó en la línea con su *Día y noche de Madrid* (Madrid, 1663), una sátira general sobre la vida de la Corte escrita en forma novelesca.

Los *Sueños* de Quevedo figuran entre las más brillantes y más ingeniosas sátiras del siglo XVII. En conjunto los Sueños propiamente dichos fueron obras de sus primeros tiempos. *El sueño del juicio final* y *El alguacil endemoniado* son de 1607, *El sueño del infierno* de 1608, *El mundo por de dentro* de 1612. *El sueño de la muerte* fue escrito en 1621-1622. Los cinco fueron publicados con el título de *Sueños y discursos descubridores de abusos, vicios y engaños en todos los oficios y estados del mundo* (Barcelona, 1627), reimpresos a continuación bajo un nuevo título (Zaragoza, 1627), y vueltos a publicar como *Juguetes de la niñez y travesuras del ingenio* (Madrid, 1629), esta vez muy alterados bajo la presión de los censores de la Inquisición: entre otros cambios, las referencias a figuras e instituciones cristianas fueron suprimidas (Dios transformado en Júpiter, etc.), y los títulos de los tres primeros sueños y el último se cambiaron por los de *El sueño de las calaveras, El alguacil alguacilado, Las zahurdas de Plutón* y *Visita de los chistes*. Se añadieron otras piezas ligeras para llenar el volumen.

Los Sueños no tienen plan: cada uno es una fantasía que se desarrolla libremente presentando un panorama con variedad de tipos sociales y fechorías. *El sueño del juicio final* describe el despertar de los muertos al sonar la trompeta del juicio final. Se ven todos los blancos favoritos de Quevedo —entre ellos mujeres, doctores, sastres, posaderos— dirigiéndose al juicio. La base de la obra es la agudeza: los que serían lugares comunes se hacen más vivos por inesperados golpes de ingenio. Unos mercaderes genoveses llegan y piden asientos ("sillas" y "contratos"). Un demonio comenta: "¿Aun con nosotros piensan ganar en ellos? Pues esto es lo que les mata. Esta vez han dado mala cuenta y no hay donde se asienten, porque ha quebrado el banco de su crédito". El juego con "asientos", "cuenta" y "banco" es ingenioso, pero no profundo. El episodio siguiente muestra mejor el ingenio de Quevedo. Llega un caballero ceremonioso y presumido. "Preguntáronle qué pretendía, y respondió: Ser salvado". Desea ser salvado, pero "salvado" significa también la cáscara del grano, descripción muy apropiada de uno que es todo cáscara sin sustancia. "Y fue remitido a los diablos para que le moliesen; y él sólo reparó en que le ajarían el cuello". Cada uno de estos dos cortos incidentes es completo en sí mismo; cada uno es un concepto desarrollado a partir de un juego de palabras inicial. Todos los Sueños son una sucesión sin estructura de tales agudezas. Según el diablo por el que el alguacil está poseído en *El alguacil endemoniado,* los condenados son colocados según analogías ingeniosas: un ciego entre los enamorados, un asesino entre los doctores y "los mercaderes que se condenan por vender están con Judas". *El sueño del infierno,* más largo y más complejo, sigue el mismo desarrollo libre. En dos ocasiones este sueño sondea más hondas profundidades de seriedad que ninguno de los otros. La primera es cuando Quevedo encuentra un hombre atormentado no por los demonios sino por su inteligencia, memoria y voluntad: es una escena conmovedora. En la otra un diablo ridiculiza las pretensiones de un hidalgo lleno de vanidad, mofándose de su vacía noción del honor. El apogeo de la arenga del diablo es uno de los ejemplos más cáusticos de la habilidad de Quevedo en el anticlímax.

¿Pues qué diré de la honra? Que más tiranías hace en el
mundo y más daños, y la que más gustos estorba. Muere de
hambre un caballero pobre, no tiene con qué vestirse, ándase
roto y remendado u da en ladrón; y no lo pide, porque dice
que tiene honra; ni quiere servir, porque dice que es deshonra [...] Por la honra se muere la viuda entre dos paredes. Por
la honra, sin saber qué es hombre ni qué es gusto, se pasa la
doncella treinta años casada consigo misma [...] Y porque
veáis cuáles sois los hombres de desgraciados y cuán a peligro
tenéis lo que más estimáis, hase de advertir que las cosas de
más valor en vosotros son la honra, la vida y la hacienda;
y la honra está junto al culo de las mujeres, la vida en manos
de los dotores y la hacienda en las plumas de los escribanos.

En *El mundo por de dentro* Quevedo es conducido por la calle
de la Hipocresía por un anciano, Desengaño, que revela a las
gentes y a las cosas cómo son realmente. En *El sueño de la muerte*
vemos a la misma Muerte presidiendo un tribunal. Entre los que
se presentan ante ella están los originales de varios nombres proverbiales o frases tradicionales: Juan del Encina, "el rey que rabió",
y otros. El *jeu d'esprit* tiene gracia, pero es poco profundo. El último es, de hecho, el más frívolo de los Sueños, como si Quevedo
se hubiese visto al final arrastrado por la exuberancia de su fantasía, un peligro al que siempre le había costado mucho resistir.

Discurso de todos los diablos, o infierno emendado (Gerona,
1628) es otra obra de la misma clase, y Quevedo volvió al género
con *La hora de todos y la Fortuna con seso* (según la dedicatoria
de Quevedo de 1636, pero impresa como *La Fortuna con seso y
la hora de todos;* (Zaragoza, 1650). Ésta es la obra más profunda
de la serie. Quevedo la caracteriza bien en su dedicatoria: "El tra-
tadillo, burla burlando, es de veras. Tiene cosas de las cosquillas,
pues hace reír con enfado y desesperación". Es el humor amargo
de un moralista exasperado por el espectáculo universal de la hipocresía y del egoísmo. "Universal", por cierto: el tono queda
establecido por los dioses clásicos con cuya descripción empieza
la obra. Júpiter y los demás parecen rufianes ascendidos cuyo lenguaje es la jerga de criminales y prostitutas. Si la burla de la mi-

tología clásica no hubiera sido un procedimiento de moda en aquel tiempo [11], sería tentador ver en los dioses un comentario oblicuo sobre la degradación de valores manifiesta en la clase gobernante desde el indolente y lincencioso Felipe IV hacia abajo. El tema de la obra es que la Fortuna, ante la orden de Júpiter, da a todos los hombres su merecido a las cuatro del día 20 de junio. Al sonar la hora se hace justicia y los fraudes son descubiertos. Algunos incidentes son sencillos: un prisionero es apaleado por las calles y súbitamente cambia su puesto con su verdugo; un casamentero se encuentra casado con la mujer fea que había tratado de colocarle a otro. Incluso en algunos de estos incidentes, los conceptos encadenados llevan al lector a insospechadas profundidades [12]. Quevedo da a continuación un panorama de la política internacional y, en la sección llamada "La isla de los Monopantos", alude a las maquinaciones de Olivares y su partido [13]. Por último, se nos muestra una asamblea general de súbditos de todos los países reunidos para discutir sus agravios. La asamblea termina en tumultuosa discordia. Júpiter concluye que los hombres son incapaces de reforma: "El abatimiento y la miseria los encoge, no los enmienda; la honra y la prosperidad los hace hacer lo que, si las hubieran alcanzado, siempre hubieran hecho"; en vista de lo cual ordena a la Fortuna que vuelva a sus costumbres de antaño. En esta obra Quevedo se revela como conservador aun para una época conservadora. Ridiculiza toda aspiración al cambio: por ejemplo, los razonables argumentos en pro de la emancipación de las mujeres (XL). Su desconfianza y desprecio por cualquier cosa que amenazara los valores arcaicos que él sostenía están expresados en el número XXXI, donde un soldado español, camino de Flandes, se burla primero y luego ataca a unos comerciantes franceses que están entrando en España. Pero sea la que sea la opi-

11. Ver T. W. Keeble, «Some Mythological Figures in Golden Age Satire and Burlesque», *BSS*, 25, 1948.

12. Ver un excelente análisis de un pasaje en A. A. Parker, «*La buscona piramidal:* aspects of Quevedo's *conceptismo*», *Iberoromania*, 3, 1969.

13. Las notas de A. Fernández-Guerra a su edición en BAE, 23, son esenciales para la comprensión de este episodio.

nión que se tenga de sus ideas, no se puede negar que el disciplinado virtuosismo de la imaginación de Quevedo convierta a esta obra en una de las maestras de la lengua española[14].

La muy ingeniosa fantasía y la exuberancia lingüística de estas obras inspiraron otras sátiras, entre ellas *Los anteojos de mejor vista* (Sevilla, sin fecha, pero aproximadamente 1630) de Rodrigo Fernández de Ribera, en la que el autor encuentra en la cima de la Giralda a un tal licenciado Desengaños cuyos cristales muestran a los hombres como realmente son. *El mesón del mundo* (Madrid, 1631) —una serie de cuadros picarescos y satíricos escenificados en la Posada del Mundo—, del mismo autor, puede deber también algo a Quevedo. La fantasía satírica más notable después de la de Quevedo es *El diablo cojuelo* (Madrid, 1641) de Luis Vélez de Guevara (1579-1644), que fue también un dramaturgo prolífico. *El diablo cojuelo* es una historia sin coherencia que da un panorama satírico de la vida española mientras cuenta las aventuras de don Cleofás Leandro Pérez Zambullo y su cómplice, el diablo cojuelo. El libro está escrito con una brillantez sostenida e ingeniosa de la que la descripción de la escapatoria a medianoche de don Cleofás por los tejados huyendo de los agentes de la justicia que le persiguen por falsa acusación de violación da un buen ejemplo:

> [...] no dificultó arrojarse desde el ala del susodicho tejado, como si las tuviera, a la buharda de otro que estaba confinante, nordesteando de una luz que por ella escasamente se brujuleaba, estrella de la tormenta que corría, en cuyo desván puso los pies y la boca a un mismo tiempo, saludándolo como a puerto de tales naufragios [...]

Aunque el libro es brillante en su estilo, su contenido lo constituyen las trivialidades de la sátira del siglo XVII y en su conjunto es superficial. Pero su brillantez lo hizo popular; fue reeditado varias veces, traducido a muchos idiomas y adaptado por Lesage con el título de *Le diable boiteux*.

14. La fama de Quevera era europea, y sus sátiras, igual que muchas de sus obras serias, fueron muy traducidas.

Entre otras fantasías satíricas puede citarse *El Arca de Noé y campana de Belilla* (Zaragoza, 1697) de Francisco Santos, libro de concepción poco imaginativa y estilo pedestre.

Entre las mentes más agiles de su tiempo sobresale la de Baltasar Gracián, uno de los escritores más interesantes, aunque también uno de los más limitados temáticamente del siglo XVII español. Nació en Belmonte, cerca de Calatayud, en 1601. En 1619 ingresó en la orden de los jesuitas, y estudió sucesivamente en Tarragona, Calatayud y Zaragoza. Fue ordenado en 1627. Después de algunos años en Valencia, Lérida y Gandía, fue enviado al colegio de los jesuitas de Huesca. Allí conoció y gozó de la amistad de don Vincencio Juan de Lastanosa, un noble erudito de aficiones cultas cuya casa en Huesca albergaba una excelente biblioteca y una gran colección de obras de arte, antigüedades y curiosidades de todo tipo. Estimulado por esa compañía intelectual, Gracián publicó en Huesca su primer libro *El héroe* (1637). Esta obra y cierto número de las posteriores fueron publicadas bajo el patronato de Lastanosa. En 1640 Gracián se trasladó de Huesca a Zaragoza. Aunque, hasta su desgracia, su carrera posterior en la orden fue relativamente distinguida, durante el resto de su vida consideró Huesca y la casa de Lastanosa como su hogar espiritual.

Gracián no fue de carácter fácil. Ya al principio de su carrera hubo fricciones entre él y sus colegas. Cuando empezó a publicar lo hizo bajo el seudónimo de Lorenzo Gracián y sin permiso de sus superiores. Le fue tolerado, incluso cuando publicó de la misma manera *El político don Fernando el Católico* (Zaragoza, 1640); *Arte de ingenio* (Madrid, 1642), su versión revisada con nuevo título *Agudeza y arte de ingenio* (Huesca, 1648); *El discreto* (Huesca, 1646), y *Oráculo manual* (Huesca, 1647). Sin embargo, cuando a despecho de las advertencias publicó las tres partes de *El criticón* (Zaragoza, 1651; Huesca, 1653; Madrid, 1657) sin permiso y bajo el antiguo seudónimo —aunque, quizá con la esperanza de ablandar a sus superiores, tuvo el cuidado de someter a su aprobación su obra devota *El comulgatorio* antes de ser publicada en 1655 (Zaragoza)— fue reprendido severamente, privado de su cátedra de Escritura y enviado a cumplir penitencia a

Graus en 1658. Aunque su posterior traslado a Tarazona significó cierta rehabilitación, su disgusto fue tal que intentó abandonar la orden. Le fue negado el permiso y murió en diciembre de 1658.

La persistencia de Gracián en la desobediencia, desafiando sus votos, fue sin duda una expresión de orgullo desmesurado. Se ha sugerido que, dada la pobreza intelectual de la provincia aragonesa de la orden, le molestaba someter sus obras a la censura de colegas a los que despreciaba[15].

La vida de Gracián nos ayuda a comprender sus libros. La importancia que concedía a la superioridad de la mente y al poder usarla sin trabas; a la necesidad de una vigilancia incesante, e incluso de la desconfianza; a la maniobra y al cálculo; todo esto refleja la soledad de un hombre de dones poco usuales perdido en lo que consideraba un desierto cultural, subordinado a hombres cuya inteligencia no podía admirar, oprimido por la estrechez de la vida provinciana. Huesca era un oasis, donde podía escapar de la mediocridad y reunirse con personas de su misma clase. Gracián declara en el prólogo de *El héroe* cuál fue su propósito al escribir el libro:

> ¡Qué singular te deseo! Emprendo formar con un libro enano un varón gigante, y con breves períodos, inmortales hechos; sacar un varón máximo, esto es milagro en perfección; y, ya que no por naturaleza, rey por sus prendas, que es ventaja [16].

Su receta para la grandeza se establece concisamente en veinte capítulos cortos (o "primores", en el sentido de "excelencias"). El primero subraya la necesidad de disimular la verdadera capacidad de uno: "Excuse a todos el varón culto sondarle el fondo a su caudal, si quiere que le veneren todos. Formidable fue un río hasta que se le halló vado, y venerado un varón hasta que se le conoció término a su capacidad" (pág. 7). O, como dice más ade-

---

15. M. Batllori, *Gracián y el barroco,* Roma, 1958, pág. 92.
16. Todas las citas están tomadas de *Obras completas,* ed. A. del Hoyo, Madrid, 1960.

lante: "¡Oh, varón candidato de la fama! Tú, que aspiras a la grandeza, alerta al primor: todos te conozcan, ninguno te abarque" (pág. 8). El aspirante ha de ganar y preservar una ascendencia sobre otros hombres. Necesitará inteligencia, agilidad mental y un gusto exigente; pero la excelencia no basta, ha de ser puesta en acción: "Empleo plausible llamo aquel que se ejecuta a vista de todos y a gusto de todos [...]" (pág. 19). Quizá el don más grande del héroe es la buena suerte: "Gran prenda es ser varón afortunado [...]" (pág. 20). El héroe ha de tener "despejo", que define así: "Consiste en una cierta airosidad, en una indecible gallardía, tanto en el decir como en el hacer, hasta en el discurrir" (pág. 25). Debe de tener "un señorío innato, una secreta fuerza de imperio" (pág. 26), y esa "simpatía sublime" que gana a los hombres a la causa propia. El primor final, y el principal, es la virtud.

A continuación Gracián publicó, *El político don Fernando,* panegírico de Fernando de Aragón, al que elogia por su sagacidad, decisión y energía. Fernando —que es para Gracián una encarnación de las cualidades expuestas en *El héroe,* y un contraste tácito con Felipe IV, a quien el libro había sido dedicado en su versión manuscrita— fue también uno de los príncipes admirados por Maquiavelo, a quien este libro, como otras obras españolas sobre diplomacia, va dirigido probablemente como una réplica cristiana; aunque entre Maquiavelo y Gracián hay más de un punto de semejanza en temperamento y perspectiva.

El discreto va encaminado al mismo fin general de *El héroe* (escrito sin embargo en forma más variada): instruir en la forma de vivir con éxito. Gracián volvió una vez más al tema en su *Oráculo manual y arte de prudencia,* compuesto en forma de trescientos aforismos comentados en los que se destila la esencia de sus obras anteriores de este tipo. Es el más brillante de la serie.

El libro enseña la prudente administración de los asuntos propios para conseguir el éxito, juzgado por Gracián en términos que parecen exclusivamente sociales. Se representa la vida como una lucha tácita por la influencia y la estimación. A Gracián le preocupan mucho las apariencias, ya que éstas son importantes en esa lucha.

Gracián creía que en sus tiempos el arte de vivir había llegado a mayor altura que nunca, de forma que ahora se requería más de un hombre que anteriormente: *"Todo está ya en su punto, y el ser persona en el mayor.* Más se requiere hoy para un sabio que antiguamente para siete" (1)[17]. El que busca el éxito debe producir expectación, asombro, admiración y debe saber callar lo que piensa. Los demás han de depender de uno, porque los que esperan son más sumisos que los satisfechos: *"Hacer depender [...]* Más se saca de la dependencia que de la cortesía; vuelve luego las espaldas a la fuente el satisfecho, y la naranja exprimida cae del oro al lodo" (5). Sin embargo, hay que tener cuidado de no pasarse de listo: deslumbrar a los inferiores es útil, sobrepasar a los superiores es estúpido: *"Excusar victorias del patrón.* Todo vencimiento es odioso, y del dueño o necio o fatal" (7). La vida es una guerra que requiere estratagemas y astucia: *"Obrar de intención, ya segunda y ya primera.* Milicia es la vida del hombre contra la malicia del hombre" (13). Se necesita astucia, incluso duplicidad; e igual que no se debe revelar nada de lo que se piensa a los demás hombres, el lado débil de otro debe buscarse para usarlo en beneficio propio: *"Hallarle su torcedor a cada uno.* Es el arte de mover voluntades" (26).

Un hombre prudente no se complicará con la desgracia de los demás: *"Conocer los afortunados para la elección, y los desdichados para la fuga [...]* La mejor treta del juego es saberse descartar: más importa la menor carta del triunfo que corre, que la mayor del que pasó" (31). Otro aforismo se relaciona con aquél: *"Nunca por la compasión del infeliz se ha de incurrir en la desgracia del afortunado"* (163). Rechazar una lástima quijotesca es sin duda muy sensato, por lo menos en el mundo de los negocios, pero corremos el peligro de rechazar junto con ello una virtud más humilde, la compasión. Una *realpolitik* social similar inspira muchos otros aforismos: por ejemplo, *"Saberse excusar pesares"* (64), que enseña una adhesión inconmovible al interés propio. Las apa-

---

17. «Persona» para Gracián era el hombre de maduro juicio, con dominio de sí, y educado en la prudencia.

riencias son importantes en este mundo de maniobra: *"Todo lo favorable, obrarlo por sí; todo lo odioso, por terceros"* (187).

Por supuesto el libro no es un tratado de moralidad: su tema es la prudente manipulación de los asuntos, y en éste el oportunismo debe de tener un lugar. A Gracián le preocupan menos los fines que los medios, pero una maniobra lograda puede dirigirse tanto a un buen fin como a uno malo, y no hay nada intrínsecamente malo en este consejo descaradamente oportunista: *"Entrar con la ajena para salir con la suya"* (144). De hecho, algunos de sus aforismos son desconcertantes, pues una recomendación audaz es a veces templada en el comentario que la acompaña. *"Sentir con los menos y hablar con los más"* (43) nos lleva a conclusiones muy distintas y más aceptables, como también *"Antes loco con todos que cuerdo a solas"* (133), sobre lo que Gracián comenta:

> Hase de vivir con otros, y los ignorantes son los más. Para vivir a solas, ha de tener, o mucho de Dios, o todo de bestia. Mas yo moderaría el aforismo diciendo: «Antes cuerdo con los más, que loco a solas» [...]

Lo que Gracián parece decir aquí es que sólo con ser social queda preservada la cordura: el solitario y el tercamente singular caen en la excentricidad. Éste es el tema de *"No condenar solo lo que a muchos agrada"* (270) que no es una exhortación a la hipocresía, sino un aviso contra la extravagancia[18].

Éste es un libro mundano, pero concluye: *"En una palabra, santo, que es decirlo todo de una vez"* (300). A los lectores modernos esto puede parecer un cambio brusco de dirección, pero no lo parecía en tiempos de Gracián. El tema del libro es la prudencia mundana; la divina se da por descontada.

Muchos de los consejos que Gracián da son sensatos desde todos los puntos de vista: las apariencias son importantes, la ha-

---

18. El *Oráculo manual* es un oráculo portátil o de bolsillo, y los oráculos necesitan ser interpretados. Trata muy juiciosamente T. E. May en su artículo «Romera-Navarro's Edition of Gracian's *Oráculo manual*», *BHS*, XXXII, 1955, pero el excesivo celo en defender a Gracián contra los que le tachan de mundano lleva al autor a interpretaciones insostenibles.

bilidad en obtener la aprobación es un mérito en una buena causa, el excesivo candor puede ser un defecto, un ideal digno es el término medio. Pero hay en Gracián un cálculo frío que consterna, en cuanto pertenecemos a una tradición diferente que valora más la espontaneidad que nuestros antepasados. Para Gracián la naturaleza tiene que ser mejorada por el arte: *"Naturaleza y arte, materia y obra"* (12). Y tiene razón; pero del arte a la astucia hay un paso peligrosamente corto.

El libro está escrito como todos los de Gracián en un estilo vigoroso, conciso, construido en frases cortas y usando mucho la antítesis: senequista en suma. Una aprobación escrita por don Manuel de Salinas para *El discreto* lo describe bien: "El estilo es lacónico, y tan divinizado, que a fuer de lo más sacro, tiene hasta en la puntuación misterios".

Agudeza y arte de ingenio es una anatomía del ingenio, muy frecuente en español[19]. Gracián escribe con emoción de lo que está junto a su corazón: "Es la agudeza pasto del alma" (Discurso I). Subraya al principio de su descripción de la agudeza la necesidad que existe no sólo de ingenio sino de belleza, y el aspecto estético está implícito en su insistencia en cuanto a la armonía y la proporción.

Define la agudeza como sigue:

> Consiste, pues, este artificio conceptuoso en una primorosa concordancia, en una armónica correlación entre dos o tres cognoscibles extremos, expresada por un acto de entendimiento.
>
> (II)

Es decir, que la agudeza establece relaciones casi lógicas que Gracián sitúa en categorías y en definiciones. Gracián se proponía no sólo analizar sino enseñar: el libro es una receta para la creación de la agudeza, una retórica del ingenio. Gracián empieza su ins-

trucción con una declaración general que contiene la esencia de
la materia:

> Es el sujeto sobre quien se discurre [...] uno como centro,
> de quien reparte el discurso líneas de ponderación y sutileza
> a las entidades que lo rodean; esto es, a los adjuntos que
> lo coronan, como son sus causas, sus efectos, atributos, cali-
> dades, contingencias, circunstancias de tiempo, lugar, modo, etc.,
> y cualquiera otro término correspondiente: valos careando de
> uno en uno con el sujeto, y unos con otros entre sí; y en
> descubriendo alguna conformidad o conveniencia, que digan,
> ya con el principal sujeto, ya unos con otros, exprímela, pon-
> dérala, y en esto está la sutileza.
>
> (IV)

El tema del propio discurso sugerirá toda clase de ideas asociadas,
relacionadas con la primera como causa, efecto, etcétera. La exploración de éstas proveerá material para ingeniosas pero lógicas am-
pliaciones del asunto. Los adjuntos que se enumeran son los "tópicos" expuestos en los *Topica* de Cicerón: no un repertorio de
temas, sino de diferentes clases de relaciones lógicas sobre las
cuales puede basarse una discusión. En su versión del esquema
ciceroniano Gracián ofrece una matriz que puede ser usada para
generar agudezas. El resto de su tratado es un examen copiosamente ilustrado y detallado de las varias clases de relaciones posibles (por semejanza, disimilitud, etc.). Pero, aunque la exposición está redactada en la terminología lógica tradicional apropiada
al origen del tema en la dialéctica, a Gracián lo que más le preo-
cupa siempre es la belleza más aun que la verdad. Tanto en su
elección de ejemplos —extensa antología de la agudeza— como
en su análisis, nos permite penetrar en los procesos de la mente
conceptista como nadie ha sabido hacerlo.

El criticón, la más bella obra de Gracián y una de las obras
maestras supremas de la literatura española del siglo XVII, es una
narración alegórica que muestra cómo concebía Gracián la prudencia en acción. Sus tres partes describen el viaje por la vida de Critilo y Andrenio; la primera se titula "En la primavera de la niñez

y en el estío de la juventud", la segunda "Juiciosa cortesana filosofía, en el otoño de la varonil edad" y la tercera "En el invierno
de la vejez" [20].

El libro se inicia con una descripción del náufrago Critilo a
su llegada a las costas de la isla de Santa Elena. Allí encuentra a
un joven solitario al que llama Andrenio y al que enseña a hablar.
Pronto se hace clara la significación simbólica de sus nombres:
Critilo representa el juicio y la prudencia, Andrenio los impulsos
naturales del hombre.

Andrenio cuenta que como consecuencia de un terremoto pudo
salir de la cueva en que pasó sus primeros días, y habla de su
asombro ante el esplendor del mundo que le fue revelado. Critilo
da un comentario de interpretación simbólica. Andrenio observaba
el antagonismo entre mar y tierra, que las flores florecían y se mar-
chitaban rápidamente, y que la armonía de tanta belleza se componía paradójicamente de conflictos. Critilo explica que las discordias del universo contribuyen a una mayor armonía.

> Mas, ¡oh maravillosa, infinitamente sabia providencia de aquel
> gran Moderador de todo lo criado, que con tan continua y
> varia contrariedad de todas las criaturas entre sí, templa, man-
> tiene y conserva toda esta gran máquina del mundo!
> —Ese portento de atención divina —dijo Andrenio— era lo
> que yo mucho celebraba, viendo tanta mudanza con tanta
> permanencia, que todas las cosas van acabando, todas ellas pe-
> recen, y el mundo siempre el mismo, siempre permanece.
> —Trazó las cosas de modo el Supremo Artífice —dijo Criti-
> lo— que ninguna se acabase que no comenzase luego otra,
> de modo que de las ruinas de la primera se levanta la segun-
> da. Con esto verás que el mismo fin es principio; la des-
> trucción de una criatura es generación de la otra. Cuando pa-
> rece que se acaba todo, entonces comienza de nuevo. La natu-

20. Se ha sugerido que Gracián tomó la idea de *El criticón* de una narración filosófica del andaluz Abentofail, del siglo XII, pero que no fue impresa
hasta 1671 (con una traducción latina). Otra hipótesis ha sido presentada por
E. García Gómez en «Un cuento árabe, fuente común de Abentofail y de Gracián», *RABM*, 1926.

raleza se renueva, el mundo se remoza, la tierra se establece y el divino gobierno es admirado y adorado.

(I, III)

El universo es armonioso y el escenario natural idílico, pero a continuación son rescatados por una flota española con lo que entran en el mundo de los hombres. Critilo le advierte a Andrenio que ahora están entre enemigos "ya es tiempo de abrir los ojos, ya es menester vivir alerta [...] Oye a todos y de ninguno te fíes" (I, IV). En este escenario ahora más sombrío, Critilo habla de su vida pasada. La de Andrenio fue la de un idilio inocente, la de Critilo de imprudencia, desgracia, injusticia y traición. En Goa se enamoró de la hermosa Felisinda, pero no pudo casarse con ella por su diferencia de fortuna. Es detenido por matar a un rival y pasa muchos años en la cárcel. Mientras tanto Felisinda ha sido llevada a España y él no ha vuelto a saber nada de ella ni del niño que llevaba en el vientre. Cuando navega en su busca es arrojado por la borda por el capitán del barco, amigo del enemigo de Critilo. Es evidente que el nombre de Felisinda es tan simbólico como el de Critilo: representa la huidiza felicidad que es el objetivo de todos los hombres.

Desembarcan y empieza su viaje alegórico por el mundo y la vida. Ven un ejército de niños —"un ejército desconcertado de infantería" (I ,v)— conducido por una mujer sonriente que les inunda de cariñosas atenciones. Pero los lleva a un valle donde reúne a las fieras para devorarlos. Sólo unos pocos son rescatados por otra mujer de gran belleza. La primera mujer es "nuestra mala inclinación", la segunda la Razón.

Llegan a una ciudad, espectáculo de universal locura y engaño. Andrenio se une a la algazara de una muchedumbre que disfruta del espectáculo que ofrece un harapiento forastero burlado sin piedad. Pero Critilo llora, diciendo: "Y dime [...] y si fueses tú ése de quien te ríes, ¿qué dirías? [...] sabe, pues, que aquel desdichado extranjero es el hombre de todos y todos somos él". Somos burlados y engañados desde el nacimiento hasta la muerte. Andrenio no aprenderá: acepta una invitación para residir en el palacio de

Falimundo —el palacio del engaño terrenal— donde Critilo le deja, mientras él se apresura hacia el palacio de Artemia: la Razón cuyo arte puede mejorar la naturaleza humana muy instruida. Es una Circe más benigna: "No encantaba las personas, antes las desencantaba. De los brutos hacía hombres de razón" (I, VIII). Andrenio se marcha de Falimundo y llega a la corte de Artemia. Allí, Critilo, Artemia y él discurren sobre la más grande maravilla de la creación, el hombre en el que cada rasgo y miembro es un sermón viviente. Todo el episodio es una excelente ilustración de esa busca de la analogía ingeniosa y significación recóndita que es la base de la imaginación conceptista. Comentan, por ejemplo, la supremacía de la cabeza:

> —Y aquí he notado yo con especial atención —dijo Critilo— que aunque las partes desta gran república del cuerpo son tantas, que solos los huesos llenan los días del año, y esta numerosidad, con tal armonía que no hay número que no se emplee en ellas, como, digamos, cinco son los sentidos, cuatro los humores, tres las potencias, dos los ojos; todas vienen a reducirse a la unidad de una cabeza, retrato de aquel primer móvil divino a quien viene a reducirse por sus gradas toda esta universal dependencia.
>
> (I, IX)

La naturaleza es armoniosa, es una copia de la armonía de su Hacedor. Cualquiera de estos detalles enseña una lección provechosa. Incluso el cabello que a Andrenio le parece sólo adorno: "Son raíces deste humano árbol —dijo Artemia—; arráiganle en el Cielo, y llévanle allá de un cabello; allí han de estar sus cuidados y de allá ha de recibir el sustancial sustento" [21].

Continúan su camino. En el palacio de Falsirena, Andrenio se entera de que Felisinda (su prima) es su madre, y Critilo su padre. Andrenio es víctima de los hechizos de Falsirena (el encanto de las mujeres) y tiene que ser rescatado por su padre. Siguen adelante hacia la Feria del Mundo, "aquel gran emporio que divide

---

21. Idea, por otra parte muy antigua, que remonta a Platón. Véase F. Rico, *El pequeño mundo del hombre*, Madrid, 1970, pág. 20.

los amenos prados de la juventud de las ásperas montañas de la edad varonil", donde toda clase de cosas tanto útiles como vanas están a la venta.

En la parte II, después de haber pasado por el centro de España, entran en el muy austero Aragón donde encuentran al perspicaz Argos que les lleva a la "Aduana general de las edades". Los que allí entran salen cambiados como por magia. "¿Qué mayor encanto —dijo Argos— que treinta años a cuestas?" Argos, que lo ve todo, les ha enseñado ya a desconfiar de todos los hombres y de todas las cosas.

> ¿No sabes tú que casi todos los arrimos del mundo son falsos, chimeneas tras tapiz, que hasta los parientes falsean y se halla peligro en los mismos hermanos? Maldito el hombre que confía en otro, y sea quien fuere. ¿Qué digo amigos y hermanos? De los mismos hijos no hay que asegurarse, y necio del padre que en vida se despoja.
>
> (II, I)

La lección de desconfianza es una constante en Gracián para quien su amistad hacia Lastanosa (elogiado en II, II, con el nombre de "Salastano") parece ser la única excepción.

Los dos viajeros continúan caminando, admiran el palacio de Salastano (transparente anagrama de Lastanosa) y, al no poder encontrar el palacio de Virtelia (la Virtud), pasan por el "yermo de Hipocrinda" (la Hipocresía) (II, VIII). Finalmente encuentran el palacio de la Virtud, feo por fuera pero bello por dentro (II, X). Virtelia les encamina para encontrar a Felisinda. Observan cuántos son los que intentan cruzar hacia la Corte de Honoria por el "puente de los peros", pero tropezando en los "peros" ("¡qué valiente soldado, pero gran ladrón!"), caen en "el río del reír" (II, XI). Momo afirma que el verdadero honor no existe ya, pero otro personaje ofrece llevar a los viajeros a él, y los conduce a "el trono del Mando" (II, XII). Aprenden que el verdadero dominio está sólo en la virtud.

Ya en la parte III llegan a la vejez.

Estaban ya nuestros dos peregrinos del mundo, los andantes de la vida, al pie de los Alpes canos, comenzando Andrenio a dar en el blanco, cuando Critilo en los dejos de cisne.

(II, 1)

Andrenio, que mientras tanto se lanza desesperadamente en locura tras locura, está empezando a aprender prudencia cuando aparecen sus primeras canas ("dar en el blanco"), mientras que a Critilo el pelo se le pone del todo blanco. Entre los que se encuentran figura "el Descifrador", quien se les ofrece para enseñarles a descifrar el libro del mundo y el corazón humano, el libro más difícil de todos. Les muestra a algunos que parecen hombres pero que son diptongos: "diptongo es un hombre con voz de mujer, y una mujer que habla como hombre [...] Diptongo es un niño de sesenta años, y uno sin camisa crujiendo seda" (III, IV). Otros son paréntesis: "¿Qué os diré de las paréntesis, aquellas que ni hacen ni deshacen en la oración, hombres que ni atan ni desatan? No sirven sino de embarazar el mundo".

Buscando el palacio del "Saber coronado" llegan los dos a una bifurcación en su senda: Critilo sigue su camino, que lleva a la tierra de los excesivamente suspicaces, Andrenio el otro, que conduce a "el país de los buenos hombres", la tierra de la excesiva ingenuidad. Los dos vuelven a encontrarse al reunirse las sendas (lo que sugiere el Término Medio). En un punto del camino llegan a "la Cueva de la Nada", donde terminan todas las cosas y las gentes sin valor. Finalmente llegan a Roma, "término de la tierra y entrada católica del Cielo" (III, IX), donde esperan encontrar por fin a Felisinda, pero se enteran que no puede ser encontrada en la tierra.

En vano, ¡oh peregrinos del mundo, pasajeros de la vida!, os cansáis en buscar desde la cuna a la tumba esta vuestra imaginada Felisinda, que el uno llama esposa, el otro madre; ya murió para el mundo y vive para el cielo. Hallarla heis allá, si la supiéredes merecer en la tierra.

(III, IX)

Son amenazados por la Muerte, pero les dicen cómo pueden escapar a "la Isla de la Inmortalidad" (III, XII):

> Eternízanse los grandes hombres en la memoria de los venideros, mas los comunes yacen sepultados en el desprecio de los presentes y en el poco reparo de los que vendrán. Así, que son eternos los héroes y los varones eminentes inmortales. Este es el único y el eficaz remedio contra la muerte [...]
>
> (III, XII)

Estos dos lo consiguen; la mayoría fracasan. El libro, compuesto de conceptos, es en sí mismo un gran concepto desarrollado con un ingenio brillantemente sostenido. Gracián enseña, no la manipulación y la maniobra como en sus primeras obras, sino el desengaño y la prudencia, que transforman un hombre en persona y le llevan a esa felicidad que sólo puede encontrarse en el Cielo. Pero Gracián no se ocupa de la virtud modesta que se contenta con la oscuridad. Le interesa la excelencia, la distinción, y el libro termina no con una visión de la salvación cristiana, sino con el difícil paso a la Isla de la Inmortalidad. Quien desee seguir a Critilo y a Andrenio allí,

> tome el rumbo de la Virtud insigne, del Valor heroico y llegará a parar al teatro de la Fama, al trono de la Estimación y al centro de la Inmortalidad.

Esto no quiere decir que el libro no sea cristiano. Por el contrario, aunque no hay una referencia formal a ello, el punto de vista cristiano se da por aceptado. Pero la parte III evidencia que Gracián no había cambiado: predicaba virtud, y afirmaba siempre que ésta es la fuente y la base de todo lo que tiene valor, pero lo que sin embargo cautivaba su imaginación era la distinción.

El criticón enseña cómo vivir bien; pero se dirige sobre todo a aquellos que desean sobresalir por encima de sus prójimos.

El frecuente uso que hace Gracián de términos como "Supremo Artífice", "Divino Arquitecto" y otros parecidos en lugar del sencillo "Dios", ha hecho creer a algunos que *El criticón* anticipa el deísmo del siglo XVIII, pero esto es insostenible. Gracián fue un cristiano ortodoxo de la época: los términos que usaban eran corrientes. El libro no habla en forma explícita de la revelación cristiana porque el tema de Gracián es la prudencia que puede ser aprendida a la luz de la razón natural: la prudencia que Segismundo aprende en *La vida es sueño* de Calderón.

Al mundo de Gracián lo cubre la escarcha de la desconfianza. Enseña que no nos apoyemos en nada ni en nadie; todo en este mundo es engañoso, "chimenea tras tapiz" (II, 1). Nada es lo que parece. Nos enseña cómo ir por la vida con el menor daño para nosotros y hay un lugar muy precario para la caridad. La doctrina de Gracián es heladora, pero es innegable que es estimulante. No es de extrañar que fuese leído con avidez en español y en traducciones en la Europa del siglo XVII y posteriormente. En el siglo XIX Schopenhauer quedó tan cautivado por el *Oráculo manual* que lo tradujo al alemán.

BIBLIOGRAFÍA

Esta bibliografía no es exhaustiva, ni podría serlo. Se excluyen unos pocos títulos importantes pero (amén de anticuados) tan raros, que son de acceso difícil. Algunas de las obras citadas abajo contienen bibliografías especializadas.

General

J. Simón Díaz, *Manual de bibliografía de la literatura española*, 2.ª ed., Barcelona, 1966.
Otis H. Green, *España y la tradición occidental*, 4 vols., Madrid, 1968-1969.
J. H. Elliott, *La España imperial 1479-1716*, Barcelona, 1968.
——, *El viejo mundo y el nuevo*, Madrid, 1972.
Américo Castro, *La realidad histórica de España*, 3.ª ed., México, 1966.
Francisco Rico, *El pequeño mundo del hombre. Varia fortuna de una idea en las letras españolas*, Madrid, 1970.

Nota: Muchas de las ediciones citadas abajo contienen estudios importantes.

CAPÍTULO 1

Estudios

F. J. Norton, *Printing in Spain 1501-1520*, Cambridge, 1966.
A. A. Parker, «An Age of Gold. Expansión and Scholarship in Spain», en *The Age of the Renaissance*, ed. D. Hay, Londres, 1967.
Marcel Bataillon, *Erasmo y España*, 2.ª ed., México, 1966.

E. Cione, *Juan de Valdés, la sua vita e il suo pensiero religioso*, Bari, 1938.

D. Ricart, *Juan de Valdés y el pensamiento religioso europeo en los siglos XVI y XVII*, México, 1958.

José C. Nieto, *Juan de Valdés and the Origins of the Spanish and Italian Reformation*, Ginebra, 1970.

R. Hamilton, «Juan de Valdés and some Renaissance theories of language», *BHS*, XXX, 1953.

L. Terracini, «Tradizione illustre e lingua letteraria nella Spagna del Rinascimento», en *Studi di letteratura spagnola*, I, 2, Roma, 1964 y 1965.

René Costes, *Antonio de Guevara. Sa Vie y Son Oeuvre*, Burdeos, 1925 y 1926.

María Rosa Lida, «Fray Antonio de Guevara. Edad media y Siglo de oro español», *RFH*, VIII, 1945.

J. Gibbs, *Vida de fray Antonio de Guevara*, Valladolid, 1960.

J. Marichal, «La originalidad renacentista en el estilo de Guevara», en *La voluntad de estilo*, Barcelona, 1957.

Textos de obras y autores principales

Erasmo, *El Enquiridión o manual del caballero cristiano*, ed. Dámaso Alonso, Madrid, 1932.

Antonio de Nebrija, *Gramática castellana*, ed. P. Galindo Romeo y L. Ortiz Muñoz, 2 vols., Madrid, 1946.

Alfonso de Valdés, *Diálogo de las cosas ocurridas en Roma*, ed. J. F. Montesinos, CC, 89, Madrid, 1928.

——, *Diálogo de Mercurio y Carón*, ed. J. F. Montesinos, CC, 96, Madrid, 1929.

Juan de Valdés, *Diálogo de la lengua*, ed. J. F. Montesinos, CC, 86, Madrid, 1928; ed. J. M. Lope Blanch, CCa, Madrid, 1969.

——, *Diálogo de doctrina cristiana*, ed. D. Ricart, México, 1964.

Juan de Mal Lara, *Filosofía vulgar*, ed. A. Vilanova, 3 vols., Selecciones bibliófilas, Barcelona, 1958.

Pedro Mejía (Pedro Mexía), *Silva de varia lección*, ed. J. García Soriano, 2 vols., Sociedad de bibliófilos españoles, Madrid, 1933.

Melchor de Santa Cruz, *Floresta española*, ed. R. Benítez Claros, Sociedad de bibliófilos españoles, Madrid, 1953.

Juan Rufo, *Las seiscientas apotegmas,* ed. A. González de Amezúa, Sociedad de bibliófilos españoles, Madrid, 1923; ed. A. Blecua, CC, Madrid, 1972.

Antonio de Torquemada, *Jardín de flores curiosas,* ed. A. G. de Amezúa, Sociedad de bibliófilos españoles, Madrid, 1943.

Antonio de Guevara, *Menosprecio de corte y alabanza de aldea,* CC, 29, Madrid, 1915.

——, *Libro áureo,* ed. R. Foulché-Delbosc, *RH,* 1929.

——, *Epístolas familiares,* ed. J. M. de Cossío, 2 vols., Madrid, 1950.

——, *Una década de Césares,* ed. J. R. Jones, Chapel Hill, 1966.

——, *El arte de marear,* ed. R. O. Jones, Exeter Hispanic Texts, Exeter, 1972.

Libro de la vida de D. Alonso Enríquez de Guzmán, ed. H. Keniston, BAE, Madrid, 1960.

Diego Hurtado de Mendoza, *Guerra de Granada,* ed. B. Blanco González, CCa, Madrid, 1970.

Fernán Pérez de Oliva, *Diálogo de la dignidad del hombre,* ed. J. L. Abellán, Barcelona, 1967; ed. F. Rico, CC (de próxima aparición).

CAPÍTULO 2

Estudios

M. Menéndez Pelayo, *Boscán* en *Antología de poetas líricos castellanos,* X, Edición nacional, Santander, 1945.

Dámaso Alonso, *Poesía española,* Madrid, 1950.

A. Rodríguez-Moñino, *Poesía y cancioneros (Siglo XVI),* Madrid, 1968.

——, *Diccionario bibliográfico de pliegos sueltos poéticos (Siglo XVI),* Madrid, 1970.

M. Arce Blanco, *Garcilaso de la Vega: contribución al estudio de la lírica española del siglo XVI,* Madrid, 1930; 2.ª ed., 1961.

P. N. Dunn, «Garcilaso's Ode *A la Flor de Gnido*», *ZRPh,* 81, 1965.

R. O. Jones, «Ariosto and Garcilaso», *BHS,* XXXIX, 1962.

——, «Bembo, Gil Polo, Garcilaso. Three Accounts of Love», *RLC,* XL, 1966.

H. Keniston, *Garcilaso de la Vega: a Critical Study of his Life and Works,* Nueva York, 1922.

R. Lapesa, *La trayectoria poética de Garcilaso,* Madrid, 1948; 2.ª ed., 1968.

A. Blecua, *En el texto de Garcilaso,* Madrid, 1970.

E. L. Rivers, «The Pastoral Paradox of Natural Art», *MLN,* 77, 1962.

M. J. Woods, «Rhetoric in Garcilaso's first eclogue», *MLN,* 84, 1969.

A. Gallego Morell, *Garcilaso de la Vega y sus comentaristas,* Granada, 1966; 2.ª ed., Madrid, 1972.

E. L. Rivers, ed., *La poesía de Garcilaso,* Ariel, Barcelona, 1974.

Ediciones de obras y autores principales

Cancionero general, edición facsímil con introducción de A. Rodríguez-Moñino, Madrid, 1958.

Pliegos poéticos góticos de la Biblioteca Nacional, 6 vols., Madrid, 1957-1961.

P. Gallagher, *The Life and Works of Garci Sánchez de Badajoz,* Londres, 1968.

Juan del Encina, *Cancionero* (1496), edición facsímil, Real Academia Española, Madrid, 1928.

——, *Obras completas,* ed. R. O. Jones y H. López Morales (de próxima aparición).

Pedro Manuel de Urrea, *Églogas dramáticas y poesías desconocidas,* ed. E. Asensio, Joyas bibliográficas, V, Madrid, 1950.

Cristóbal de Castillejo, *Obras,* ed. J. Domínguez Bordona, 4 vols., CC, 72, 79, 88, 91, Madrid, 1926-1928, y ediciones posteriores.

Juan Boscán, *Obras poéticas,* ed. M. de Riquer, A. Comas y J. Molas, Barcelona, 1957.

Garcilaso de la Vega, *Obras completas,* ed. E. L. Rivers, Madrid, 1964.

——, *Poesías castellanas completas,* ed. E. L. Rivers, CCa, Madrid, 1969.

Capítulo 3

Estudios

H. Thomas, *Spanish and Portuguese Romances of Chivalry,* Cambridge, 1920; versión española: *Las novelas de caballerías españolas y portuguesas,* Madrid, 1952.

A. Rodríguez-Moñino, «El primer manuscrito del *Amadís de Gaula* ...», *BRAE*, XXXVI, 1956, y en *Relieves de erudición*. Madrid, 1959.

Frida Weber de Kurlat, «Estructura novelesca del *Amadís de Gaula*», *RLM*, 5, 1967.

I. A. Leonard, *Los libros del conquistador*, México, 1953.

B. W. Wardropper, «The *Diana* of Montemayor: revaluation and interpretation», *SPh*, 1951.

——, «La novela como retrato: el arte de Francisco Delicado», *NRFH*, VII, 1953.

——, «El trastorno de la moral en el *Lazarillo*», *NRFH*, XV, 1961.

J. B. Avalle-Arce, *La novela pastoril española*, Madrid, 1959.

A. Solé-Leris, «The theory of love in the two *Dianas*: a contrast», *BHS*, XXXVI, 1959.

Jennifer Lowe, «The *Cuestión de amor* and the structure of Cervantes' *Galatea*», *BHS*, XLIII, 1966.

M. Menéndez Pelayo, *Orígenes de la novela*, 4 vols., Santander, 1943.

Bruno M. Damiani, «*La lozana andaluza*: bibliografía crítica», *BRAE*, XLIX, 1969.

Francisco Rico, «Problemas del *Lazarillo*», *BRAE*, XLVI, 1966.

——, *La novela picaresca y el punto de vista*, Seix Barral, Barcelona, 1970.

A. Rumeau, «Sur les *Lazarillo* de 1554. Problème de filiation», *BH*, 1969.

F. Lázaro Carreter, «La ficción autobiográfica en el *Lazarillo de Tormes*» y «Construcción y sentido del *Lazarillo de Tormes*», en «*Lazarillo de Tormes*» *en la picaresca*, Ariel, Barcelona, 1972.

R. W. Truman, «Lázaro de Tormes and the "Homo novus" tradition», *MLR*, 64, 1969.

F. Durand, «The author and Lázaro: levels of comic meaning», *BHS*, XLV, 1968.

M. Bataillon, *Novedad y fecundidad del «Lazarillo de Tormes»*, Salamanca, 1968.

H. A. Deferrari, *The Sentimental Moor in Spanish Literature before 1600*, Filadelfia, 1927.

Textos de obras y autores principales

Amadís de Gaula, ed. E. B. Place, 4 vols., Madrid, 1959-1969.

Libros de caballerías, ed. P. de Gayangos, BAE, 40 (numerosas ediciones).

Libros de caballerías, ed. A. Bonilla y San Martín, 2 vols., Madrid, 1907 y 1908.

Jorge de Montemayor, *Los siete libros de la Diana,* ed. F. López Estrada, CC, 127, Madrid, 1946.

Gaspar Gil Polo, *Diana enamorada,* ed. R. Ferreres, CC, 135, Madrid, 1953.

M. de Cervantes, *La Galatea,* ed. J. B. Avalle-Arce, 2 vols., CC, 154, 155, Madrid, 1961.

Francisco Delicado, *La lozana andaluza,* ed. Bruno M. Damiani, CCa, Madrid, 1970.

La comedia Thebaida, ed. G. D. Trotter y K. Whinnom, Londres, 1969.

Feliciano de Silva, *Segunda comedia de Celestina,* ed. M. I. Chamorro Fernández, Madrid, 1968.

Sancho de Muñón, *Tragicomedia de Lisandro y Roselia,* Colección de libros españoles raros o curiosos, 3, Madrid, 1872.

Alonso de Villegas, *Comedia llamada Selvagia,* Colección de libros españoles raros o curiosos, 5, Madrid, 1873.

La vida de Lazarillo de Tormes, ed. R. O. Jones, Manchester, 1963.

——, ed. J. Caso González, Madrid, 1967.

——, ed. F. Rico, en *La novela picaresca española,* I, Barcelona, 1967.

Cristóbal de Villalón (atribuido), *El crotalón,* ed. A. Cortina, Colección Austral, Buenos Aires; numerosas ediciones.

Juan Timoneda, *El Patrañuelo,* ed. F. Ruiz Morcuende, CC, 101, Madrid, 1930, y ediciones posteriores.

Juan de Segura, *Proceso de cartas de amores,* ed. E. B. Place, Evanston, 1950.

El Abencerraje y la hermosa Jarifa, ed. F. López Estrada, Madrid, 1957.

Ginés Pérez de Hita, *Guerras civiles de Granada,* ed. P. Blanchard-Demouge, 2 vols., Madrid, 1913 y 1915.

CAPÍTULO 4

Estudios

A. F. G. Bell, *Luis de León. A Study of the Spanish Renaissance,* Oxford, 1925.

K. Vossler, *Luis de León*, Colección Austral, Buenos Aires; numerosas ediciones.

A. Guy, *La pensée de Fray Luis de León*, Limoges, 1943; versión española, Madrid, 1960.

E. A. Peers, *Studies of the Spanish Mystics*, 3 vols., Londres, 1927-1960.

H. Hatzfeld, *Estudios literarios sobre mística española*, Madrid, 1955.

J. Baruzi, *Saint Jean de la Croix et le problème de l'expérience mystique*, París, 1924; 2.ª ed., 1930.

F. Ruiz Salvador, *Introducción a San Juan de la Cruz: el escritor, los escritos, el sistema*, BAC, Madrid, 1968.

B. W. Wardropper, *Historia de la poesía lírica a lo divino en la Cristiandad occidental*, Madrid, 1958.

M. Bataillon, «El anónimo del soneto, "No me mueve, mi Dios"», en *Varia lección de clásicos españoles*, Madrid, 1964.

Textos de obras y autores principales

Luis de León, *Obras castellanas completas*, ed. F. García, BAC, Madrid, 1944, y ediciones posteriores.

Luis de Granada, *Obras completas*, BAE, 6, 8, 11, Madrid; numerosas ediciones.

——, *Obra selecta*, BAC, Madrid, 1952.

P. Malón de Chaide, *La conversión de la Magdalena*, ed. F. García, 3 vols., CC, 104, 105, Madrid, 1930, y ediciones posteriores.

Santa Teresa de Jesús, *Obras completas*, ed. Efrén de la Madre de Dios y O. Steggink, BAC, Madrid, 1962.

San Juan de la Cruz, *Vida y obras de ...*, ed. Lucinio del SS. Sacramento, BAC, Madrid, 1946, y ediciones posteriores.

Juan de los Ángeles, *Obras místicas*, ed. Fr. J. Sala, 2 vols., Madrid, 1912-1917.

——, *Diálogos de la conquista del reino de Dios*, ed. A. González Palencia, Madrid, 1946.

Sebastián de Córdoba, *Las obras de Boscán y Garcilaso trasladadas en materias cristianas ...*, ed. Glen Gale, Madrid, 1971.

CAPÍTULO 5

Estudios

Dámaso Alonso, *Poesía española*, 5.ª ed., Madrid, 1970.

A. González Palencia y E. Mele, *Vida y obras de don Diego Hurtado de Mendoza*, 3 vols., Madrid, 1941-1943.

J. G. Fucilla, *Estudios sobre el petrarquismo en España*, Madrid, 1960.

J. M. Blecua, «De nuevo sobre los textos poéticos de Herrera», *BRAE*, XXXVIII, 1958, y en *Sobre poesía de la Edad de Oro*, Madrid, 1970.

A. D. Kossoff, *Vocabulario de la obra poética de Herrera*, Madrid, 1966.

O. Macrí, *Fernando de Herrera*, Madrid, 1959.

E. Orozco Díaz, «Realidad y espíritu en la lírica de Herrera. Sobre lo humano de un poeta "divino"», *BUG*, 1951.

E. L. Rivers, *Francisco de Aldana, el Divino Capitán*, Badajoz, 1955.

R. Lapesa, «Las odas de Fray Luis de León a Felipe Ruiz», *Homenaje a Dámaso Alonso*, II, Madrid, 1961.

Dámaso Alonso, *La poesía de San Juan de la Cruz (Desde esta ladera)*, Madrid, 1942; 3.ª ed., 1966.

J. M. Blecua, «Los antecedentes del poema del "Pastorcico" de San Juan de la Cruz», *RFE*, XXXVI, 1949, y en *op. cit.*

Jorge Guillén, «The Ineffable Language of Mysticism», en *Language and Poetry*, Cambridge, Mass., 1961; edición española: *Lenguaje y poesía*, Madrid, 1961.

Margit Frenk Alatorre, *La lírica popular en los Siglos de Oro*, México, 1946.

——, «Dignificación de la lírica popular en el Siglo de Oro», *Anuario de letras*, II, México, 1962.

J. M. Alín, *El cancionero español de tipo tradicional*, Madrid, 1968.

A. Sánchez Romeralo, *El villancico (Estudios sobre la lírica popular en los siglos XV y XVI)*, Madrid, 1969.

R. Menéndez Pidal, *Romancero hispánico*, 2 vols., Madrid, 1953.

Frank Pierce, *La poesía épica del Siglo de Oro*, 2.ª ed., Madrid, 1968.

Textos de obras y autores principales

Diego Hurtado de Mendoza, *Obras poéticas*, ed. W. I. Knapp, Colección de libros españoles raros o curiosos, Madrid, 1877.

Francisco Sá de Miranda, *Obras completas*, ed. M. Rodrigues Lapa, 2 vols., Lisboa, 1942.

Francisco de Figueroa, *Obras*, ed. A. González Palencia, Sociedad de bibliófilos españoles, Madrid, 1943.

Hernando de Acuña, *Varias poesías,* ed. E. Catena de Vindel, Madrid, 1954.

Gutierre de Cetina, *Obras,* ed. J. Hazañas y la Rúa, 2 vols., Sevilla, 1895.

Jorge de Montemayor, *El cancionero,* ed. A. González Palencia, Sociedad de bibliófilos españoles, Madrid, 1932.

Fernando de Herrera, *Algunas obras,* ed. A. Coster, París, 1908.

——, *Poesías,* ed. V. García de Diego, CC, 26, Madrid, 1914, y ediciones posteriores.

——, *Rimas inéditas,* ed. J. M. Blecua, Madrid, 1948.

——, *Poesías completas,* ed. J. M. Blecua (de próxima aparición).

——, *Anotaciones* ...: en A. Gallego Morell, *Garcilaso y sus comentaristas,* Granada, 1966.

——, *Controversias sobre sus Anotaciones a las obras de Garcilaso de la Vega,* ed. J. M. Asensio, Madrid, 1870.

Francisco de Aldana, *Poesías,* ed. E. L. Rivers, CC, 143, Madrid, 1957.

——, *Obras completas,* 2 vols., Madrid, 1953.

Luis de León, *Obras castellanas completas,* BAC, Madrid, 1944, y ediciones posteriores.

——, *La poesía* ..., ed. O. Macrí, Salamanca, 1970.

San Juan de la Cruz, *Vida y obras de* ..., BAC, Madrid, 1946, y ediciones posteriores.

Margit Frenk Alatorre, *Lírica hispánica de tipo popular,* México, 1966.

Dámaso Alonso y J. M. Blecua, *Antología de la poesía española. Poesía de tipo tradicional,* Madrid, 1956.

A. Rodríguez-Moñino (editor general), *Floresta,* 9 vols., Valencia, 1953-1963. Reimpresiones, con valiosos estudios de A. Rodríguez-Moñino y otros, de colecciones poéticas de los siglos XVI y XVII.

Frank Pierce, *The Heroic Poem of the Golden Age: Selections,* Oxford, 1947.

Alonso de Ercilla, *La Araucana,* ed. Concha de Salamanca, Madrid, 1968.

Fray Diego de Hojeda, *La Christiada,* ed. M. P. Corcoran, Washington, 1935; ed. Frank Pierce, Biblioteca Anaya, Salamanca, 1971.

CAPÍTULO 6

Estudios

Marcel Bataillon, *Pícaros y picaresca*, Madrid, 1969.

A. A. Parker, *Literature and the Delinquent*, Edimburgo, 1967; versión española: *Los pícaros en la literatura*, Madrid, 1971.

F. W. Chandler, *Romances of Roguery...* I. *The Picaresque Novel in Spain*, Nueva York, 1899 y 1961; versión española: *La novela picaresca en España*, Madrid, s. f.

A. Castro, *La realidad histórica de España*, México, 1966.

E. Moreno Báez, *Lección y sentido del «Guzmán de Alfarache»*, Madrid, 1948.

E. Cros, *Protée et le gueux*, París, 1967.

F. de Haan, *An Outline of the History of the Novela Picaresca in Spain*, Nueva York, 1903.

F. Lázaro Carreter, «Originalidad del *Buscón*», *Homenaje a Dámaso Alonso*, II, Madrid, 1961, y *Espíritu barroco y personalidad creadora*, Salamanca, 1966.

Francisco Rico, «Estructuras y reflejos de estructura en el *Guzmán de Alfarache*», *MLN*, LXXXII, 1967, págs. 171-184.

——, *La novela picaresca y el punto de vista*, Seix Barral, Barcelona, 1970.

C. B. Morris, *The Unity and Structure of Quevedo' «Buscón»: desgracias encadenadas*, Hull, 1965.

A. del Monte, *Itinerario del romanzo picaresco spagnuolo*, Florencia, 1957; versión española: Barcelona, 1971.

G. Haley, *Vicente Espinel and Marcos de Obregón*, Providence, 1959.

Textos de obras y autores principales

Mateo Alemán, *Guzmán de Alfarache*, en Francisco Rico, ed., *La novela picaresca española*, Barcelona, 1967.

Mateo Luján de Sayavedra, *Segunda parte de ... Guzmán de Alfarache*, BAE, 3; numerosas ediciones.

F. de Quevedo, *La vida del buscón llamado don Pablos*, ed. F. Lázaro Carreter, Salamanca, 1965.

Alonso de Contreras, *Vida de ...*, Madrid, 1965.

La vida y hechos de Estebanillo González ..., ed. J. Millé y Giménez, 2 vols., CC, 108, 109, Madrid, 1946 y ediciones posteriores.

——, ed. A. Carreira y J. A. Cid, Madrid, 1971.

Juan de Luna, *Segunda parte de la vida de Lazarillo de Tormes*, en M. de Riquer, *La Celestina y Lazarillos*, Barcelona, 1959.

F. López de Úbeda, *Libro de entretenimiento de la pícara Justina ...*, ed J. Puyol y Alonso, 3 vols., Madrid, 1911.

Vicente Espinel, *Vida de Marcos de Obregón*, ed. S. Gili Gaya, 2 vols., CC, 43, 51, Madrid, 1922-1925, y ediciones posteriores.

J. de Alcalá Yáñez y Ribera, *Alonso mozo de muchos amos*, BAE, 18; numerosas ediciones.

A. de Castillo Solórzano, *La garduña de Sevilla*, ed. F. Ruiz Morcuende, CC, 42, Madrid, 1922, y ediciones posteriores.

CAPÍTULO 7

Estudios

Andrée Collard, *Nueva poesía: conceptismo, culteranismo en la crítica española*, Waltham, Brandeis University, 1967.

José F. Montesinos, introducción a *Primavera y flor de los mejores romances* [1621], *Floresta*, V, Valencia, 1954.

Dámaso Alonso, *Poesía española*, 5.ª ed., Madrid, 1970.

——, *La lengua poética de Góngora*, 3.ª ed., Madrid, 1961.

——, *Estudios y ensayos gongorinos*, Madrid, 1955.

R. Jammes, *Études sur l'oeuvre poétique de Góngora*, Burdeos, 1967.

C. C. Smith, «La musicalidad del *Polifemo*», *RFE*, XLIV, 1961.

Maurice Molho, *Sémantique et poétique à propos des Solitudes de Góngora*, Burdeos, 1969.

E. J. Gates, *Documentos gongorinos*, México, 1950.

J. de Entrambasaguas, *Estudios sobre Lope de Vega*, 3 vols., Madrid, 1946-1958.

Otis H. Green, *Courtly love in Quevedo*, Boulder, Colo., 1952; versión española: *El amor cortés en Quevedo*, Zaragoza, 1955.

A. Mas, *La caricature de la femme, du mariage et de l'amour dans l'oeuvre de Quevedo*, París, 1957.

A. A. Parker, «La agudeza en algunos sonetos de Quevedo», *Estudios dedicados a Menéndez Pidal*, III, Madrid, 1952.

J. O. Crosby, *En torno a la poesía de Quevedo*, Madrid, 1967.

A. Rodríguez-Moñino, *La transmisión de la poesía española en los Siglos de Oro*, pról. de E. M. Wilson, Ariel, Barcelona, 1974.

Otis H. Green, *Vida y obras de Lupercio Leonardo de Argensola*, Zaragoza, 1945.

H. Bonneville, *Le poète sévillan Juan de Salinas (¿1562?-1643). Vie et oeuvre,* París, 1969.

D. Alonso, *Vida y obra de Medrano,* I, Madrid, 1948; II (con S. Reckert), Madrid, 1958.

G. A. Davies, *A poet at Court: Antonio Hurtado de Mendoza (1586-1644),* Oxford, 1971.

F. Rodríguez Marín, *Pedro de Espinosa,* Madrid, 1907.

A. Gallego Morell, *Pedro Soto de Rojas,* Granada, 1948.

E. Orozco Díaz, «Introducción a un poema barroco. De las *Soledades* gongorinas al *Paraíso* de Soto de Rojas», en *Paisaje y sentimiento de la naturaleza en la poesía española,* Madrid, 1968.

L. Rosales, *Pasión y muerte del Conde de Villamediana,* Madrid, 1969.

K. Scholberg, *La poesía religiosa de Miguel de Barrios,* Columbus, Ohio, 1962.

Textos de obras y autores principales

Luis de Góngora, *Obras completas,* ed. J. y I. Millé y Giménez, Madrid, 1932, y ediciones posteriores.

——, *Letrillas,* ed. R. Jammes, París, 1963.

——, *Sonetos completos,* ed. B. Ciplijauskaité, CCa, Madrid, 1969.

——, *Soledades,* ed. Dámaso Alonso, Madrid, 1927.

——, *Fábula de Polifemo y Galatea,* en Dámaso Alonso, *Góngora y el «Polifemo»,* 2 vols., Madrid, 1961.

L. Carrillo y Sotomayor, *Poesías completas,* ed. Dámaso Alonso, Madrid, 1936.

Lupercio y Bartolomé L. de Argensola, *Rimas,* ed. J. M. Blecua, 2 vols., Zaragoza, 1950 y 1951.

Lope de Vega, *Obras poéticas,* I, ed. J. M. Blecua, Barcelona, 1969.

——, *Poesías líricas,* ed. J. F. Montesinos, 2 vols., CC 68, 75, Madrid, 1926-1927, y ediciones posteriores.

——, *La Circe,* ed. C. V. Aubrun y M. Muñoz Cortés, París, 1962.

——, *Huerto deshecho,* ed. E. Asensio, Madrid, 1963.

F. de Quevedo, *Obras completas,* I. *Poesía original,* ed. J. M. Blecua, Barcelona, 1963; 2.ª ed., 1968.

——, *Obra poética,* ed. J. M. Blecua, 4 vols., Madrid, 1969.

Juan de Tasis, conde de Villamediana, *Obras,* ed. J. M. Rozas, CCa, Madrid, 1970.

F. López de Zárate, *Obras varias,* ed. J. Simón Díaz, 2 vols., Madrid, 1947.

V. Espinel, *Diversas rimas*, ed. D. Clotelle Clarke, Nueva York, 1956.

Pedro Espinosa, *Obras*, ed. F. Rodríguez Marín, Madrid, 1909.

Pedro Soto de Rojas, *Obras*, ed. A. Gallego Morell, Madrid, 1950.

Juana Inés de la Cruz, *Obras completas*, 4 vols., México, 1951-1957.

——, *Antología*, ed. E. L. Rivers, Biblioteca Anaya, Salamanca, 1965.

J. M. Hill, *Poesía germanesca*, Bloomington, 1945.

CAPÍTULO 8

Estudios

L. Astrana Marín, *Vida ejemplar y heroica de Miguel de Cervantes Saavedra*, 7 vols., Reus, 1948-1958.

Américo Castro, *El pensamiento de Cervantes*, Madrid, 1925; nueva edición, 1972.

——, *Hacia Cervantes*, 2.ª ed., Madrid, 1960.

J. Casalduero, *Sentido y forma de las «Novelas ejemplares»*, Buenos Aires, 1943.

——, *Sentido y forma del Quijote*, 2.ª ed., Madrid, 1966.

——, *Sentido y forma de «Los trabajos de Persiles y Sigismunda»*, Buenos Aires, 1947.

H. Hatzfeld, *El «Quijote» como obra de arte del lenguaje*, 2.ª ed., Madrid, 1966.

E. C. Riley, *Cervantes's Theory of the Novel*, Oxford, 1962; versión española: *La teoría de la novela en Cervantes*, Madrid, 1971.

A. González de Amezúa, *Cervantes, creador de la novela corta española*, 2 vols., Madrid, 1956-1958.

M. J. Bates, *«Discreción» in the Works of Cervantes: a Semantic Study*, Washington, 1945.

J. B. Avalle Arce, *Deslindes cervantinos*, Madrid, 1961; 2.ª ed. aumentada, Ariel, Barcelona, en prensa.

Manuel Durán, *La ambigüedad en el Quijote*, Xalapa, 1961.

R. L. Predmore, *The World of Don Quixote*, Cambridge, Mass., 1967; versión española: *El mundo del Quijote*, Madrid, 1958.

A. A. Parker, «El concepto de la verdad en el *Quijote*», *RFE*, XXXII, 1948.

——, «Fielding and the structure of *Don Quixote*», *BHS*, XXXIII, 1956.

Suma cervantina [ensayos sobre la obra de Cervantes por destacados especialistas], ed. J. B. Avalle-Arce y E. C. Riley, Londres, en prensa.

P. J. Waley, «The Unity of the *Casamiento engañoso* and the *Coloquio de los perros*», *BHS*, XXXIV, 1957.

Jennifer Lowe, «Theme and Structure in Cervantes' *Persiles y Sigismunda*», *FMLS*, III, 1967.

P. E. Russell, «*Don Quixote* as a funny book», *MLR*, 1969.

A. K. Forcione, *Cervantes, Aristotle and the Persiles*, Princeton, 1970.

——, *Cervantes' Christian Romance: a study of «Persiles y Sigismunda»*, Princeton, 1972.

P. N. Dunn, *Castillo Solorzano and the Decline of the Spanish Novel*, Oxford, 1952.

J. M. Blecua, introducción a Lope de Vega, *La Dorotea*, ed. Blecua, Madrid, 1955.

Textos de obras y autores principales

Miguel de Cervantes Saavedra, *Obras completas,* ed. R. Schevill y A. Bonilla y San Martín, 9 vols., Madrid, 1914-1931.

——, *El ingenioso hidalgo don Quijote de la Mancha,* ed. F. Rodríguez Marín, 8 vols., CC, 4, 6, 8, 10, 13, 16, 19, 22, Madrid, 1911-1913, y ediciones posteriores.

——, *Novelas ejemplares,* ed. F. Rodríguez Marín, 2 vols., CC, 27, 36, Madrid, 1914-1917, y ediciones posteriores.

——, *El casamiento engañoso y el coloquio de los perros,* ed. A. González de Amezúa, Madrid, 1912.

——, *Rinconete y Cortadillo,* ed. F. Rodríguez Marín, Sevilla, 1905.

——, *La Galatea,* ed. J. B. Avalle-Arce, 2 vols., CC, 154, 155, Madrid, 1961.

——, *Los trabajos de Persiles y Sigismunda,* ed. J. B. Avalle-Arce, CCa, Madrid, 1970.

Alonso Fernández de Avellaneda, *El Quijote apócrifo* [*El ingenioso hidalgo don Quijote de la Mancha*], ed. M. de Riquer, 3 vols., CC, Madrid, 1972.

La tía fingida, ed. A. Bonilla y San Martín, Madrid, 1911.

Colección selecta de antiguas novelas españolas, ed. E. Cotarelo y Mori, 12 vols., Madrid, 1906-1909.

Alonso Castillo Solórzano, *La garduña de Sevilla,* ed. F. Ruiz Morcuende, CC, 42, Madrid, 1942.

——, *Lisardo enamorado,* ed. E. Juliá y Martínez, Madrid, 1947.

Alonso Jerónimo de Salas Barbadillo, *Dos novelas* [*El cortesano des-cortés* y *El necio bien afortunado*], ed. Francisco A. de Uhagón, Sociedad de bibliófilos españoles, Madrid, 1894.

——, *La peregrinación sabia* y *El sagaz Estacio marido examinado*, ed. F. A. de Icaza, CC, Madrid, 1924, y ediciones posteriores.

——, *Casa del placer honesto*, ed. E. B. Place, University of Colorado Studies, vol. XV, n.º 4, Boulder, 1927.

——, *El caballero perfecto*, ed. P. Marshall, University of Colorado Studies, Series in Language and Literature, 2, Boulder, 1949.

María de Zayas y Sotomayor, *Novelas amorosas y ejemplares*, ed. A. González de Amezúa, Madrid, 1948.

——, *Desengaños amorosos*, ed. A. González de Amezúa, Madrid, 1950.

Gonzalo de Céspedes y Meneses, *Historias peregrinas y ejemplares*, ed. Y.-R. Fonquerne, CCa, Madrid, 1971.

Lope de Vega, *La Dorotea*, ed. Edwin S. Morby, Madrid, 1958.

——, *Novelas a Marcia Leonarda*, ed. F. Rico, Madrid, 1968.

CAPÍTULO 9

Estudios

H. Ettinghansen, *Francisco de Quevedo and the Neostoic Movement*, Oxford, 1972.

A. Rothe, *Quevedo und Seneca. Untersuchungen zu den Frühschriften Quevedos*, Ginebra-París, 1965.

A. A. Parker, «*La buscona piramidal*: aspects of Quevedo's *conceptismo*», *Iberoromania*, 3, 1969.

R. D. F. Pring-Mill, «Some techniques of representation in the *Sueños* and the *Criticón*», *BHS*, XLV, 1968.

J. C. Dowling, *El pensamiento político-filosófico de Saavedra Fajardo*, Murcia, 1957.

F. Murillo Ferrol, *Saavedra Fajardo y la política del barroco*, Madrid, 1957.

J. P. W. Crawford, *The Life and Works of Cristóbal Suárez de Figueroa*, Filadelfia, 1907.

A. Coster, «Baltasar Gracián (1601-1658»), *RH*, XXIX, 1913. También publicado en forma de libro en 1913; versión española, 1947.

M. Batllori, *Gracián y el barroco*, Roma, 1958.

Klaus Heger, *Baltasar Gracián*, Zaragoza, 1960.

Monroe Z. Hafter, *Gracián and Perfection. Spanish Moralists of the Seventeenth Century*, Cambridge, Mass., 1966.

T. E. May, «An Interpretation of Gracián's *Agudeza y arte de ingenio*», *HR*, XVI, 1948.

M. J. Woods, «Sixteenth-Century Topical Theory: some Spanish and Italian Views», *MLR*, 63, 1968.

——, «Gracián, Peregrini and the Theory of Topics», *MLR*, 63, 1968.

E. Moreno Báez, *Filosofía del Criticón*, Santiago, 1959 (conferencia).

Textos de obras y autores principales

José de Pellicer, *Avisos históricos*, ed. E. Tierno Galván, Madrid, 1965.

F. de Quevedo, *Política de Dios*, ed. J. O. Crosby, Madrid, 1966.

——, *Obras completas. Prosa*, ed. L. Astrana Marín, Madrid, 1932, y ediciones posteriores.

D. Saavedra Fajardo, *Obras completas*, ed. A. González Palencia, Madrid, 1946.

——, *República literaria*, ed. John Dowling, Biblioteca Anaya, 79, Salamanca-Madrid-Barcelona-Caracas, 1967.

Cristóbal Suárez de Figueroa, *El passagero*, ed. R. Selden Rose, Sociedad de bibliófilos españoles, Madrid, 1914.

Antonio Liñán y Verdugo, *Guía y avisos de forasteros*, Madrid, 1923.

Luis Vélez de Guevara, *El diablo cojuelo*, ed. R. Rodríguez Marín, CC, 38, Madrid, 1918, y ediciones posteriores.

Rodrigo Fernández de Ribera, *El mesón del mundo*, Sevilla, 1946.

Francisco Santos, *El Arca de Noé y campana de Belilla*, ed. Fernando Gutiérrez, Barcelona, 1959.

Véase E. Correa Calderón, ed., *Costumbristas españoles*, Madrid, 1950. Y, para las siguientes obras: Bautista Remiro de Navarra, *Los peligros de Madrid*; Juan de Zabaleta, *El día de fiesta por la mañana* y *El día de fiesta por la tarde*; Francisco Santos, *Día y noche de Madrid*.

Baltasar Gracián, *Obras completas*, ed. A. del Hoyo, Madrid, 1960.

——, *Agudeza y arte de ingenio*, ed. E. Correa Calderón, 2 vols., CCa, Madrid, 1969.

——, *El Criticón*, ed. M. Romera-Navaro, 3 vols., Filadelfia, 1938.

——, *Oráculo manual*, ed. M. Romera-Navarro, Madrid, 1954.

S. de Covarrubias Orozco, *Tesoro de la lengua castellana,* ed. M. de
   Riquer, Barcelona, 1943.
Gonzalo Correas, *Vocabulario de refranes y frases proverbiales* ...,
   Madrid, 1924.
——, *Vocabulario* ... etc., ed. Louis Combet, Burdeos, 1967.

ÍNDICE ALFABÉTICO